高橋源一郎編
Genichiro Takahashi

読んじゃいなよ！

——明治学院大学国際学部高橋源一郎ゼミで岩波新書をよむ

岩波新書
1627

目　次

『読んじゃいなよ!』の取扱説明書　高橋源一郎　1

鷲田清一　哲学教室　23

私と岩波新書　1　117

長谷部恭男　憲法教室　137

私と岩波新書　2　223

伊藤比呂美　人生相談教室　243

あとがきたち　333

おまけ(?)　1
おまけのおまけ(?)　1

『読んじゃいなよ!』の取扱説明書

高橋源一郎

1 「先生」をさがして

こんにちは。

この本を手にとっていただいてうれしいです。もし、あなたが本屋さんにいて、どうしようかと悩んでいるのなら、レジまでこの本を持って行っていただけると、もっとうれしいです。

ところで、『読んじゃいなよ!』という本のタイトルについては、どう思われるでしょうか。

このタイトルの名づけ親としては、子どもの名前をつけるときと同じぐらい、真剣に考えて、つけたのですが。

では、なぜ「読んじゃいなよ!」だったのか。

それは、みなさんに読んでもらいたいからでした。もちろん、この本もだけれど、それ以外のすべての本を、です。

「読め!」はイヤだ。なんだか、力ずくの感じがするから。

「読んでみたら?」も、なんとなく押しつけがましい。

「読まなきゃダメ！」だと怒られてるみたい。

「読むべきだよ」も「読んでみれば？」もピンとこない。

そして、たどり着いたのは「読んじゃいなよ！」だったのです。

いや、タイトルだけではなく、どうして、この本にたどり着くことになったのか。そのことを、書いてみたいと思います。


ざっと十年ほど前、わたしは、大学に教員としてやって来ました。大学もびっくりしたでしょうが、わたしもびっくりです。なにしろ、わたしは、ほんとうに大学とは縁がなかったのですから。

わたしが大学に入ったのは一九六九年。卒業、ではなく、除籍になったのが一九七七年。その八年の間に、わたしは、数えるほどしか授業に出ませんでした(十回も行ってません)。

なので、ひょんなことから、大学で教えるようになったとき、というか、学生たちを前にして、なにかやらなきゃならなくなったとき、わたしは、思わず、こう叫んだのです。

「どうしよう。なにを教えていいかわからない！　っていうか、「教える」って、どういうことだかわからない！」

そこで、わたしは考えてみました。自分が、どんなふうになにを学んできたのかを。それしか、参考にできるものはなかったのです。そして、こんなことに気づきました。

＊ 学校で学んだことは、ほぼすべて完全に忘れている。

どうしようもない馬鹿者だったのです。わたしとしても、そのことは認めざるをえません。けれど、わたしは、(大したことはありませんが)作家として生きていました。もちろん、突然、わたしの中に、作家精神とか、作家能力が生まれたわけじゃない。どこかで、だれかに、あるいは、なにかに教わったはずです。書くこと、読むこと、なにかを考えるということを。

どうやら、犯人は、本たちのようでした。「彼ら」が、わたしを教育してくれたのです。「彼ら」こそ、いえ、「彼ら」だけがわたしの「先生」だったのです。

とはいえ、わたしは、「彼ら」が教えている大学や教室に通った覚えはありません。いったい、どうして、あるいは、いつ、「彼ら」は、わたしの「先生」になったのだろう。

最初は偶然かもしれない。それとも、ちょっと、その本の評判を聞いたからかも。いやいや、もしかしたら、好きなだれか(同性でも異性でもけっこう)が、その本の話をしていて、それがとても楽しそうだったので、それを読んでおくと、そのだれかともっと、仲良くなれるかもしれないと思ったからだったのかも。理由はなんでもかまわない。とにかく、わたしは、「彼ら」のうちのひとりにたどり着いた。そして、読んだのでした。

もちろん、そこで、いきなりなにかを教わる、というわけにはいきません。多くの場合、最初は「はね返される」ものなんです。

「なにこれ？」

「わかんない」

「関係ない」

そういうことの方がずっと多い。でも、なにかが、ほんの少しだけ、なにかが気になる。それで、また、読んでいくことになる。そして、最初の出会いからずいぶんたったある日、わたしは、突然、その本の、いや、その「だれか」の話に耳をかたむけていることに気づくのです。わたしの「先生」は、そんなふうに出会った「彼ら」の他にありません。わたしが見つけたのです。そこに、ほんとうに大切な、わたしの「先生」がいることを。

学校に行くと、先生がいて、なにかを教えてくれる。そうかもしれない。でも、その「学校」は、どこかに建っている建築物の中にあるわけじゃありません。わたしが歩いて、「先生」がいる場所まで行く。「そこ」に、「先生」はいます。わたしたちが歩いていかないと、そこにたどり着くことはできないのです。

わたしは、大学で教えはじめたとき、そんな「先生」になりたいと思いました。要するに、わたしは、一冊の「本」になりたいと思ったのです。というか、それ以外に「先生」というものがどういうものであるのか、わたしにはわからなかったのです。

わたしに自慢すべき点があるとすると、それは、おそらく、わたしが、この国でいちばん「教えない」先生であることだと思います。だって、「本」が、教壇の上から、いろいろ「ためになること」を伝達したりするわけがありません。

「本」はどんなふうに行動するのか(しないか……)。その「行動」がどんなものであれ、それは「読まれる」ことを通じてです。とにかく、読者に、頁をめくってもらうしかありません。自分で頁を開いてくれて、しかもしゃべってくれる本は、いまのところ存在しないのです(もうあるかもしれませんが、わたしはけっこうです)。

わたしがやったことのなかでいちばんの傑作(?)は、一年生の授業で、とりあえず、一時間ほど黙っていたことでしょうか。

学生諸君は、びっくりしたようでした。いや、恐怖を感じた? でも、だれもなにもいわずに、静かに座っている。こうなると根比べです。先に音《ね》をあげたのは、わたしの方です。

「ねえ、きみたち。ぼくは、こうやってただ黙っているんだけど、どうしてだか、訊かないの?」

すると、ひとりの子がいいました。

「なにか理由があるのかと思って。先生がなにかをおっしゃるのを待っていたんです」

とりあえず、なにかが始まりました。なにかを学ぶ、ということとはなにか、ということ。あるいは、学校というところはどんなところか、ということ。先生と生徒の関係は、いったいどうあるべきなのか、ということ。もしかしたら、それは、本を読むことに似ているのかもしれない、ということ。それらすべてについて、あれこれ考えてみる、ということが。

そうやって、学生たちは、わたしを「読む」ようになります。なんというか、「必読文献」

なので仕方なく、という場合もあるでしょう。ちょっと読んでみたけど、つまらなかった。その可能性も否定はできない。それは、それで受け入れるしかありません。

うまくいけば、彼らは、わたしではなく、もっと、彼らにふさわしい「先生」を見つけることができるようになるでしょう。それが、本なのか、人間なのか、なにかもっと別のものごとなのかはわからないのですが。

とにかく、そんなふうにして、わたしは、学生たちとともに、旅に出たのでした。「大学」という場所で、なにか素敵なものに、できうれば、最高の「先生」にたどり着く旅にです。

もちろん、わたしは、わたしがやってみたやり方以外のやり方を否定しているわけではありません。長い時間をかけて、真剣に研究や探究をつづけ、そこで得た成果を、情熱をこめて学生たちに教えてくれる先生方がたくさんいらっしゃることも知っています。

ただ、わたしにはそれができなかったのです。彼らの真似をするわけにはいかない。わたしには、わたしができることを、わたしが信じられるやり方でためしてみることしかできませんでした。

それは、わたしが教えることになっているのが「文学」や「文章」というものだったからなのかもしれません。

どちらにも、「正しい」教え方も、学ぶべき必須の対象もありません。おそらく、いちばん近いものはなに、と訊ねられたら、「人生？」というしかないようなものです。そして、おそらく、「人生」に関しての「専門家」はいないのです。

2 「ドストエフスキーって、マジやばい！」と「ピン！」

あるとき、わたしは、ゼミの学生たちに、「岩波新書」を読んで(自分で好きなものを選んで)、感想文を書いてくるようにいいました。もしかしたら、それは新しいゼミ(二年生)の一回目の課題だったのかもしれません。

ほとんどの学生たちは「岩波新書」なんか読んだことがなく、中には「新書ってなんですか？」という「つわもの」さえいたのでした。

それは、まあ、なんというか、お互いをよく知るための挨拶のようなものでした。どんな人間で、どんなものを持っているのか。あるいは、持っていないのか。それは、本を読んで、そのことについて書いてもらえば、かなりの程度わかるのです。

持ってきてもらった「感想文」を読んで、わたしは、びっくりしました。すごくよかったのです！　ほんとに。

彼らは、とてもよく読めていたのです。「近頃の若者は、ろくに本も読まない」というのは、おそらく事実ですが、それにもかかわらず、「読む」能力は持っていたのです。


わたしが大学で教えはじめた頃に、こんな印象的な事件がありました。

それも、新しいゼミが始まったばかりのときで、集まってきたのは、「本には興味があるけれど、実際にはほとんど本を読んだことがない」学生たちでした。近代文学も現代文学もまったく興味なし。そもそも、小説すらほとんど読んだことがない。

わたしは、意地悪をしたくなりました(ごめん)。とりあえず、一週間後のゼミまでに、ドストエフスキーの『白痴』を読んで感想文を書いてくるようにいったのです。文庫本で二冊、なんと千四百頁もあるのです。しかも、字がぎっしり!!　わたしだって、同じことをいわれたら、絶望したくなる。でも、知らないから、絶望もしないか。まあ、とにかく、来週のゼミにはだれも出席しないかもしれない。そんなことすら予想しました。そして、一週間後、彼らは出席してくれたのです。ひとりを除いて(風邪でした)。

わたしは、彼らに、訊ねました。

「どうだった？」

すると、どうでしょう。彼らは(ほぼ)異口同音にこう答えたのでした。

「先生、ドストエフスキーって、マジやばい！」

「マジやばい！」は、彼らのことばに翻訳すると、「ものすごくイイ」ってことですよ。

彼らの意見によると、ドストエフスキー、という人の小説に出てくる登場人物は「キャラが立って」いて「しかも、チョー熱い」のでした。けれども「あの、名前が、ちょっと長すぎるのが……」。

いや、その通り！　どれも、これも。

それから、わたしは、彼らにフランツ・カフカを、小島信夫を、ジャン・ジュネを読んでもらいました。なんと、反応は、たいてい「マジやばい！」(彼らのボキャブラリーが貧しいことは認めましょう)。唯一、全員から否定的反応があったのは、かの昭和の大批評家、小林秀雄でした。

彼らは、おずおずと、こういったのでした。

「先生、このコバヤシ、って人、なんでこんなに威張ってんの？」

正しい読み方です。というか、正しすぎる！

わたしが、彼らと同じ年代のころには、「このコバヤシ、って人」が偉いと思いこんでいました。余計な情報が入って、素直に読めなかったのです。やるよね、きみたち。

いや、わたしがいまあげた、固有名詞（ドストエフスキー、フランツ・カフカ、小島信夫、ジャン・ジュネ、小林秀雄）は、ぜんぶ無視してくださってけっこうです。意味なんか、たいしてないのですから。

正直にいいましょう。わたしは、彼らから、読み方を学ぶようにさえなったのです。それどころか、（読むべきとされている）固有名詞の名前を一つも知らない、彼らを嫉妬するようにさえ。

目の前に、「本」がある。手にとって、それを読む。あっ。なんだ、これ。楽しいじゃん。なんか、わかる。いや、わからないけど、わかるところもある。だったら、もう少し「前」へ進んでみる。

それだけでいい。そして、進んでいくと、その「前」には、おそらく、あなたに必要な「なにか」が待っているのです。

わたしは、彼らの読む能力については疑いを持ちませんでした。そして、なにより、彼らには、わたしよりもずっと、本を「楽しむ」能力が備わっているように思えました。彼らの文章を読んでいると、実際の「岩波新書」より、もっとずっと、楽しそうな本に見えたのです(って、言い過ぎですね)。

さて。

大学では、彼らと一緒に本を読みます。彼らは、みんなで読んだ本について、なにかを書いたりします。でもって、わたしは(先生なので)、彼らが書いたものについて感想を述べたりします。ときには、成績をつけたり(本を読むこととは関係ありませんけれど)もする。それで終わり。なんかものたりない。はりあいがない。つまんない。

つまんないのはイヤだ。わたしもイヤだが、彼らもイヤだろう。では、どうする。

そのときです。

ピン、と閃いたのですよ。なにかが。

まあ、そういうことはよくあるんです。そして、たいてい、その「ピン！」は、すぐに消えてしまう。

わたしは、その「ピン！」を二、三日、観察してみることにしました。すると、どうでしょう。その「ピン！」は、ちょっと育っていました。さらに、数日たつと、さらに大きく。


彼らと一緒に、なにか、「本」をめぐるプロジェクトを始めてみてはどうだろう。それって、なんだか楽しそうだ。いや、彼らとなら、楽しくやれるんじゃないかな。そう思ったのです。それに、とても意義のあることのようにも思えたのです。

だいたい、ただ本を読むより、本をつくる方が楽しそうじゃないですか。

わたしは、彼らに、本をつくることを提案してみました。

「イイっすね！」

「なんか、面白そう」

そりゃそうです。楽しくないより、楽しい方がいい。面白くないより、面白い方がいい。そこからすべてが始まったのでした。

3 『読んじゃいなよ！』ができるまで

かくして『読んじゃいなよ！』へ向かう旅が始まりました。およそ二年前のことです。

実は、最初にやったことは、岩波新書に企画を持ちこむことでした。なにしろ、「岩波新書」を読むことから始まった企画なのだから、その当事者に相談するのが、いちばんに決まってます。岩波の担当者も、海のものとも山のものともわからない企画を聞いて、びっくりしたことと思います。

そのとき、わたしはこういったのでした。

「岩波新書に関する岩波新書をつくりたいと思っています。それも、いままで出たどの岩波新書よりも面白く、ためになるものを！」

なんだかちょっと失礼な言い方ですね。でも、本気でそう思っていたのだから仕方ありません。

それから、ゼミの中で、たくさんの企画会議が開かれました。なにを、どんなふうに、本の中に盛りこんでゆくのか。そのことに、彼ら(ゼミ生たち)が、どんなふうに、かかわってゆくのか。

たくさんの、たくさんの企画が生まれ、消えてゆきました。面白そうなものが面白くなかったり、準備万端とりかかってみたら、たいしたものじゃなかったり。逆に、なんとなく始めてみたら、めっちゃ面白かったり。それらは、とても長く、波乱に満ちた物語でもあるので、また、いつか書くこともあるでしょう。

わたしの手元には、最終的に残り、実行されることになった企画が、山のように、積まれています。そのすべてを収録したら、いまでもぶ厚いこの本が、あと三冊は必要です! それは無理だ。買う方だってたいへんです。同じような本を四冊も買うぐらいなら、別の本を買った方がいいに決まってます。お小遣いは有効に使わなきゃなりません。

とにかく、わたしは、心を鬼にして、大ナタをふるいました。そもそも、この企画を始めるきっかけになった、学生諸君の感想文は一つも残りませんでした。ほんとうに、ゴメン。でも、わたしの発言だって、ほとんど残ってないんだから、それで勘弁してくださいね。

最後に残り、この本の中心を占めることになったのは、三人の著者を招いての「特別（白熱？）教室」でした。

一冊の本をとことん読んでみよう。では、どうすれば、「とことん読む」ことになるのか。わたしと学生たちは、一冊の本を、まず徹底して読みこみ、その上で、その本の著者に会って対決……ではなく、お話を聞き、その著者とともにさらにその本の「先の先」までいってみたいと思ったのでした。

一冊、本を決める（もちろん、岩波新書の中から）。条件は、大切なことが書いてあること。とりわけ、いま、わたしたちにとって大切なことが。そして、読者に誠実に向かい合っていること。でも、そういう本は、たくさんある。その中から、選びに選び抜いて、三冊の本を決めました。

哲学者である鷲田清一さんの『哲学の使い方』、憲法学者である長谷部恭男さんの『憲法とは何か』、そして、詩人で人生相談の達人でもある伊藤比呂美さんの『女の一生』です。

わたしと学生たちは、それぞれの本を、数か月、ときには、半年近くかけて読みこみ（さらに、その著者たちの他の本を副読本にして）、最後は、二泊三日の合宿をして、準備を整えたのでした。

本を読む、ということが、その著者の人となりを読む、ということなら、それが同時にできたわけです。

学生たちは、残念ながら、ふだん、哲学や憲法の勉強をしているわけでも、詩を読んだりしているわけでもありません(人生については、どうでしょう)。いうなれば、素人に近い。それにもかかわらず、その本に書かれてある、もっとも大切なメッセージを理解できるのではないか。もし、彼らに、理解できるのなら、その本に近づく人間はだれでも、理解できるはずだ。

そんなことを思いながら、わたしと学生たちは、その「特別教室」に臨んだのでした。

三回の「特別教室」は、わたしが教えている明治学院大学で行われました。でも、そんな楽しそうなことがあるとわかると、みんなが来てしまうかもしれない。ここでも断腸の思いで、その「特別教室」の開催は秘密とすることにしました。

シークレット講義の最中、教室の戸を開けて、びっくりさせてしまった学生諸君、謝ります。でも、そのまま、中に入って聞いてくれたよね。楽しかったかな。

この本におさめられた三回分の「特別教室」は、実際に開かれたものとは、順番が異っています。すべてが終わり、活字になったものをまとめて読んで、全体を一つの流れにしたいと考えたからでした。うまくいってると感じてもらえたらうれしいです。

その「特別教室」の合間に、学生諸君に書いてもらった、短い「私と岩波新書」という断章をおさめました。もともと、彼らが書いた「岩波新書」に関する文章をおさめることができなかったので、そのお詫びの意味もこめてです。これで、この本に参加した学生たちの人となりを、少しでも知ってもらえたらいいなと思います。

その文章には、彼らを象徴するアイコン(肖像)と本名ではなく愛称、というか、ＳＮＳでいうところのアカウント名を添えました。本というよりも、ネット上をさまよっていて、偶然見つけた、ちょっとしたブログのようなものにしたかったからです。

そうそう、一つ大切なことを忘れていました。

この本を作ることに参加してくれたのは、高橋ゼミの学生たちです。どの大学にもある、ふつうのゼミの、ふつうの学生たちといってかまわないでしょう。でも、ちょっとだけ、他のゼミの学生たちと違っています(いや、わたしが知らないだけで、もしかしたら、他にも、こんな例はたくさんあるのかもしれませんね)。

それは、わたしのゼミには、通常の授業としてきちんと履修登録している「正規」のゼミ生の他に、履修登録をしていない「非正規」のゼミ生がいることです。

「非正規」のゼミ生たちの出身はさまざまです。

かつて、このゼミに通っていた卒業生、他の学部の学生、他の大学の学生、もうすでに職業をもっている社会人、有名な作家、有名な映画監督、有名だけど名前がわからないだれか……、どこか知らない国の人、わたしより年をとった人、どこのだれなのかまったく知らない人……。たくさんの「非正規」のゼミ生たちが、わたしのゼミを「通過」してゆきました。中には、すべての授業に「皆勤」して、「非正規」なのにゼミ長になってしまった人も、何年も居ついて、わたしよりゼミの事情に詳しくなった人も、どこからともなくやって来て、いつの間にか消えてしまう野良猫のような人も、一度現れ、それから数年後に、また突然現れる、ハレー彗星のような人もいました。

わたしのゼミの決まりは、ゼミのタスク(お仕事)をやってくれるなら、だれが来てもいい、ということです。

彼らは、同じ学年、似た環境の学生たちが集まった「正規」のゼミ生たちにとって、大きな刺激となってくれる「他者」の役割を果たしてくれました。

思えば、ほんとうのところは、わたしも、「非正規」の大学教員なのかもしれません。いや、この本自体が、なんだか「正規」っぽくないような気がするんですけれど。

この本の最後には、秘密のプレゼントもあります。これは、岩波新書史上初の、いや、新書史上初の試みかもしれません。いやいや、わたしの知る限り、もしかしたら、史上初の試みかもしれません。楽しみにしてください。

本を読むのは、楽しい。心の底から、わたしはそう思っています。でも、本を読んで、いちばん楽しい発見は、実は、この世界には、本を読むことよりもさらにずっと楽しいこと、心躍らせることがあるはずだとわかることかもしれません。この本をつくりながら、わたしは、そんなことを考えていたのでした。

(この本を)読んじゃいなよ!

ついでに、

(他の本も)読んじゃいなよ!

だったら、ついでに、
(世界を)読んじゃいなよ!

では、この本の中にお入りください。

鷲田清一 哲学教室

2016年4月14日

『哲学の使い方』

新赤版　1500
2014 年 9 月 19 日刊行

「答えがすぐには出ない，答えが複数ありうる，いや答えがあるかどうかもよくわからない」――そんな息苦しさを抱えた時代に，社会生活において，人生において，私たちは哲学をどう「使う」ことができるのか？《初期設定》からの問いかえしを試み，新たな見晴らしよい世界のありかたを求め描く，著者渾身の書き下ろし．

【目　次】

はじめに
第一章　哲学の入口
　1　哲学の手前で
　2　哲学の着手点
　3　哲学のアンチ・マニュアル
第二章　哲学の場所
　1　哲学とその〈外部〉
　2　哲学の知
　3　哲学と「教養」
第三章　哲学の臨床
　1　哲学の「現場」
　2　哲学のフィールドワーク
　3　ダイアローグとしての哲学
終章　哲学という広場

鷲田清一(わしだ・きよかず)

1949 年，京都生まれ．京都大学大学院文学研究科博士課程修了．大阪大学文学部教授，同大学文学部長，総長等を経て，現在，京都市立芸術大学理事長・学長，せんだいメディアテーク館長，大阪大学名誉教授．専攻は，哲学，倫理学．
著書に，『モードの迷宮』(ちくま学芸文庫)，『現象学の視線』(講談社学術文庫，以上 2 冊でサントリー学芸賞)，『メルロ＝ポンティ』(講談社)，『顔の現象学』(講談社学術文庫)，『「聴く」ことの力』(阪急コミュニケーションズ，桑原武夫学芸賞)，『時代のきしみ』(阪急コミュニケーションズ)，『「待つ」ということ』(角川選書)，『思考のエシックス』(ナカニシヤ出版)，『「ぐずぐず」の理由』(角川選書，読売文学賞)，『〈ひと〉の現象学』(筑摩書房)，『パラレルな知性』(晶文社)ほか多数．

我々には哲学が必要なんだ

わたしが教えている明治学院大学国際学部ができたのは、いまから三十年前のことだった。実は、「国際学部」という名前の学部としてはいちばん古いのである。だから、集まった創設メンバーたちは、こんなふうに考えた。まったく新しい学部、学問を作ろう！

「国際学」は、「国際」に関する学問(のはず)だ。だから、「国際経済」や「国際法」や「国際政治」に関する講義があるのは当たり前。けれども、その中に、およそ「国際学」というイメージからほど遠い講義が(教養ではなく)、学部の正式な科目に選ばれた。「哲学」と「文学」である。その理由は、ある意味でとても簡単だ。すべての学問は何かについて考える。けれども、「哲学」は、「考える」とは何かを考える。あらゆる学問は、人間によって作られ、人間のために打ち立てられた。そして、「文学」こそ、「人間」を研究するために生まれた「学問」だったのだ。あらゆる学問の根っこには「哲学」と「文学」がなければいけない。彼らは、そう考えたのだった。

「読んじゃいなよ！」のプロジェクトで、学生たちにいちばん読んでもらいたいと思った「本」、いや「人」は、その存在が哲学そのものであるような鷲田清一さんだった。「考える」とは何かを考える、その「哲学」というものは、どの学問より難しい。でも、絶対に必要だ。そのことを学ぶために、鷲田さんよりうってつけの人はいなかった。

鷲田さんが教室に現れ、柔らかいことばづかいで話しはじめた時、学生たちの緊張がふっと緩んだのがわかった。そこには、難しい学問としての「哲学」ではなく、誰でも（努力する必要はもちろんあるけれど）たどり着くことのできる、そして生きるために必要な、ひらがなの「てつがく」が、ひとりの人間の形をして存在していたように思えた。

あっという間の三時間以上。体調が完全ではない鷲田さんに申し訳ないと思いながら、でも、やめたくない。このままずっと、みんなで話していたいと思った。本当に素晴らしい、そして、幸せな時間だった。

（編者）

高橋　はい、鷲田先生です。ねえ、鷲田さん、ちょっとこれを見てください。
鷲田　先生って言わないで。
高橋　「ウェルカム・トゥ・明治学院」、って可愛く書いてあるでしょ。うちのゼミのウメちゃんが書きました。
鷲田　ありがとう。
高橋　どういたしまして。
鷲田　教室には若くない人もいますね。
高橋　その辺は無視してください。背広の人とかも。さて、おしゃべりはやめて、始めることにしましょう。哲学と文学は遠いようで近い、近いようで遠い。ずっと、そんなことを感じていました。鷲田さんとは一緒に新聞の紙面を飾ったこともあります。同志のような人なんですね。今日は、そんな鷲田さんのお話を聞き、いろいろ質問をさせていただきたいと思っています。みんなと読んだ鷲田さんの本の中に哲学カフェって出てきましたよね。哲学カフェというのは自由にものを考える場所なんだそうです。なので、ここは一応僕と鷲田さんが共同で主宰する哲学カフェみたいなものかなと思ってやりたいと思います。ということで、鷲田さん、今日はよろしくお願いします。

鷲田　こんにちは。すごくいい教室ですね。僕、こんな遠い大学って思っていなくて。もう着くかなと思ったら、まだこれからですって運転手さんに言われて。

高橋　横浜から二〇分ぐらいですかね。

鷲田　桜木町から来ました。で、みんな毎日泣いているんじゃないかなって思ったりしているうちに着いたんですが、入ったら何かふわっと柔らかい空気が。ごみ箱なんかも全部黄色でできているじゃないですか。黄色は僕のマイカラーなんです。

高橋　え、そうなんですか？

鷲田　ええ。もうそれだけでうれしかった。

高橋　うちの大学のイメージカラーなんですよ。

鷲田　珍しいですね。黄色って。

高橋　趣味が悪いって言われてるんですけど(笑)。

鷲田　それで、去年の暮れですけれども、今いる京都市立芸大の学長室をみんなの交差点にしようということで、学生も先生も職員も通り掛かった人もみな入れ替わり立ち替わり、部屋を改装して誰でも入れる部屋にしてくれました。その時に、現代的なフレスコ画で壁面を作りました。横一〇メートルくらいの大きい壁面を、やっぱり黄色を基調にして描いてくれてすごくハッピーな気分になったんです。この話をしたら長くなるのですぐ終わりますが、机は生涯で最高の机でした。ここに置いてある机に似ていて、すごく重たい木の机だったのですが、誰かがね、それは、副理事長さんにあげてしまった。そして、いわゆる共通教育の大教室にある机、小学校でも使うようなデコラの、パイプでヒューッとなった机があるじゃないですか。こんな立派な椅子じゃなくて、ベニヤのような椅子が付いてるやつ。それと交換してくれて、その教室の机二つの上に白い板を置くだけのにしてくださった。で、ドアもガラス張りにして。

高橋　黄色と緑があったんですね。

鷲田　で、この部屋に入ったら何がいいって、座布団がすごいですね。こんなに贅沢な座布団。大きい。普通四人ぐらいで座る座布団じゃないですか。これはどこの部屋にもあるんですか。

高橋　いやいや、ここだけですよ。しかも謎なんです。なぜ置いてあるか誰も知らない。

鷲田　何かすごく豊かな気分になりますね。うん。いや、すばらしいなと思って。

さて、高橋先生にうかがったところでは、みなさんで僕の本をじっくり読んでいただいたそうで本当にありがとうございました。ねちねちして読みにくかったと思いますが、僕は物書きとしてはもちろん高橋さんの足元にも及ばないけど、一つだけ高橋さんに圧倒的に勝っていることがあります。入試問題に出る回数。これは多分、内田樹さんといい勝負なんですが、ここは差を付けていると。理由はたぶん簡単で、一回読んで分からないからです。高橋さんの例えばあのSEALDs《シールズ》(Students Emergency Action for Liberal Democracy-s)と一緒に作られた本の前書きなんか、ほとんどひらがなじゃないですか。誤解のしようがない文章を書いておられますけど、ああいうのは入試問題では意味がない。差が付かない。僕のは一回読んでも分からない。入試問題に出るというのは悪文の証拠なんですね。

　で、教科書にもだからなぜか昔と違って、僕らの文章が出るようになっているのですが、入試問題に出るということは、模擬テストに出るっていうことで、練習させられるとか教科書で読まされるっていうことなので、もう高校生から恨まれてばかり。結局こんなの二度と読むかという思いで高校を卒業されるので、売れ行きに全然反映されないという世界。もう手に取ってもらえないっていう不幸なことを繰り返してきたので、皆さん一人ひとりに手に取っていただけたなんて、もう本当に舞い上がるような。それも最後まで読んでいただいたそうでありがとうございます。

　さっき高橋さんは、自分は何も教えないとおっしゃったけど、僕が二十年ほどやってきた哲学カフェでもそう。ファシリテーターは自分が勉強してきたこと、研究し身につけてきた得意技というか、専門的な技を完璧に封じ込めるんですね。自分の専門的知識は一切使わないし、介入もしないで、皆さん、今日は何を話しましょうかで始めて、あとはもう成り行き任せ。みんなで話をしてくださいっていうので、あまりに話が逸脱したりすると、ちょっと戻しましょうというぐらいの司会役で、自分が専門的にやってきた知識とか技は使わないのです。

今日、どんなお話をしようかと思った時に、僕はこれからあまり明るくない時代を生きていく時にというか、本当はこれまでもずっとそうだったのですが、哲学とアートがあったら、それを勉強していたらそれでいいんじゃないかという思いがあって、で、そのことをちょっとだけ最初にお話ししたいと思います。

ところで、五年前に東日本の大震災があって、その翌年から仙台市でも仕事を持つようになって、毎月一回まとめて行っています。今から二十年前、一九九五年には僕は大阪大学に勤めていたんですが、その時に阪神・淡路大震災がありました。その時の経験と今回東北で起こったことを見ていていくつか違うことがあって。一つ大きいのはケータイが当時ほとんどなかったことです。だから個人の映像の記録ってほとんどないんですね。カメラを構えてってそんな空気じゃないから。その仙台ではメディアテークっていうところに勤めているんですが、去年

（二〇一五年）「はじまりのごはん」っていう展覧会をやりました。市民の皆さんに、震災が起こって、次に最初に何を食べましたかっていうので、それをもし画像があったら送ってください、そしてコメントを付けてくださいって。それを展覧会としてやったんですけど、まあたくさんの人が撮っているんですよね。

展覧会では、例えば食べたかったんだけど、コンビニに行ったら棚に何もなかったっていう写真を送ってきた人もいるし。それとか意外なものもいくつかあって。たいていの人は、冷凍庫があっても電気が通っていないから、うどんでも何でもとにかく出してきて溶けるのを待って食べるとか、そういうのもありました。すごい豪勢な食事をした人もいるんですよ。男性なのですが、奥さんが冷凍庫にステーキとかね、ウナギの蒲焼きとか、いいものを結構入れていて、食べるものが何もないのでそれらを順番に食べたあと、こんなご馳走ばかり食べていいのだろうかととまどったと。ただし冷たいんですけどね。それとか驚いたのは、当日の晩、深夜にガスが付いたコンロで簡単な汁物を、みんなで鍋物を食べた時に、震災が起きた当夜なのに、みんなフッと顔が緩んでうれしそうにしていらして。そういうわけで、ゴージャスな食事があったり、温かいものを食べてニコッとしている写真があったりとか、集まった写真を見て、え？ っていうようなことが多かったです。

で、なぜその「はじまりのごはん」が面白かったのかというと、ケータイがあったことに加えてもう一つ、神戸ではほとんどなかったのですが、若いアーチストの人たちが支援のためにボランティアでたくさん、初期段階から入っていっているんですね。多分これは、二〇〇七年の新潟県中越沖地震で、越後妻有のああいう芸術祭のベースになるようなアーチストのボランティア活動などの経験の積み重ねがあってのことだと思うのですが、今回はものすごく足が速かった。で、被災地の人たちともよく、そして長く交わった。僕、そのことの意味を問題提起みたいな形で考えたいなと思うんです。

もちろん、アーチストの人が何か作品を作るためにとか、その素材があるからとか、そんなので行ったんじゃなしに、アートなんて関係なしにみんなただただこんな僕でもいるだけで役に立てるならっていうので、とにかく体をそこへ持っていったっていうことなのです。もう五年たって考えるとね、もちろんそういうことを気付いていたかいないか、意識していたかいないかは別にして、何かこう、うーん、被災地でいろいろなシステムとかいろいろな建物とかが壊れ、生活道具が流されゼロになった時に、生活がゼロからもう一度立ち上がる時に、アートってどういうふうに立ち上がるんだろうかと。で、もしそのゼロから、食べること、住まうことも含めてですね、ゼロからもう一度暮らしが立ち上がる時に、アートがあってもなくても良かったんだったら、もうアートをやめたっていいやっていうぐらいの思い、何ていうか、生きるっていうことの、暮らすっていうことのベースにアーチスティックな活動って本当になくてはならないものなのか、それを目撃したいという思いがどこかであったんじゃないかと思うんですね。

というのは、今のアーチストの人って、昔のような画壇とか、楽壇に属してキャリアアップしていくことを目指している人はどんどん減ってきているし、美術は美術館とかギャラリーで、そういう芸術のための空間で、作品に触れないような距離をとって鑑賞するという、アートってそんな床の間みたいなものなのだろうかと、アーチストたちはずっと自問してきた。音楽はコンサートホールで外の音を全部遮断して、ピュアな無音の空間を作って、そこで聴衆もじっと音を立てないで構えていて、で、演奏があって、そして拍手をしてと。こんなものって本当に音楽の形なんだろうかって、そういう根源的な疑問を今のアーチストの人たちは半世紀以上ずっと思ってきたんですね。で、若いアーチストにはそういうのはもう当たり前のようになっていて、そんな中でこれからも自分たちが、あまりお金にはならないけれども、でもこれを生業として生きていくことに何の意味があるんだろうっていう問いを携えて行ったんじゃないかと思うんです。

で、そうしたら、僕が知っているいくつかで言うと、例えばまだ避難所で何も救援の品が届いていない時でも、山の花を摘んでご遺体に、あるいは海に向かって手向けるという行為はあったし、お坊さんも全然足りなかったけど、体育館でご遺体を弔う時にも、何かブツブツとお経か歌か分からないようなメロディを口ずさむ人がいた。それとかね、地震後一年ほどでまだ避難所生活をみんなしているし、土地の整理も復旧も全然進んでいない段階で七夕の準備をしているんですよ、陸前高田で。多分この辺だろう、元の置き場はと。そこにね、木を組む。七夕って東北じゅうにあるんですよ、お祭りが。あれの準備。え、こんな時に？ってしょうじき思いました。

それとか、一番面白かったのは、がれきとか泥とかを片づける時、みんなビニールのごみ袋を持って運ぶわけです。廃棄場にまとめて。その時に、何かアーチストの癖みたいなもので、ただ積むだけなんですけど、知らない間にピラミッドになったりとかね。象さんとかワニみたいなのとか、何か巨大な生き物みたいな形に。置くんですけど、ただ置くんじゃなしに、そんなふうに積み上げるだけで、絶望の淵にあるような状況の中でも、あれっ？て、地元の人たちの顔がフッとほどけるんです。そういうアートの、ゼロを〇・二とか三にするみたいなのがいっぱいあったんです。で、僕はそのことの意味っていうのが気になって。

ところで関東大震災の時に、今につながる一つの新しい学問が立ち上がったのをご存じですか。今和次郎さんの考現学、モデルノロジオっていうんですね。「考現学」ってこんな字を書くんです。

まず考現学って何か。モデルノロジオって彼らは名前を付けたんです。今考現学って言うと、何か街のいろいろな風俗とか……高橋さんが詳しい風俗じゃなくて。

高橋　何をおっしゃる(笑)。

鷲田　路上観察学会にも通じるんで、何でこんなものがここにあるのか分からない、意味のないものを発掘していくふうに思われますが、実はこれね、すごく明確な規程を持っている学問で、考古学ってあるでしょ。

高橋　考古学のように過去を発掘するのではなく、現代を発掘するわけですね。

鷲田　そうなんです。考古学ってアーキオロジー。アルケーって始まりのものっていうことなんですが、要するにものの原基。元素とかものの一番根本にあるもの。最も根本的なエレメントみたいな。火とか土とか風とかも宇宙のエレメントだって言ったんですが、そのアルケーっていう元ですね。文明の元素。これをいろいろな遺跡とかに探っていく。要するに考古学です。僕らがもはや近付けない古い古いものがどんな世界だったかを考えて。それに対して、モダン、つまり現代、同時代のことを考古学者のようにいろいろな小さな些細なものから見つけていこうという学問が興ったんですね。

これが最初にどんなことをしたかっていうと、関東大震災の後にみんな家が壊れたでしょ。その時、人々は家をどういうふうにまたゼロから再建していくか。テントにするのかとか、バラックにするのか、トタン屋根にするのか、それを全部スケッチして、ここの地域ではこんなふうにして家がもう一度立ち上がってきたとか。あるいは服装。もうみんな着の身着のままになった時に、次にどんなふうに工夫をして、どんな衣装から始まったかっていう、そういう研究がモデルノロジオだったんです。被災地に向かったアーチストの人たちって、このモデルノロジオをやりだしたのだと、そんな感じがしたんですね。

僕らはこれからも生き延びていく。このごろは「生きる」より「生き延びる」という言葉の方がリアリティがあるのがつらいところなのですが、何とかしっかり生き延びてゆこうという時に、今の時代はいろいろなシステムがうまく働かなくなっていて、あるいは正規の働き先もうまく見つけられなくなって、僕はゼロに近いような状態のように思っているんですが、その中でこれは外せないぞ、このあたりからものは立ち上げていくんだぞ、これがあったら大丈夫だぞっていうような、何かそういうものをちゃんと見極めるっていうのが意外と哲学とアートの大事な仕事なのではないかなと思っています。

その意味では、僕ら、今大きな海の中に放り込まれて、どちらが北でどちらが南か、空も曇天だから分からないような時に、こっちかな？っていう方向感覚っていうのを持たないといけない。その時に二つの能力が必要になってくると思っています。一つはまあ勘みたいなもの。きっとこっちだっていう勘みたいなものと、それから正反対に、何かこれ違うとか、こんなんじゃないという違和感。そのぞくっとするような方向感覚に優れたアンテナを持っているのがアーチストなんです。もう一方、哲学のほうは、逆にそういうようなものを、どうしてなんだろう？どうしてなんだろう？ってこれは理詰めで考えてみる。もう一度言うと、一方でアーチストたちの狩猟民族みたいな感覚。何かの糞がバーッと散らばっていると、糞の散り方で、あ、これ何時間前に象が通ったなとか。あるいはちょっとその枝に付いている毛だけで何かが何時間前にあっちに行ったとかいうことを察知する。かすかな手がかり、徴候みたいなものを見つけて方向性を見定める、そういう狩猟民族的な感覚です。そしてもう一方では、そういういろんな方向を自分の中で整理して、どれが大事なんだろう、どれは無視していいんだろう、どれだけ絶対手放してはいけないんだろうって、ものごとを、言ってみれば遠近法的にとらえる判断力。ことがらを一つひとつ丹念により分けてゆく。これだけは絶対に手放してはいけないとか、これは絶対起こってはいけないとか、これがあったらもちろんいいけど、なくてもいいものだとか、価値の遠近法を作ってゆくということですね。この二つがこれから僕らの学びにとっていちばん大事なのではないかなっていうのが最初のメッセージです。

全然時間がなさすぎる

高橋 ありがとうございます。いやあ、なんだかいいなあ。僕は今日、コーディネーター、というか、ファシリテーターの役割なので、あまり発言しないようにするつもりなんですが、少しだけさせて下さい。今、鷲田さんが考現学の話をしましたね。高橋ゼミのシラバスってみんな覚えてる？ このゼミは特に研究する対象が決まっていないということと、もう一つ、現代に関することについて学ぶことが決まっています。映画でも漫画でも何でもかまわない。とにかく現代に関するものだったら何でもいいというぐらいの縛りですね。だから、どう考えても現代と関係ないもの、それだけはやめようということになっています。

でも、現代のものをそうやって追求していく、あるいは考えていくと、逆に、古いものとのつながりが見えて、古いものもいわば今の世界に生まれ変わってくるんじゃないかなっていうふうに考えるんです。それもモデルノロジオって言うのかもしれないですね。言葉を一つ覚えました。そうか。考現学ってそういうことだったんだ。

鷲田 うん。

高橋 勉強になりました。さて、これからQ&Aになるんですが、ゼミの諸君にも言ったのですが、僕が持っているのは、何か月かかけて、みんなが作った質問状で、鷲田先生にはお見せしません。ゼミの諸君も、この質問状を見ながらではなく、ライブらしく、どんなふうに思って質問を考えたか、思い出しながら、質問してください。そう、それから、今鷲田さんにしていただいた提起も踏まえてね。まあ、自由に質問してください。鷲田さんはいい人だから何でも答えてくださるはずです。

鷲田 いい人はもてないんですけどね。

高橋 (笑)。まず名前を名乗る。それから著書の感想を短く言う。そして質問、ということにしましょう。ではぼちぼち行こうか。誰から行く?

学生 H**といいます。感想なんですが、実はこの「特別教室」、前回は長谷部恭男さんの『憲法とは何か』という本を読んだんです。その本の中で世界をプライベートなものとパブリックなものに分けるということが書いてあって、パブリックなもののところでは、いろいろな団体の利害を妥協させたりして、水道とかインフラを整備して、戦争が起こらないように自分の腹の中のことをなるべく表に出さないで、みんなが生きていけるようにしようというのが立憲主義の考え方だと書いてありました。

でも、この鷲田さんの本の中で、八十ページぐらいから九十ページぐらいまで、古代ギリシャの知のあり方の話が出てきて。その分け方の話を読んでいると、やっぱり哲学っていうのはすごく政治というものとか、何かを実践するっていうことにものすごく近いというか、それ自体を含むものとしてある。じゃあ鷲田さんはやっぱり、今の哲学っていうのはもっと政治的なものを含んでいるというふうに考えておられるのかなと感想として思いました。

鷲田　はい。

学生　質問としては、僕は今、大学院の修士の四年目なんです。高橋先生のゼミにずっと出させてもらっているんですが。

鷲田　最後の年？

学生　ええまあ。それで質問なんですが、僕はやっぱり、今鷲田さんが二つのことがこれからの世界を生きていく上であったらいいんじゃないかとおっしゃったじゃないですか。ある種の直感というか、アーチストの人たちが持っている体が勝手に動くみたいなところと、その体が勝手に動いた後のことを自分でいろいろな本とかを読んで考えること。二つが必要なんじゃないかっておっしゃった。僕もそういう二つのものが必要だっていう話を聞いてすごく共感したんですけど。でもじゃあ自分がその二つのものを身に付けたいと思った時に、今の大学って何か全然時間がなさすぎると思うんです。

鷲田　あ、そうですか。

学生　鷲田さんの本の中にも出てきたんですけど、やっぱり何かこう、これからはどういうふうにお金を稼げるようになれるかっていうふうなしかたでカリキュラムとかもできているし。大学院の授業も、大学院って二年しかなくて、本当は。一年目は授業を取っていっぱいいっぱいだし、二年目は就活と修士論文を並行させないといけない。それだったら、自分の体が勝手に動いちゃうっていうような感覚を体験する時もあまりにも少なすぎる。だから僕は、何か五年間ぐらい大学院の修士があったらいいなと思ったんです。鷲田さんはそういう、二つの、これから生きていく上での力を身に付けるということも含めて、日本の大学とか大学院にグズグズする時間がちょっと少ないと思われますか。

鷲田　大学ね……。何かこう大学って、卒業ってなかったらいいですのにね。自分が納得して、そろそろ潮時かなっていう頃にスッと消えて。そして全然学びが足りなかったと思ったら、スッと復帰できるような、それぐらい自由なものであるはずですよね。だって、卒業証書イコール就職のためのパスポートになるってすごい惨めったらしいじゃないですか。せっかく学んでいるのに、こんな小さいパスポートみたいな意味しか持たないって。

みんな同い年で学年が進んでいくという学校の仕組みが、日本の場合ちょっと極端すぎるような気がしています。例えばね、僕若い時に二年ほどドイツで勉強していたことがあるんですが、ドイツの大学に行くと、とにかく自分が大学だと思っていたものとずいぶん違うので、最初何かきょとんとしてしまうことが多いんですね。教室に行くと、僕は若い人ばかりだと思っていたんですが、僕みたいな頭の人が結構いるんですよ。ええ？って言って。で、これ社会人で来ているのかと思ったらそうじゃなくて、要するに卒業というのをただただ延期している人が結構いる。それに最近はさすがにちょっと減ってきたけれども、一つの大学で最初から最後まで終わる人は意外に少ないんですよ。「渡り鳥」って言うんですけど、大体ドイツの学生は戦前ぐらいまでは、最低三つは大学に行ったと聞いたことがあります。それは、大学を選ぶんじゃないんですよ。日本みたいに。あそこに入れるか入れないかじゃなしに、どの先生がいるかなんですよ。

で、まず最初それこそ高橋先生に学ぼうと思って明治学院に行って。そうしたら長谷部先生はどこでしたっけ。早稲田？　あの人に次に習いたいと思ったら早稲田に行って。要するに転々とする。
それに、ドイツの大学は基本的に学費がただなんです。その代わり、卒業したからといっても何の意味もない。意味があるのは医者とか法律家をめざす人。それからエンジニアになる人は大学ではなく工科大学という、高度な技術開発の高等専門学校のようなところに行くんですね。面白いのは秘書の仕事。それに就くには大学より専門学校を出るほうがいい。きちんとした職能訓練を受けられるから。つまり大学は卒業してもあまりメリットがないから、だからみんな納得するまで通う。仕事を他に持っていてもできるから。そういう大学システムが現にあるので、日本の大学システムしかないって考えないほうがいいと思います。
学生　ありがとうございます。
高橋　最初に僕は大学で教えることが難しいなと思ったのは、余裕のなさですね。この国の学校制度っていっても、僕もここにあるこれしか知らないんですが、いろいろおかしいと思います。僕たちは、それしか知らないから当たり前だと思っているけれど、こういう話を聞いたら、今僕たちが学んでいる場所はいったい何だって思いますよね。
鷲田　もう一つ言うと、さっき日本は一緒にみんな小学校一年から同じスピードで進んで、先に行きすぎることもできないし、遅れすぎることも許されないと言いましたが、この制度がね、友だちが同い年っていうものすごく窮屈な大根切りのような仕組みを作ったと思うの。だって、同い年は同級、同期ということ。先輩・後輩って一年差とか二年差が特にきついでしょ。絶対友だちになれない。年が近い方が分断がきついんですよ。絶対に二年上の人と友だちになんかなれない。

で、三十代の時にあるパーティで一回り年上の友人としゃべっているところに別の人がやって来て、二人はどういう関係？って訊いたので、どういうふうに説明しようかと思った時に、すぐしまったと思ったんだけど、友人ですって言ってしまいました。あ、大先輩なのにって思ったんですけど、もう言ったあと。でもその彼もうれしそうにしてくれていてね。その時生まれて初めて、十歳以上違う人を友人って呼べたの。こんなに時間が掛かるって、何ていう貧しい社会だと思って。例えば、古代ギリシャでは、老人と少年が友だちっていうのが友だちの一番いい形とされたんです。老人はいろいろな知恵を持っているからいろんなことを教えてくれる。僕も若い時、すごい憧れのおばあさんが多かったんです。何か会があったら隣に座ったりと、若い頃、意識的にやったことがあるんです。いろんなこと、いっぱい教わった。

高橋　いや、ほんとにその通り。では次の質問行きましょうか。誰やる？

学生　三年生のI＊＊です。本の感想ですが、私、実は高校の時に、『じぶん・この不思議な存在』（講談社現代新書、一九九六年）を、試験だったか宿題だったかで読んだんです。その時には、試験問題みたいな感じで出たので、とにかくきちんと読まなきゃと思って読みました。国語は得意だったので、理解できないような感じではなかったんです。今回『哲学の使い方』を読んだ時、あれ、鷲田さんってこんな難しいことを書く人だったんだと思ったんです。ゼミで今回合宿をやったんですね、春休みに。そこで、『じぶん・この不思議な存在』と『「待つ」ということ』（角川選書、二〇〇六年）、『哲学の使い方』の三冊を全員読んだ状態で合宿に臨んだんですが、やっぱり『哲学の使い方』が一番難しいと感じました。絶対に初心者向けじゃないな、難しいもんと思いました。

『「待つ」ということ』や『じぶん・この不思議な存在』に関しては感想がすぐに出るんです。でも『哲学の使い方』に関しては、読む度に、あれだけ考えたはずなのに、もしかして違うんじゃないかなとか、いろいろ考えてしまいます。この間はこう考えたんだけど、もしかしたらこれ、こういうことかもしれないとか。あんなに読んだのに、どんどん考えが変わるっていうか。自分の考えを何回も反芻して、それでも結局、またやっぱり違うんじゃないかって悩んでしまう。そういうものを読んだことがなかったです。なんだか、すごいなそれ、って思いました。

哲学って何だろうって知るために読んだのに、最後になって、哲学って何だろうって元に戻ってしまったんです。でも、それがすごく面白かった。さっきの、H＊＊さんみたいないい感想は出ないですが、ほんとうに面白かったです。

質問ですが、『哲学の使い方』の最初の方、一章で、カール・レーヴィットが日本哲学を否定している箇所についてです。日本の哲学はレーヴィットが考える哲学とは異なっているという批判に対してなのですが、日本の哲学は西洋の哲学ではないとレーヴィットは言っています。でも、日本人に元から哲学がなかったのか。そうじゃないんじゃないかと思うんですね。例えば哲学という言葉が入ってきたのが明治以降だっただけで、江戸時代あるいはそれ以前から、武士がいて、彼らは、武士道というものを持っていた。それも一つの哲学というか、哲学とは名前が付いていなかっただけで、哲学だったんじゃないかなと私は思ったんです。

鷲田　哲学って二種類あるんです。いや、ほんとうは三種類になるんですけど。

一つは僕らが翻訳語、日常使わない翻訳語の概念を駆使しながら、ヨーロッパのいろいろな哲学者の書き物を勉強する、そしてその歴史を探るっていう、大学の哲学科でやっているような哲学。僕はこれを、ヨーロッパの哲学についてのお勉強という意味で、「哲学学」って呼んでいるんですが、それが一つある。そこでは、ヨーロッパの哲学の思考法とか、ヨーロッパの思想家が作り出した概念、そしてヨーロッパの政治思想とか社会思想の根幹にあるフィロソフィーを取り出す。それを正確につかまえようとするから、日常使わない言葉がいっぱい出てくるわけです。「存在」とかね。このほかにも「超越論的」とか「形而上学」とか、ふだん絶対使わない言葉がいっぱい出てくる。これを全部ふだん使う言葉に訳そうと思ったらたいへんです。そもそもそれに当たる日本語がなかったんですから。例えば「存在」という言葉は、英語では being なんです。ものすごく簡単なんですよ。欧米の人にとっては。自分たちが毎日使っている言葉を正確に使うのが哲学だと彼らは思っている。あの本でもふれた「存在」と「無」と「生成」というのも、being と nothing と becoming だから、もともと子どもでも使う言葉なんですね。自我という言葉もIですから、幼稚園の子でも使う言葉です。ただ、being を日本語でどう訳すかとなるとこれが難しい。物やお金は「ある」って言います。名誉も「ある」。他方、アブラムシは「いる」って言うし、人間も「いる」って言う。これ絶対に間違わないでしょ。being に当たるものが二種類あるのに、それを一つで言い換える言葉が日本語にはないので、仕方なしに「存在」とか「有」という言葉で表したんですね。それが一つですね。

それからもう一つは、あなたがおっしゃった意味での「哲学」です。「そば打ちの哲学」とか言うでしょう? そばづくりの職人さんが、俺は何にこだわってきたかっていう。あるいは商人の哲学。ビジネス書のコーナーに行ったら経営の哲学とかあるじゃないですか。これはある時には、これだけは譲れない一番大事なこと、そういう意味でもあるし、他方ではものすごく軽く方針というぐらいの意味でもある。「うちの会社のフィロソフィーは」と言ったら、その会社の方針のことだったりする。これが多分あなたがおっしゃっているものに近い。茶の哲学とか武士道の哲学もそう。

で、もう一つ、三番目に、工藤直子さんという詩人の『てつがくのライオン』(フォア文庫、一九八八年)という本に倣って、ひらがなで「てつがく」って書くものがあると思ってます。まだないけれども、僕は日本でひらがなのてつがくを作ろうとしてきました。哲学カフェもそのためにあるんです。それは何かというと、ヨーロッパの人はbe動詞とかnothingとか、becomingとか、毎日子どもでも使うありふれた言葉をもう一度精密に使おうとした。例えばI、私って言う時も、自分の心や体をさしたり、自分の立場を言ったり、自分をことさらに強調したりと、場面によって意味がずれている。あるいは文化によっても、言語によっても意味はずれるから、Iという言葉は例えば話者、つまり話す当事者としてきっちり定義し直して、そこからさまざまの論理を紡ぎだす。社会を運営する時の基本的な方針とか、個人としての生き方の方針とか決める時に、きちんとしたそういう論理で組み立てていきましょうというのが哲学なんですね、ヨーロッパでは。

でも、僕たちには、そういうものはなかった。近代だったら文芸評論とか、それ以前だったら国学とか、いろいろな人が考えるということの中で同じようなことをやってきたんだけれども、哲学というスタイルはなかった。哲学なんか知らなくても、毎日大事にしている言葉、そして当たり前のように使っている言葉が僕らにもあるじゃないですか。それにきちっと問いかけて、ヨーロッパの人が彼ら自身の言葉でやろうとしたことを、日本語でやってみないか？というのが僕の言うひらがなのてつがくなんです。

高橋　いやあ、いいですね。今、鷲田さんがおっしゃったひらがなのてつがく、僕もよくひらがなを使うんです。何でひらがなを使うのかというと、一つ理由があって、要するに漢字で使うと、何だろうね。最初から意味で汚染されている感じがするんですね。あるいは、それを見ただけで、思考が停止してしまいます。例えば「大学」って漢字で書いたら、みんなふーんと思って、通りすぎる。けれど、ひらがなで「だいがく」って書いたら「あれっ？」って一瞬止まるんですね。何でひらがなで書いてあるんだろうって。何か意図があるに違いないって思って。でも、そもそもいったん足を止めてもらうことが、実はものを考えることだから、ひらがな、ってインパクトがあるんですよ。

僕は、ワープロを使い始めた時、まず漢字が増えて、それからしばらくして逆に、ひらがなが増えていった。もう、パッと見たら、ひらがなばかり。でもそれは、やっぱり自分の中で、止まって考えたいと思ったからなんですね。もうほとんど何か、走っていたのが歩いて、だんだんスローになっていった気がします。でも、そうすると風景が違って見えてくる。それはとても大切なことだと思います。

鷲田 ついでにちょっとつけ加えておくと、日本の古文には句読点や引用符というのがありません。あれは僕ら現代人にはとても読みにくいですね。どこで切れるのか分からない。でも、僕らよりうんと世代が上の人って、体感で分かるんですよ。句読点がなくても、パッパと切っていく。だから、何て言うのかな、運動としての言葉、あるいは、節としての言葉っていうか、言葉がどんなふうな要領でワッとものをつかんで休んでとかいう、そういう何か生きた言葉の感覚が、教養・学問として学んだんじゃなくてみんなに備わっていた。言葉がもっともっと生きていたっていう感じがしますね。

分からないということそうもいかないので、

高橋　本当に今の問題だけで一時間とかかけたいぐらいなんですが。では次に質問したい人。

学生　四年生のQ＊＊と申します。『哲学の使い方』の感想は、先ほどH＊＊さんもおっしゃっていたのですが、この「特別教室」をやっている中で、憲法をやった時と、今回哲学をやろうとした時に、この二つは似ている、というより、関係があるなって思いました。というのは、哲学とか数学とか、まあいろいろな学問があると思うんですけど、その根源にあるのは哲学のような気がします。僕のイメージは、哲学とか数学とかがあったら、真ん中に哲学があるんじゃなくて、何かひものようなもので、手がかりが、解決策がいっぱい書かれて、そこに定点がなくて動き続けているような感じのイメージを、今回この本を読んで思ったんです。まあ結果的にはちょっと難しかったなと感じました。

質問なのですが、先ほどH＊＊さんもちょっと憲法と絡めていたと思いますが、僕もちょっとそういう質問なんです。鷲田さんは、いつ哲学者になろうと思ったのですか。というのは、長谷部さんと、あとは源一郎さんに、それぞれ憲法学者や作家になろうと思ったきっかけみたいなものをちょっとしゃべってもらった時に、長谷部さんは大学に入った時に一番理解ができなかったから憲法を専攻したとおっしゃったし、源一郎さんは、友だちが読んだ本か文章を見て、わけが分からないけど泣いてしまったみたいな話をしてました。

鷲田　ああ、読んだことがある。

学生　二人とも何か共通点が見えたっていう気がして。それで鷲田さんはどういうふうに、なぜ哲学者になろうと、いつ決めたのかをお聞きしたかったんです。

鷲田　僕もちょっと近いですね。それを言う前に、前半におっしゃったことで、哲学と憲法って近いってすごい簡単なことなんです。理由は、憲法って constitution でしょ。構成とかものの成り立ちっていう意味なんですよ。だからこの国の成り立ちを宣言するものが憲法。この国はこういうものでなければならない。こういうものであることを願うという国民の願いなんです。だから国の成り立ち。この国はこういう成り立ちのものにしようというね。で、哲学も、世界の成り立ちってどうなっているんだろうと考えるものです。

高橋　哲学も constitution なんですね。

鷲田　うん。私ってどういう成り立ちになっているのだろうとか、家族ってどういう成り立ちになっているんだろうとか、国家ってどういうふうに成り立っているんだろうとかね。そういうことを自然についても、社会的なもの、個人的なものについても問うから、constitution なんです。だから同じなんです、哲学と根本は。

高橋　そうか、憲法と哲学は一緒だったんだ。

鷲田　だから、僕なんかがやった現象学っていうのも、世界はどういうふうに constitute されているかということの分析をやるんですね。世界はどんな領域にまず分けられているかとか、精神的な領域と物質的な領域とかって、本当にそうなの？とかっていうことを考える。

それから、なぜ哲学をやってきたかと。僕もそうなんですけど、分からなくなるということをポジティブに捉えていいのだという経験ができたからです。ちょっと引用文で読んだので、まだこれ「折々のことば」(朝日新聞連載)でも使っていないんですが、バーナード・ショーっていう作家にね、You have learnt something. That always feels at first as if you had lost something. という言葉があって、「何かを学びましたな、でもそれは最初は何かを失ったような気がするもんです」と。かっこいいでしょ。でも学ぶってそういうことじゃないですか。目から鱗が落ちるっていう言い方をするけど、今までこういうものだとみんなも言うし、自分もそうだと思っていたものが、え、本当に？そうじゃなかったんだっていう。例えばこういう前提から考え直したら全然違って見えるじゃないか、っていうふうに、別の見方というものが自分の中に入ってきた時に、今までのことはチャラになるでしょ。せっかく今まで学んでやってきたのに、あれは見かけだけだったのかと。そうすると、今まで自分の確信であったものが崩れていくから、最初は何か大事なものをなくしたような気がする。学びって必ずそういうふうに起こるというのが、哲学の本を読んでいると分かるんですね。

僕がそれを一番感じたのは、二十歳頃かな、メルロ＝ポンティっていう哲学者の本を読んだ時です。かっこいいんですよ、文章が。それに哲学の本っていうのは読んで二割ぐらい分かれば上出来なんです。ビジネス関係の本は百パーセント分からないとダメ。分からないところがあると、こいつ、回りくどい書き方して、とか、下手だな、って思うでしょう。新書のたぐいも、たいていそうです。私のは超例外ですが（笑）、とにかく、新書のたぐいは読んでほとんど全部分かるものだということです。でも、読んで全部分かるっていうのは、失うという経験が起こらないということなんです。つまり、最初に自分が想像していた通りだったということで、世界はちっとも広がらないんですよ。

その点、哲学の本は二割分かったら結構行けているっていう感じで（笑）、十回読んでも六〜七割なんですよ。カントとかヘーゲルは。本当に俺、分かっているのかな？って。それでも読み続けられるのは、哲学の本には、人の心をギュッとわしづかみにする歌舞伎の見得みたいな言葉が散らばっているからなんです。

僕が大学生の時、意味がさっぱり分からないのに心をわしづかみにされた言葉は、キルケゴールの『死に至る病』という本の冒頭です。まず「精神とは自己である」って書いてありました。続けて「自己とは何であるか。それは関係が関係それ自身に関係することである」と書いてあった。「関係が関係それ自身に関係する」ってどういうことなんだ。その話をしたら、永江朗さんって書評家の人は、エッチって言うんです。関係って、二十年以上前は、男女の不倫の関係を指す場合が多かったのでね(笑)。関係が関係それ自身に関係する、そしてそれが自分であるということの意味が、全然分からなかった。でも心がギュッとわしづかみにされた。だって、関係ってAさんがいて、Bさんがいて、あるいはAという項があって、Bという項があって、それが接触した時にはじめて関係が起こるはずなのに、この人は関係が先にあって、関係が関係に関係するって言う。理解できないのに感動してしまいました。

永江さんとのその対談を収めた『哲学個人授業』(ちくま文庫)という本の中で種明かしをしていますので、いつか読んでください。僕もずいぶん年とってからやっと分かったんです。でも、そういう歌舞伎の見得みたいに心をわしづかみにされて、それが何を意味しているか分からないんだけれども、この言葉の意味を考えたら、何か自分の世界が変わるっていう、それこそ狩猟民族のような勘だけはあって、それはほとんど間違わないですね。本当に。それがあるから本って、同じ本を何度も読み続けられるんです。

メルロ＝ポンティは、こう書いています。哲学という営みは音楽とも変わらないし、ヴァレリーの詩とも変わらない。プルーストの小説とも変わらないし、セザンヌの絵とも変わらない。それぞれスタイルは違うけれども、見えるということってどういうことなんだろうかとか、世界があるってどういうことなんだろうかとか、人とともにあるってどういうことなんだろうとか、それらをつかもうとする努力という意味では、同じものなのだって。それを読んで、ほう！って思ったんですね。かっこいいなと。

そのメルロ＝ポンティは、哲学するっていうのは、自分がそれまで自分の生き方の前提にしていたことが崩れていくことだって書いていました。本当の前提はもっと手前にあったのだと。今自分が当たり前だと思っているもののもっと手前側の前提に遡行させられていくのが哲学なのだと。だから分からなくなるということは、より深く知ることなのだと書いてあったんですね。「哲学とはおのれ自身の端緒がたえず更新されてゆく経験である」という文章です。それで腑に落ちたんです。皆さんはあまり経験がないかもしれませんが、哲学の読書会とか、哲学の授業なんかはね、議論がスッスッと滑らかに運んだらかえって達成感がないんです。逆に、今日は問題がいっぱい出てきたな、あれも結局分からなくなった、こんな問題があるっていうのをはじめて知ったっていうふうに、答えの出ない問いがセッションで続々と出てきたら、それこそゾクゾクとするんですよ。すごく倒錯的でしょ。

普通は違います。例えば看護師さんのカンファレンスだったら、課題があってこれとこれとこれを解決しましたねと。対策ができてよかったねと。だから、哲学カフェなんかで、看護師さんと僕ら哲学の側が議論しあったりする時、話がまとまらないと僕らはにたっとしているんです。で、看護師さんたちは憮然として、今日の二時間、これは一体何だったんですかって。何の結論も出ていないって憮然とされるんですが、でもそれをね、二年ほどやっていると、うつってくるの、病気みたいに(笑)。

高橋 ありがとうございました。いやあ、ほんとに勉強になるな。今鷲田さんがおっしゃった、分からないっていうことは何か。それから、学ぶことは何かを失うことだってこと。とても大切ですね。僕たちもゼミで、ずっと教育の話や、大学の話をしてきました。その時、一番不満に思うのは、大学だけじゃないんだけど、やっぱり教育が「答えを教えること」になっていることですね。分からないという状態から、あるいは、知らないという状態から、知識や情報を教えることによって問題は解決される、と思われてます。でも、そこでは、分からないということの重要さが排除されちゃうんですね。

さっき、哲学の本は二割分かればいいって鷲田さんはおっしゃいました。ほぼ同じことを詩人の荒川洋治さんから言われたことがあるんですよ。荒川洋治さんと一緒に詩の選考会をやっていて、しかも、難しい現代詩の選考をしていて、その最中にですね、正直言ってこの箇所って全く分からないんだよねって言ったら、日本で一番詩が読めるはずの荒川さんが、あ、僕も全然分からない、っておっしゃった。えっ、それでいいのかな、って言ったら、荒川さんは、「高橋さん。詩は分からないものなんだよ、本来。でも、ところどころ分かる。その分かるところだけ読めばいい」っておっしゃった。目から鱗だったんですね。でも、そういえば、確かに自分もそんなふうに読んでいた。だいたい、書いている当人も分からないことが多いんだから。分かるところだけ読んで、そこだけ分かれば、もしかしたら他のところもいつか分かるかもしれない。それでいいんだって。

書いた当人が全部分かっているうちは駄目だって荒川さんは言ってました。書いた当人も分からない。当然読者も分からない。でも、気が付くと読者が先に分かったりする。これが面白いのだと。僕も小説を書いているので、考えてみると、確かにそうなんですね。うまく書けた時は、たいてい自分でもよく分からないで書いている時なんです。自分が全部コントロールできている時はあまりうまくいってない。そういう、自分でも分からないで書いている作品って、読者の読みの方が作者より鋭かったりするんです。そういうことって、あらゆるジャンルに共通しているものかもしれないですね。だから、これは哲学と言ってもいいし、文学と言ってもいい。人間の constitution の中に、「分からない」ものがある。いや、自分というものが分からないでしょ、そもそも。自分では分かった振りをしているけど。普段分かっている振りをして、お互いに分かっている振りをして、それで、社会というものが存続しているのかもしれない。お互いに分かっている振りをしていて、その上で、私は先生であなたは生徒というふうに分けている。それは暗黙の了解ですよね。でも、そういうことが全部、ほんとうは意味が分からないことなんだ、ってなったら、とても怖いことが起こるか、それとも、とても楽しいことになるのか(笑)。今の社会は、一応それは楽しいことではないという教育をしているということですよね。

さて、何ともはや二限が終わってしまいました。早っ！　なので、じゃあこのまま昼ごはんを食べながら続きをやりましょう。では、二十分ほど食事タイムです。

高橋 じゃあ食べながらでいいから始めましょう。まだ三限になってないけどいいよね。では、質問、誰から行く？

学生 T＊＊と申します。本の感想としては、まずこの本を本屋さんで数ある岩波新書の中から選んで、今日鷲田さんにここで会えたことが私にとってすごく貴重な経験です。ありがとうございます。この本を選んだ時もそうなんですけれども、「はじめに」に書かれているように、これを読んで、一気に疑問が解決したわけではないんですが、普段自分が悩んでいることとか、考えても答えが出ないことばかりの中で、ハッと思い至ったことがいくつもありました。だから、この本に出会えたことは私にとって貴重な経験だったと思いました。

鷲田 ありがとうございます。

学生 鷲田さんがお話の中で、二つの能力が必要ということで、大事なものの遠近法を作っていくということをお話しされていたと思うのです。優れたアンテナを自分の中で鍛えていくためには何が必要なのか。鷲田さんご自身のご経験でもいいですし、あとは、あまり哲学っぽくないので、手法と言ってしまうと少し違うのかもしれないのですが、その辺をお聞きしたいなと思いました。

鷲田 ちょっと廻り道しながら答えさせてください。僕は、今京都の市立芸術大学っていうところにいるのですが、芸術学とか音楽学っていう学問もあるけど、それはほんの数パーセントで、大半の人が美術の制作をしたり、音楽の演奏の練習をしたりしている、そういう実技系の人ばかりの学校です。もともと僕自身もアートには若い時から強い関心があったけど、実際の制作現場にいる人と毎日付き合うようになって、また東北でのアーチストたちのボランティアの活動とかも見ていて、生き延びることに関してアートの力ってすごいなって思ったんです。アートってつまり、手仕事なんですよ。アーチストって見た目はどこか貧しそうじゃないですか。まず定職がない。いろいろなアルバイトをしながら制作していて、三十過ぎてもまだ定まった収入のない人が多いし。演奏家もそうですよね。オーケストラに属するなんてほんの一握りの人で、大半の人は子どもに教えたり、あるいはバイトをしながら小さな演奏会をしている。で、卒業したら練習室もないですよね、防音の。だから河原で吹いたりして苦労している。外目には貧しそうだし、ブラブラしてるだけのように見えるし、いったい何をしているんだろうっていう感じですね。

ところがね、僕は、彼らこそ一番強靭な人たちではないかってこの頃思うようになったんです。ちょっと説明してみます。人生の生き方って二種類あって、身の丈に合わせる人と、身の丈でないものに合わせようとする人がいて、大半の人は身の丈に合わない生活をしている。ローンを組んで自動車を乗り回したり、服や家を買ったりとか、です。ローンを背負ったまままちま稼ぎ、少しずつ返済していくって生活です。ところが、一方の身の丈派はね、お金がないと、持っているお金に合わせて暮らす。つまり余計なものを持たずに節約、節約で暮らす。で、ちょっと偉そうな言い方になってしまいますが、どちらもみすぼらしい生き方だなと思わずにいられません。まず、身の丈に合わない生活をしている人って、いろいろなものを持っていて、実際の稼ぎよりも優雅な生活をしているように見える。彼らは目標を立て、その目標に到達するために毎月これだけのお金がいるなとか計算する。そういう人生って、リッチそうに見えて実は内に閉じている気がするんです。つまり若い間はね、老後豊かに余裕を持って暮らせるように今頑張っておくんだと言ってるんですが、実際に年をとってゆったりと暮らせるようになったら、そのゆったりした時間をどう使っていいのか分からない。で、その時、自分のこれまでを肯定するためにどう言うかというと、今こんなに自分が豊かでいられるのは、若い時に頑張っておいたからだと。何か世界が閉じてしまっているんですね。若い時は老後のためにと言う。老後になったら若い時に頑張ったからと言う。世界がクローズドになっているんですね。

一方、身の丈通りに生きている人は、それはそれでそこまで萎縮しなくていいのに、って感じがするんです。その両極を見ているとね、どちらもまじめな生き方だとは思うんです。それと比べるとアーチストって、見た目はフラフラ、いつまでも一人前になれなそうな感じです。なのに何の不足もないっていうか、自分は自分という落ちつきの中で、自分のアンテナに引っかかるものと爽やかに交信している感じ。どうしてなのかなって考えていてふと思い出したんです。周防大島のある農業者の方がツイッターで書いておられたんだけど、「命に近い仕事ほどお金が動かない」って。それは消費活動が暮らしの中で少なければ少ないほど豊かだということなんだけど、普通は逆に考えるでしょ。いろいろなものがいっぱい買える、つまりゴージャスな消費こそリッチだとみな思っているけれども、本当に豊かな暮らしというのは、実は消費活動が少ないということなんです。

例えば、子育て。仕事と子育ての両立がしにくい時に、普通だったら託児所とか保育園とか預けるのに、それをしないで、ちょっと誰か見ていてくれない？とか言ったらスッと手が出てくる。介護でも同じ。デイケアなどにわざわざ車で行かなくても、ちょっと今手が離せないのに、おじいちゃん出ていったし、誰か見ててね、って言うと誰かがそれとなく注意していてくれる。あるいはご飯でも、食材が足りない時に、わざわざスーパーに行かなくても、隣の家に、ちょっと余ってない？と言ったらくれる。東北の小さな町でもしょっちゅうあるんですよね、こういうこと。魚でも野菜でも余った分をポンと家の前に置いておいてくれるんです。陸前高田で暮らす知り合いのアーチストは、生活費はほとんど掛からないって言ってました。

誰かが助けてって声を上げたら、どこからか手が伸びてくるっていうようなそういう隣人関係が、コミュニティの中にさりげなく成り立っているのが本当の豊かさだと思うのね。美術の人って、そういう人たちなんです。何でも手づくり。さっき言った学長室の模様替えも全部お金を掛けないでやってくれた。同じように、展覧会を大学なんかでやる時に教室を使うんですけど、全部ペンキで白に塗ってホワイトキューブにしようと、取っ手まで全部塗りつぶしてしまうんですよ。それに、作品を置く台も自分たちで作る。

それから、アーチストには料理の好きな人が多い。ある人が言っていたけど、料理の好きな人が集団の真ん中にいるとその集団はうまく行くんだって。理由は簡単。料理の好きな人って自分が食べるために作るんじゃないでしょ。あの人、そろそろ腹が減っている頃だろうなとか、彼、今日何を食いたいだろうなとか、要するに人のことを思いやるということが、料理を作るっていうことの中心にあるわけです。たまにはカレーも食べたいだろうなとか。そういう心の使い方、気配りする人が中心にいると、何となく感染してみんなもお互いにそうなってくるっていう意味だと思うんです。そういう人が中心にいると、その集団はうまく行く。食べさせてもらえるものね、みんな。で、何となく寄ってくる。何かない？って。

アーチストって、だからお金が掛からない生活をしているんです。大半は自分たちで作る。あるいは分け合う、届け合うっていうこと。そういう人たちを間近に見ていて、これが本当に豊かな生き方・生活なんじゃないかなと思ったんです。今の高度な消費社会の中で、通販生活など一見豊かに見えるけれども、それが逆に生活をすごく貧しくしてきたんじゃないかなと思うんです。まさにその対極に、アーチストの生き方、やり方がある。

その時、安くあげるために彼らがどうするかというと、そこらにあるあり合わせのもので作るんです。なんでも。学長室のドアや机も学内の木を切って作ってくれたし、料理の巧い人も冷蔵庫にあるもので作る。あり合わせのもので作るというのが芸術家はもともと巧いんです。そして、ここで大切なのは勘なんです。僕らにはなかなか分からないんですが、「これ、使える」っていう感覚、勘がものすごく働く人たちなんです。普通ならごみ箱行きみたいなものでも、あ、これ使えるって。学問をしている時でも、日常生活をしている時でも、その勘っていうのがすごく大事で、これ行けるとかこれ使えるっていう感覚がないとダメです。

論文を書いている時も同じ。構想がなかなかまとまらないとか材料が揃わない時でも、ふとこれ行けそうってアイディアが浮かんだら、あとはタタタタッて進む時がある。そういう感覚っていうのにアーチストたちはとくに長けている。だから、彼らの生き方は、これからのモデルになるなっていう感じがします。

それで、ごめん、廻り道しすぎました(笑)。質問って、哲学の何でしたっけ。

複数の眼で見る

学生 質問が一つ増えてしまうんですけど、そうすると勘を鍛えるには、そういった今私たちがいるような流れの速く、いかに答えを早く求めるかっていう場所にいるのではなく、先ほどおっしゃっていただいた、みんなが助け合って何でも手づくりでやっていくというところじゃないと、やっぱりそういった勘を鍛えるのは難しいのですか。

鷲田 その質問に答える前に、さっきの哲学についての質問は何でしたっけ。

学生 哲学の質問の方は、生き延びていくためには、「勘」と「違和感」の二つの能力を持つ必要があるとおっしゃったと思うのですが、それってなかなか難しいんじゃないかということです。

鷲田 そうかそうか。哲学って何かというと、身も蓋もない言い方をすると、何が本当に大事なのかを問い、見定めていくその探求のことだと思うんです。お金があろうがなかろうが、時代がどういうふうに変化しようが、絶対手放してはいけないもの、見失ってはいけないものと、あればあるに越したことはないけれど、なくてもいいものと、端的になくていいもの、そして最後に絶対あってはいけないこと。これら四つのカテゴリーにものを区別できるような眼力っていうか、視力を持つっていうことが、「哲学する」ことだと思うんです。ところがね、これら四つって人によって異なるんですよ。例えばケータイのストラップとか、ランドセルに付いているお人形みたいなものってあるじゃないですか。あるいはマダムが鞄の中にちょっと入れている小さなフィギュアとか。あんなの僕にとって、端的になくていいものっていうか、好きだったら付けていてもいいけど、なくてもいいものなんです。逆に僕にとってはこれだけは絶対手放せないものも、他人にとっては、なくてもいいものかもしれない。

つまりね、世界って、どの場所から見ているかで現われ方が全然違うわけです。で、そんな中、例えば人口が減っていき、国の経済規模も縮小していく中で、政治家はそれをすると不人気になるから口を開かないけど、本当はみんなもう分かっているんです。これはサイズを小さくしたほうがいいとか、逆にこれだけは社会が縮小しても絶対維持しなければならないとか、そういう仕分けをしなくてはならないっていうことを。

皆さんの世代って特にそうでしょう。明日が今日より良くなるって思えるような未来感覚を子どもの時から体験してきていない世代だから。バブルがはじけた後ですからね。そういう時に、さっき言ったような四つのカテゴリーへの仕分けが必要になり、かつその視点が人によって異なる中で、みんなが取りあえずこうしましょうって合意していくのはすごく難しいことです。でも、しなければならないことなんですよ。

その時に大事なのは、視差。ものを一つの場所から見るだけでなく、同時に別の場所からも見ることで、世界は立体的に見えてくる。視差って……。

高橋 パララックス?

鷲田 そうそう。よく言うの?

高橋 いや、あまり言わないでしょう。

鷲田 パララックス。両眼は左右少しずれているでしょ。ずれているから遠近が分かる。ものが立体的に見える。視差ということで特に大事なのは、この場所とあの場所との位置差なんですよ。自分にはこう見えているけれども、あの人から見たらこんなふうに見えるっていう複眼ですよね。そうしてはじめて今ここで何が問題なのかっていうことも自ずと見えてくる。

ただし、この場所ではなく、あの場所からってなかなか見られないものです。想像力をたくましくしないといけないからね。だから僕は、哲学カフェみたいなものをやるのは、実際に違う場所に立っている人から、今この僕が見ているものがどんなふうに見えているかって、同じことについて、あ、そんなふうに見えるのか、そんなふうに受け止めている人がいるのかって知るためだと思っています。世界はとても複雑になってきて、単一の視点からは見通せない。だから世界を立体的に見ることがものすごく大事になってきていると思うんです。

さっき、この先社会がどうなっていくのかよく見えないし、今、自分の立っている場所も歴史の中でどう位置づけたらいいのかよく分からないって言ったでしょう。これには、哲学では有名な比喩があって、「ノイラートの船」っていうんです。僕らがものを考えるっていうのは、大海に出ていった船の中で、底に穴が開いて水が漏れてきた時どうするかとか、マストが折れたらどう修繕するかとか、そういうことによく似ているんです。普通考えるのは一度ドックに帰って、そこで船を固定して、水を汲み出してから直すことでしょ。でも人間にはそんなことはできない。帰るべき港なんてないわけです。みんな歴史の中にいるんだから、歴史の外なんてないんだから。だから、航海しながら、でも水漏れをあり合わせのもので何とかしのいでいかなければならない。学問も思考もそういうものなのだという比喩があるんですね。

だからこそ同時代の世界を、複数の眼で見る必要がある。歴史の外なんかない、そういう超越的な視線などないとするならば、僕たちはその船の中でそれぞれの持ち場にいる人それぞれに、これどう思う? これどう思う? って一つのことについても意見を聞くことで複眼を持てるようになることが、起こっている事柄をきちんとつかむには大事だと思うんですね。
『哲学の使い方』という、この本も、「使い方」と銘打っていますが、僕がそこで伝えたかったのは、答えじゃなくて問い方なんですね。マニュアルや解答ではない。あ、この問題はこんなふうに問えばいいのだというその問い方を発見するということが、哲学の、あるいは哲学カフェの一番大事なことなのではないかと思っています。

世代を一つ挟んだ結び付き

学生 X**です。まず感想なんですが、私は全然哲学についてこの本を読むまで知らなくて、哲学の始まりはソクラテス、ぐらいのことしか知識はありませんでした。今回、鷲田さんの本を読んで、ほんとうにいままでの常識がひっくりかえったんです。いままでは、何でも、答えを見つけることが正しいと思っていました。でも、哲学はそういったことじゃなくて、考えること自体が、答えを見つけようとする過程そのものが大事だということを読んで、ほんとうにおどろきました。
鷲田 ありがとう。

学生　質問なんですが、終章で鷲田さんは、「歳の離れた友人が持てないのはなぜか」と書かれていて、お年寄りと子どもが友だちになれる場所や世界が必要だ、ともおっしゃっていたと思うのですが、その説明、すごくすてきだなと思ったんです。でも、実際にはそういう社会は難しい気がして、どういう社会体制だったら、それが可能だと思われますか。

鷲田　ああ、昔はこれ文化の装置としてあったんですよね。農家なんかでは。だって、お父さん・お母さんは野良仕事とか、みんな家業としてお父さんもお母さんも仕事で忙しい中で、子どもの面倒はリタイアしたおじいちゃん・おばあちゃんがみる。例えば寝かし付ける時におとぎ話をしてあげたり、逆におじいちゃん・おばあちゃんが、移動したりする時は、子どもが杖代わりになって肩に手を置かせるっていう、そういうおじいちゃん・おばあちゃんと孫とのある種世代を一つ挟んだ結び付きというのがありました。井上ひさしさんが言っているんですが、文化っていうのは、一つ世代を挟んで、隔世で伝わっていく。いずれお父さん・お母さんもおじいちゃん・おばあちゃんになっていって、また息子・娘の子どもの面倒をみる。そういう老いた人と幼い人との、位置がずれて伝わっていくっていうのが、文化が伝わっていくということなんですね。

その時、おじいちゃん・おばあちゃんと孫との関係がいいのは、責任があまりないからなんです。責任があるのはお父さん・お母さんの世代で、食わせていく責任。ということはお父さん・お母さんたちがしなければならないと思っていることは、裏返して言うと、社会的に囚われたことなのかもしれない。そういうものからある程度自由でいられるのが祖父母と孫なんですね。

だから、子どもって一方ですごく集中力があるのに、他方ですごく移り気じゃないですか。一つのことに夢中になったら、周りのことが目に入らなくなるのに、あれだけ夢中になった子が全然違うことを次の瞬間にやっていたりとか。それから、お年寄りの方だったら、何か半分考えていて半分寝ているみたいな、夢うつつの状態にいるような感じがしますよね。つまり、どちらも、世界の外と内のあわいにいるかのように、この世界からいっとき放たれる自由を持っている。それはさっきの複眼に近いんですよ。つまりみんなが時代に深くのめり込んでいる時、大事なのはそういう外にもいつもアンテナが張ってあるっていうことです。

学者とか芸術家って、大人になりきれていない人が多いって言いますよね、世間的には。そもそもここの大学の先生も、ほとんどネクタイも締めていないし、芸大なんかTシャツにジーンズの人ばかりですもんね。教授会でも。何となく世間的な判断がとんちんかんな人も少なくない。学者は、面白いとなるととにかく夢中になるけれども、ふとあるアンテナに別の面白いことが引っ掛かったら、ワッとそっちに行ってまたガーッとやる。あるいはアーチストもそうですよね。ふとアイディアが浮かんだらガーッとのめり込むんだけれど、でも、のめり込むと同時にいろいろなものにも触手を伸ばしている。世界の関節が世間の人ほどがっちりしていないので、変な方にヒュッと反応したりできる。そういう鋭敏な感受性を持っているという意味では、学問・アート・子どもって何か大きな共通点があるような気がするんですね。ほどけているという意味では、責任のなくなったおじいちゃん・おばあちゃんも。そんな感じがします。

どこからが哲学で、どこまで哲学なのか

学生　三年のN＊＊といいます。今日はお忙しい中わざわざありがとうございました。本の感想なんですけど、正直私は哲学アレルギーといいますか、食わず嫌いといいますか、哲学に対してあまりいい印象を持っていませんでした。高校や中学の教科書で哲学について触れられていたりとか、ソクラテスとかデカルトっていう名前が出てきただけで、ああ、何かいやだなあ、って思うぐらいアレルギーだったんです。今回この『哲学の使い方』を読む時も、それをすごく心配したんです。でも、読んでみて、何か印象がすっかり変わって、哲学ってもしかしたらすべての人の中にあるんじゃないかなっていうことをすごく感じました。いろいろな学問

の中に、例えば、数学だったり、経済学だったり、その中に、哲学が最初から入っている。そんな感じがしました。

私がしたい質問は、哲学に興味を持った理由の一つでもあるのですが、六ページ、最初の方なのですが。「料理においてここだけは手が抜けない、何かを食べる、あるいは戴くというのはこういうことだというものを出したいという調理師がいれば、そこにも哲学があるといえる」という文章があったんですけど。私はこういうものは職人のこだわりだったり、考え方だと捉えていたんです。そう思うと、哲学ってすごく対象領域がないっていうか、広い範囲、すごい広い範囲をカバーするのかなと思って。だったら、どこからが哲学で、どこまで哲学なのかなって思ったんです。どうでしょうか。

鷲田 すごくいい質問だと思います。それは哲学の本質にかかわることですね。あのね、大学の中で一番アマチュアに近いのが哲学なんです。けれども一番学問的、あらゆる学問より学問的なのも哲学なんですね。でね、ちょっと煙に巻くような言い方になって申し訳ないんだけど、大学にいろんな学問があるのに、哲学だけね、授業の最初に哲学とはこういうもので、こういう対象領域をカバーして、こういう方法でやりますっていう規定や定義ができない学問なんです。他の学問だったら、例えば物理学だったら宇宙のこういう側面をこういう数学の方法を使って探求しますとかありますよね。政治学でも、経済学、言語学、芸術学でも、全部対象領域がまず決められる。それから、それにアプローチする方法が、一つの場合もあれば複数の場合もあるけど、必ず方法論があるんですよね。

哲学は？ と言われたら絶句するしかないんです。哲学って、やっている本人が定義できない。あるいは定義しようとしても無数の定義がありうる。それに、領域は限定なしなんです。宇宙の哲学、自然の哲学、政治の哲学、芸術の哲学、言語の哲学、社会の哲学、医療の哲学、法の哲学っていうのもある。ありとあらゆるものが対象領域なんです。それから、方法と言ってもね、現代だったら構造主義的な方法とか現象学的な方法とか、少し前なら実存主義的な手さばきとかマルクス主義の方法とか、さらに前なら観念論的方法とか唯物論的方法とか、もう方法自体がバラバラなんですよ。で、それぞれに命を懸けているっていうところがある。こんないい加減な学問ってないじゃないですか。だから専門領域がないという意味では、限りなくアマチュアに近いんです。

ところが、さっき言ったように、哲学は学問の中で一番学問っぽい。学問の女王ってよく言われたりしてきたんですね。なぜかというと、それは大学にあるいろいろな学問を、そもそもそれは何だって突き詰めていったら、どうしても哲学の問いにぶち当たってしまうからなんです。例えば、医療・医学だったら、病気を治す技能を研究するわけですね。その時、じゃあ病気と健康の違いって何かって考えると、一つの考え方はすぐ出てきますよね。身体の機能が破綻するとか、劣化するとか。でも、それだったら精神病と言われる病はどうなのって言ったら、例えば精神科の人はお薬を出して、そして職場復帰できるようになれば治癒できたということになるけれども、その人が病気になった原因となっているその場所にちゃんと戻れるようにすることが、本当にその病が治ったと言えるの？とか。それから、そもそも体の病にしたって、人間っていうのは生まれた時から、成長するとも言えるけれども、だんだんと劣化していくとも考えられるわけです。細胞が一つずつ劣化していくとも言えるわけ。なのに、そういうふうに考えたら、病気って本当に単に機能の劣化とか、そんなふうに言えるの？って。

病気って何かこう、除去すべきものじゃなく、付き合うべきものなのではないかとかね。とかいろいろな考え方をした時には、もうそれ哲学の領域なんです。あるいは、物理学でいろんな天体の運行の法則とか、物質のいろいろな問題とか、特に運動とか空間とかというのが、物理学では重要な主題になってくるけど、運動ってどういうこと？って次に考え始める。運動って、例えばものがここからここに動くと言うけれども、その時に自分がここでじっとしているから運動と言えるわけですが、私は本当にここにじっとしているの？とか。特に時間の問題なんかがそうですよね。時間って、僕たち、時が流れるって簡単に言うけど、本当なのか。その時自分は岸辺にいて、自分は動かないでものが動くように時が流れていくと思っているけど、自分も時とともに流れているわけでしょう。そうすると、さっきのノイラートの船じゃないけど、岸辺が見えない見渡すかぎり水だけのところで、これが流れている、動いているってどうして分かるんだろうっていう問いになってくる。時間って何かとか、運動って何かって、それ自体も考えずには済まないようになってくる。そうすると、それはもう哲学なんです。

法律でもそう。この法が正しいその根拠は何か。これは万人に妥当するっていうその根拠は何？っていうことを考えだした時には、民法や刑法の根拠が問われてるわけですね。そもそも法ってどういう権原があって、どういう根拠があって、全員に強制する力を持てるのかって問いだしたら、それはもう哲学的な思考なんですね。で、答えが出てこないです、すぐには。で、またいろいろな意見が出てきて、ひたすらこつこつと議論していく。

そういう意味では、哲学は学問が成り立つその基礎なんです。あるいは思考の強度のことだと言ってもいい。例えば歴史学なんか一番分かりやすい。歴史学ってもうないものを扱うわけでしょ。過去という、もう存在しないものについて、ただちょっと痕跡があるものを通じて探究する。だから存在しないものについて扱うのが学問と言えるのかって歴史学者は自問せざるを得ない、問題を突き詰めていくと。でも、それがもう哲学をしているっていうことなんです。だから、哲学が文学部に一学科としてあるのは奇妙なことです。哲学の問いというのは、知識というものに関わる人、あるいは学問というものに関わる人が、自分のやっていることを突き詰めていったらぶち当たる問いのことだから、みんなしないといけないことなんです。あるいはひらがなのてつがくだったら、別に学問じゃなくても、どう生きていったらいいのかって考える時の一番のベースです。

僕にとっていまだに若い時から答えが出ないのが、僕はここに今いますけれども、僕がいるということは、いないということよりも本当にいいのかどうか、ということです。本当に僕、答えがまだ出ないんです。ちょっとぐらい意味があることもしてきたけれども、それ以上に人を傷つけたり、ちょっと難儀なことをしでかしたり、いろいろなことをやってきた。いなかったら、そういう出来事も起こらなかったはずで、そういう意味では存在しなかったらよかったとも言える。答えが出せない、出ないんです。だから哲学はふだん生きていく上で、あるいはものを考える上での基礎体力ぐらいに考えて、誰もがそういう体力を身に付けることが大事かなって思っているんですけど。

高橋 うーん、深い(笑)。もったいないけど、次の質問に行きましょう。

学生　三年生のS＊＊です。本の感想としては、昨年(二〇一五年)、さっき鷲田さんが言っていた哲学学みたいな授業を一年間取っていて、結構個人的に考えることが好きなので、その時はスピノザとかをやりました。

高橋　それは教養で？

学生　はい。すごく好きだったんです。でも、その内容は全然理解できなかったんですが。今回の鷲田さんの『哲学の使い方』はちょっと実践系だから、自分でも理解できるんじゃないかと思って読みました。なので、ちょっと安心して読み始めたんですが、なかなかその内容を全部理解してというのは難しかったです。この中では、臨床哲学って考え方が、すごく新しいなと思って興味を持って読めました。でも、まだまだ理解できない部分があって、すごく深いなと思いました。

質問もそれと重なってくるのですが、鷲田さんが本の中で、哲学の実践について書いていた部分があったと思うのですが、その実践についてです。より良いものを探していくっていうのは、現代の生活の中で考えてみると、例えば、政治的な面にも口出しをしていくってことじゃないかって思うんです。哲学をやっている人がもっとこう、そういう方にも発言していいんじゃないかと思ったんです。まして、大事なものの遠近法みたいなことがうまく考えられる哲学者が、もっときちんと声を出したら、社会も良くなるんじゃないかなって思うんですが、哲学者の鷲田さんからするとどうなんですか。積極的にアプローチをした方がいいとか、何でアプローチをしないのかとか、政治的なものについての意見をお聞きしたいです。

鷲田 何て言うのかな。哲学、あるいは文学というある意味で基礎的なことをやっている人は、政治というものに関して、向こう側に何か確定した、あるはっきりした「政治」という領域があって、そしてそれに参加するかしないか、どう参加するかという考え方をおそらくしないだろうと思うんです。もちろんそういうやり方で、今こそ研究者、哲学の研究者は参加しなければならないって思って、実際にそういう政治行動をしている哲学研究者なんていくらでもいるのですが。でも、やっぱり、向こうに何か「政治」という確定した領域があって、さあ、それにどう参加するかとか、そろそろ参加すべき時だとか、そういう発想は、ふつう取らないと思います。あくまで哲学研究者としては。ただ、これまで言ってきたように哲学が市民の基礎体力の一つだとすれば、動くのは市民の一人としてであるはずです。

哲学が政治というものを問うというのは、それが世界にとって、そして自分にとって何かって考えるということだと思うんです。政治的なものは、自分の個人生活にとって、あるいは社会生活にとって何だろうって。あるいはこの時代にとってどういうものかということを、やっぱり問いつつ、自分が何をすべきかって考えるっていうふうに思いますね。それは一見ただ考えることに見えて、政治という実践的なものとは違って見えるかもしれない。でも、政治というものとは何かをつかまえること自体が、実はものすごく政治的なアクションだと思っているし、それは今の政治をずらしていく、変えていくっていうことにも根元のところでつながるっていうふうに思っています。どうですか、高橋さん。

高橋 鷲田さんの本でいうと、アリストテレスの分類のところですよね。人間の活動は、テオーリア(観想)、プラークシス(行為)、ポイエーシス(製作)の三つがあって、それぞれに、知は、観想知(エピステーメー、ヌゥス、ソピアー)、実践知(プロネーシス)、製作知(テクネー)という形でかかわる、という考え方ですね。その場合、確か、アリストテレスは、倫理学や政治学は二番目の、実践知にかかわるものだとしています。では、政治にかかわる「実践知」って、ただ考えることだけなんだろうか。哲学的実践というのは、どこまでやることなんだろうか。とか、いろいろ考えちゃうわけです。もちろん時代によってもその定義は違うだろうし。アリストテレスを読んでいると、まあまあどういう解釈もできるのですが。政治的なことは、考えることだけではなく参加も含めて、とても複雑なものだと思います。もし、そういった、例えばアクティブな政治的イシューに哲学が背を向けているとしたら、いや、アリストテレス的に言ってもまずいんじゃないかというようなことは、ゼミの中でもみんなで考えました。

鷲田 その分類で行くとね、時代と共に変わらないもの、例えば宇宙の組成であるとかというのと、それから社会のように変わり得るもの、そして、人間が造るものというように分かれるんですね。つまり、一方につねに変わらないものがあって、他方に我々がそれに介入することで変化するものがあるとされる。それが政治的なものと芸術的なものの二つです。どちらも、ものを作ることです。でも、今、現代の哲学は、そういう考え方は取らなくて、それこそ宇宙の構造とかいうものでさえ、ある時代のこの宇宙を考える理論の枠組みとか、実験装置や、観測装置とか、そういうものと相対的にしか語れないのだと考える。ある意味ではアリストテレスでは変わらぬものについて考える理論も実践の一つであって、歴史的に絶えず変化していく。「パラダイム変換」という言葉がありますね。それは要するに、それぞれの時代に、世界を見る、宇宙を見る、あるいは歴史を見る知的枠組み(パラダイム)というのがあって、それは絶えず刷新されてきた流動的なもの。そういう考え方が基調になってきていますね。だから、昔は「純哲」って言ったんですが、純粋哲学っていうのを信じている人って、今はおそらくいないだろうって思います。答えになったのかな。

高橋　鷲田さん自身はどうなんですか。

鷲田　その区分についてですか。

高橋　区分というか、つまり何かをするということに関して、例えば政治とかかわるといったことは、自分ではどういうふうにしています？　哲学者としてなのか、鷲田さん個人としてなのか、別かもしれないのですが。

鷲田　僕は基本的にこう考えているんです。自分たちがこう変えたいと思う社会の形とか、あるいは運動の形とかいうのは、それをどうしようってみんなで相談するその集団の中で先に実現されていなかったら、あるいは目指されていなかったら絶対に実現されないということです。何かみんなで、これおかしいよなってちょっとアクションをしたりする時に、その中でもう自分たちがこうあるべきだと思っているものが潜在的にであれ実現していなかったら絶対駄目だと思っています。僕は、そのこと自体がすごく政治的なことだと思うんです。

分かりやすく言うと、例えば何か制度改革のようなものを考える時、例えば大学でも、あるいはお役所でもいいけれども、会議のしかたっていうのはこれでいいんだろうかって、まず考えるって思うんです。もっと平等に自由に話せるようにってした方がいいんじゃないかと。それで、役所や大学では委員会を作る。どういう新しい合議の仕組み、意思決定の制度を作ればいいのかを考える。でもそれでは駄目なんですよ。その前に、その委員会について考える会議自体がフリーになっていないと。それを誰かが招集して、これを検討するっていうそういう委員会を作って決めるならば、それは絶対にうまく行かない。

政治についても、同じようなことが言えると思うんです。だから小さいコミュニティでもいいけれど、それが大きな政治に対して俺たちもうやっているぞって言えるような、規模は小さくても身近な人との間でそれができていなかったら、本当のアクションって言えないんじゃないかなというのが僕の考えなんです。

高橋 本当にそうですね。自分が実現しようとしている何かのひな形を、前もって想像させるような何かを、まず持っていないと無理ですよね。

鷲田 というか動いていないと。哲学カフェや臨床哲学をやりだした頃にはじめに決めたのは、正規メンバーと非正規とを分けないということでした。それからだれもが参加しやすい夜にやる。それから全員「さん」付けで呼ぶ。男性も女性も、それから先生も学生も。それから机は絶対一方向にしないとか。セッティングをする前に、とにかく空間のレイアウトについてみんなでとことん議論したんです。どうしたらしゃべりやすくなるかとか。そういうことってとても大事だと思っています。

デモクラシーって何ですか

高橋 D＊＊君、質問をしたいの？ ちょっと待ってね。えっと、では、D＊＊君、どうぞ。

学生 D＊＊といいます。ここの大学の大学院生で、SEALDsという団体に参加しています。本の感想というより、この間エレベーターで、高橋先生に会ってお話ししたら、鷲田さんが来るよという情報を聞いてですね、僕にとってはあの鷲田清一さんがいらっしゃるんですか、みたいな興奮があって、お会いできて光栄です。

鷲田 もう一回言って！（笑）

学生 さっき鷲田さんは自分のは教科書に載るから、あまり本を買ってもらえなくてみたいな話をされていましたが、でも僕にとっては、教科書にあって、よく分からない文章を書かれていたっていうことは、とても大切なことなんです。一度、小学生の時に、講演に来てくれたおじさんみたいな人がいて、その人が言った言葉が、僕は全然面白くなかったみたいなことを、何か授業の討論会みたいな時に言って、みんなから顰蹙をかったんです、先生もD＊＊君、そういうことを言っちゃいけません、って。でも、僕はそのおじさんが言ったことが何としても嫌だったみたいなことを言ったんです。

鷲田　ちなみにお名前をお伺いしてよろしいですか、そのおじさんの。

学生　すいません、覚えていないです。それで、その後に国語の授業で鷲田さんの文章が出てきて、そこで答えのないものをずっと問い続けることみたいなことが、この本の中でのように書かれていました。それを読んだ時、何か、あっ、ここに僕のことを分かってくれるもう一人のいいおじさんがいた(笑)って感じたんです。その鷲田さんの文章は、難しくて、よく分からなかった。それで、中学の時にはまた別の教科書に鷲田さんの文章が載っていてそれも全然分からなくて(笑)。それでも、問い続けることはすごく面白い、みたいなことを感じていたのを覚えています。それは、あの、僕にとって嫌だったおじさんとは正反対の何かだったんですね。なので、鷲田さんは、一回会ってみたい人だったし、どんな顔をしているんだろうなと思って。今日、この教室に入ってきて、やっぱりいい顔をしている人だなって(笑)思いました。すいません、変な感想で。

さっきパララックスの話をされたと思うのですが、僕にとって何かずっとかぶれている人たちが何人かいて、例えば栗原彬さんとか、です。同じ問題意識を感じたんです。僕はＳＥＡＬＤｓを始める前からずっといろいろな現場に行って、現場でいろいろなことを考えるのがすごく好きだったんです。今日、話された中で、遠近法という言葉が出てきましたよね。僕も、逆遠近法みたいなものを常に意識しています。僕たちが現場の人たちのことを見る。いわゆる被害者とか対象者の人たちを見る遠近法の目線と、彼らが僕らのことをどう見ているかの両方の面を見なきゃいけない。いわゆるその差異みたいなものを意識して考えていかないと、彼らに寄り添うことはできないし、社会を変えたいと思った時に、正しい選択ができない。そんなことを常に意識しながら、SEALDsの中でも動いています。

で、最近いろいろな人たちに僕が質問しているのは、あなたにとってデモクラシーって何ですかってことです。本を読んでも、いろいろなデモクラシーの定義や説明があります。デモクラシーのあり方も哲学の領域の中でもたくさん議論されていると思いますが、答えはない。僕たちが小学生の頃だったら多数決みたいなものがデモクラシーだと思っていたけれど、全然そんなことはなくて、では何がいったいデモクラシーなのか。僕は、自分が尊敬する人たちにどんどん、あなたにとってのデモクラシーとはって、訊いているんです。特に今の日本社会の中でデモクラシーを考えるのはすごく難しいことだと思うんですけど、どうでしょうか。

鷲田　何を？

学生　鷲田さんにとって、今の日本社会を考えた場合、デモクラシーってこうあるべきなんじゃないかって形はありますか？

鷲田 言い切る形で？ これがデモクラシーという言い方をする？

学生 こんな感じだったらいいのになとか、逆に今のデモクラシーのここに憂いているとか、そういうお話でもいいです。

鷲田 そうですね。デモクラシーって古代ギリシャ起源の古い概念で、日本でも大正時代あたりから、例えば民本主義の名で言われ続けてきたことだけど、そのイメージにはずっとあいまいなところがあった。民主主義って何となくみんなが意見を言って、多数決で決めることでしょってイメージです。でも、民主主義と多数決の制度とは同じではありません。確かに民主主義の手続きの最初の段階で、多数決でまず方針を出すっていうことはあるけれども、その時同時にそれと同じだけの重さをもって、斥けられたその少数派の人の立場とか意見にどこまで耳を傾けられるか。場合によってはそれをどう調停していけるか、包摂していけるかっていう、その後者の努力のことをこそ民主主義って呼ぶんじゃないでしょうか。

「折々のことば」で引用したんだけど、北川フラムさんが「美術は人と異なったことをして褒められることはあっても叱られることはありません」と言っておられます。他の世界では、逆なんです。特に教育の世界では。僕、この言葉にふれて、アートって民主主義の根幹にある精神なんだなと思ったんです。人と同じ作品を描いたらけなされるけれども、違ったら、おお、おおっ、って感心されるでしょう。そういう感覚がベースにある。これとは反対に、多数決というのは、みんなが同じ一つの考えになったところに意志があるってことでしょう。つまり、同じということを大事にしているわけ。でも、僕は、むしろその異質っていうことの方にウェイトを置くのがデモクラシーなんだと思う。

高橋　デモクラシーの話は、直接哲学とは関係がないように見えるんですが、実は関係があると思います。鷲田さんは、哲学カフェについて、そこで行われているのは「デモクラシーのレッスン」だとも書いていましたよね。狭い意味でのデモクラシーっていうのは、確かに、一種の政治に関するシステムなんです。でも、僕は、デモクラシーはもっと広い概念じゃないかと思ってるんです。例えば、「文学のデモクラシー」っていうものを考えてみる。ものすごく単純に言うとですね、小説とか詩があるでしょう。生きている人間の書いたものもあるし、とっくに死んでいる人間の書いたものもある。でも、読むときには、差別も区別もない。というか、大切なのは、どちらかというと死んでいる人間の方がいいことを言っているなって感じることが多い、ってことです。これはつまり、どういうレベルで作品の比較をしているかというと、とりあえず生きているとか死んでいるとかは関係ないってことです。僕たちは、ふつう死んでしまった人はもう存在しないって思わせられている。でも、ドストエフスキーを読んでいると、たいていの作家より、彼の方が生き生きしている。っていうか生き生きしすぎてる(笑)。読者はみんな、ただ書かれたものを読んで判断している。生きているとか、死んでるとか、外国人だとか、そんなこと何の関係もない。言葉の書き手として登場していれば、完全に平等なんです。そういうのって、一種のデモクラシーなんじゃないかなって思います。

で、哲学というのは、これは僕の考えなんですが、あらゆる学問の基礎となっていますね。つまりどこに行っても通じるんですよ。他の学問は違うでしょ。経済学と法学と物理学と歴史学は違うものを扱っているのに、哲学によって全部同じ平面に並べられちゃう。これって、ある意味で強制的に民主主義を適用しているんじゃないでしょうか(笑)。

鷲田 なるほどね。そういう発想はしたことがないから面白い。

高橋 デモクラシーというものを、「政治」から少し離して考えてみる。それだけでも、少し変わったものが見えてくると思います。哲学的概念としてのデモクラシーとかですね。

鷲田 政治的な概念じゃなくてね。それとね、もう一つ僕、民主主義っていうのを流動的に捉えた方がいいと思うんです。つまり、こういう政治の概念っていうのは、例えば平和一つ取ってもそうだけれども、その時代の状況との距離の取り方ですから、状況が変わればこっち側も変わっていかないと、同じ民主主義ではもたないんですよ。
例えば現代は、社会がある意味で過剰に統合されていく時代です。全体主義に抵抗するのとは逆の面が現れてきています。ところが、福島の避難区域のみならず、例えば階層の間でも世代の間でも、分断ということの方がむしろどんどん進んでいる。問題意識の共有ということを不可能にするような人びとの分断です。それは学校の中にもある。そういうディスコミュニケーション(伝達不能)の状況の中ではむしろ、どうつながれるかとか、何を共有できるかっていうことを強調するようなデモクラシーが必要になってくる。デモクラシーをこういう定義なんだよって、どんな状況の中でも変わらない政治学の概念であるというふうに捉えるのは、とても危なっかしいと思うんです。だから、むしろ自分がノンと言おうとしているものとの偏差っていうのをしっかり意識することが大事じゃないかなと思います。

＊

高橋 なるほどなあ。ということで、次の質問に移る前に、ちょっとやらなきゃいけないことがあります。すいません。一~二分お待ちください。

学生 (ケーキを持って登場)。えっと、お祝いしたい友だちがいるので、なっちゃん、立って。

ハッピーバースデー、なっちゃん！ すいません、鷲田さん。よろしかったら二一歳を迎えたなっちゃんにメッセージをお願いできると嬉しいんですが。

鷲田 びっくりしたなあ(笑)。じゃあ、まずプレゼントをあげましょう。僕、いい勘してるなあ。こういうことが起こるかもしれないと、僕が京都で一番好きな豆を持ってきていました。ほんとうは偶然なんだけど(笑)。黒豆です。幸せが詰まっているので一袋。メッセージ？

高橋 なっちゃんの正しい名前はナツキです。二一歳ですね。

学生 三年生です。

鷲田 池澤という苗字以外のボーイフレンドを見つけてください。以上です。ナツキという字は？

学生 奈良の奈に……。

鷲田 あ、良かった。それならもし池澤姓を選択するにしても大丈夫です。じゃあ豆をどうぞ。

高橋 持っていって後で食べてね。

鷲田 これ、高橋さんとみんなにどうぞ。一粒ずつだったら全員に渡るので、どうぞ今食べてください。

高橋　ありがとうございます。じゃあ、いただきます。
鷲田　みんな優しいな。高橋さんももしかして、こんなお祝いしてもらったことがあるんですか。
高橋　してもらいましたよ。
鷲田　ああ、いいなあ。

高橋　では、次の質問を。
学生　三年のK＊＊といいます。本の感想としては、私は、『哲学の使い方』の第一章をゼミ合宿で担当させていただいたので、頭が痛くなるぐらい読んで、でも、何回読んでも、「ある」と「ない」のところとかが、ほんとうに、今まで考えたことのない発想だったので、分からなくてたいへんでした。けっきょく、何回読んでもまだ分からないところがたくさんあるんですが、さっき、鷲田さんは、なぜ哲学を始められたかという理由のところで、分からないから魅力的だと思えたとおっしゃっていて、ちょっとホッとしました。本を読みながら、いろんなことを考えることができて楽しかったなって思えました。

鷲田 二割分かればいいんです(笑)。

学生 鷲田さんは、ファッションについても本をいろいろ書かれていますけど、そっちの本は私は、ファッションにすごく興味があるので、とても分かりやすくて、例もいっぱい載っていて楽しかったです。質問なんですが、あれほどまでにファッションに興味を持たれていると、ふだんから、いろいろ、他人のファッションを注意深く観察されていると思うのですが、いつも、本に書かれているようなことを考えながら、観察されているのでしょうか(笑)。それから、今日も素敵な格好をされているのですが、どんな感じの服をよく着られるのでしょうか。鷲田さんが、どういうところに注意して、自分の服を選ばれるのかなっていうのがちょっと気になりました。

あともう一つ。ファッションと社会の関係です。六〇年代後半から七〇年代にかけての、例えば学生運動が盛んだった頃の社会と深く関係したところで、コム・デ・ギャルソンやヨウジヤマモトといったブランドが生まれたと思うんです。最近、また政治運動が盛んになってきていますけど、最近のファッションはそういうものに影響を受けているのでしょうか。

鷲田 今までで一番答えにくい質問ですね。ものすごくじろじろ見てます。面白いんだもの。別に女性ばかりじゃなくて、男の人でも女の人でもお年寄りでも、とにかく何て言うの、ははんって思うことが多いんです。ああ、こうなのかっていうね。やっぱりスタイルなんです。その人がその人であるというスタイルです。スタイルって様式とも訳すけど、文学だったら文体って訳しますね。文章でも文体がものすごく気になるタイプなんです、僕は。どういう言葉遣いをしているのか、どういう感触の言葉を選んでいるのかとか、ひらがなが多いか漢字が多いかとかね。言葉の肌理《きめ》、肌触《テクスチュア》りみたいなものがとても気になる。だから、言っていることは正しいけれど、読みたくないなと思うものもあります。それと一緒で、とにかく人の佇《たたずま》いには、とても関心があります。眉毛の整え方から靴まで。

それから二番目の質問ですね。自分がどう選ぶかっていう。僕、さっき黄色が好きって言いましたよね。ポップな色が大好きなんですね。そうそう、好きな言葉が、二つあってですね、ファッションでは、シック・パンク。コム・デ・ギャルソンが一時期言っていました。それからもう一つは、これ僕の大好きなジャズトランペッターのグループがあって、その人たちのアルバムのタイトルにアヴァンポップっていうのがあるんです。アヴァンギャルドじゃなくて、アヴァンポップ。いずれも矛盾を含んだ概念なんですが、この二つの言葉が好きで、いろいろなデザイナーの服を見ている時でも、そういう感触のあるものに魅かれます。

で、今の若いデザイナーのことでしたっけ、三番目の質問は。

学生　学生運動が盛んだった時代に、その時代の影響を受けてギャルソンやヨウジが出たとしたら、最近はどうなのかって、質問です。

鷲田　ギャルソンとかヨウジの服がコレクションとして登場するのは八〇年代の初めですけど、とにかくすごい衝撃を受けました。これ、ほとんど哲学だと思ったんです。服で服を考えるってこういうことなのかって思った。着るということの意味を服自身で考える。言葉じゃなく。そういう服なんだろうなって思いました。生き方とかものの考え方、感じ方のあらゆるところに影響を与える服ってあるんだっていうことを思い知らされたんです。それはね、服と闘うということです。つまり、身になじむ服ではなくて、むしろそれを着ることで何か自分をごそっとずらされてしまうような服が、ゲリラのようににょきにょき出てきた時代です。

でもね、それから十五年ほど、服について書き続けたんですけど、臨床哲学を始めたこともあって、ケアや教育の問題に集中的に取り組むことになり、ファッションのことを書かなくなった時期が十年ぐらいあるんです。もちろん、あの二人を超えるような服とそれ以降出会っていないということもありますが。

ところが、長いブランクを置いて一昨年あたりから、またバチッと火がついたんです。三十代のデザイナーにいるのいるの、ほんとに。ミューズの神、つまり芸術の神は世代を選ぶのかもしれません。高田賢三さんや三宅一生さん、それに川久保玲さん、山本耀司さんと、ファッションデザインの世界に一世代がまとまって登場したように、荒木経惟さんとか篠山紀信さん、森山大道さんとか一つの世代に写真の才能がガーッと集まる時がある。ビジュアルデザインに集まった時もあった。そして今、ファッションの世界に、およそ四十年ぶりに才能が集中しつつある。三十代の人たちです。

何が面白いかっていうと、四十年前と全然違うんです。ビジネスのやり方も服の作り方も。それにみんな仲良しなんです。一緒にご飯を食べたり、人の貸し借りとかもする。生地の相談もするし、片方が忙しかったら、助っ人を出すとか。これまでのデザイナーはとにかく独自性を出そうと自分のアイディアとか技術を明かさなかった。そこがまず違う。それから未来がスモールサイズなのね。これまでだとファッションデザインを志向する人の夢といえば、まず東京コレクションに出て、それからパリコレでデビューして、モード雑誌の表紙を飾ってということになるんですが、メジャーになるといやでも世界の流通市場に組み込まれ、自分が動いているのか動かされているのか、分からなくなる。これに呑み込まれていくのを、今の三十代の人たちはよしとしない。だから、あえて大きくしない。つまり、自分たちの力でコントロールできるところで好きな服を作っていたい。それから、着てくれる人と話しながら作っていきたいっていう、そういうスモールサイズ主義なんですよ。
すごくセンスが良くて、でもそんな昔みたいに過激じゃない。何かね、見た目の過激じゃなくて、でも今の世の中の仕組みの外に出ようとしているっていうか、違う組織づくりとか、違うものづくりをしようとしている。そういう実験が静かに進行しているような気がするんです。
その中のひとり、アンリアレイジの森永邦彦さんの動き方に着目したのは、普通東京にショップを作ったら、次は大阪、そのあと福岡、札幌あたりにアンテナショップを作って動きを見るもんなんですけど、彼はいきなり仙台に支店を作ったんです。それも仙台の、戦後、開発が遅れた界隈にね。居酒屋や古本屋のある横丁みたいなところです。昭和二〇年代のうらぶれた美容室が残っていて、それをそのままショップにしている。動き方が全然違うのです。まあこうやってひとり夢中になってしゃべりだすときりがないんですが……。
高橋　いや、ものすごく答えになっていると思うんです。さっき鷲田さんは何か新しい運動を作るんだったら、それ自身が何かのひな形にならなきゃいけないっておっしゃいましたが、そのいい例だと思うんです。
鷲田　そうだそうだ。
高橋　だから何かイデオロギーとかを言うんじゃなくて、このメゾンのあり方そのものがかっこいいってことですね。

鷲田　新しい社会を先取りしているという。

高橋　ラップがそうですよね。昔はロックって、地方から出て、東京に行って、オリコントップになったら上がりっていう感じだった。でも、今やラッパーって東京に行くのはダサいらしいんです。

鷲田　そうなの？

高橋　自分の故郷を褒めて歌う。だから東京に行くやつはダサい。それに似ていますよね。要するに、そういう上昇志向を刷り込まれて、売れたらいいなって行くっていうのは何てかわいそうな連中なんだってラップしてるわけです。東京に行って成功するっていうのではなくて、東京にお金を儲けに行くだけでしょ。それって歌と関係ないじゃんって感じ。それにも似ていますよね。

鷲田　僕が見てきた東北でのアーチストたちの活動にも通じるところがありますね。

高橋　今はそのラッパーの地元に行かないとライブは聴けない。だから聴きたかったら来いっていう感じです。名古屋まで来いとか。金沢まで行かないと聴けないとか。でも有名なんですね。じゃあ次の質問……に行く前に、僕の今日のファッションは、コム・デ・ギャルソン、ユニクロ、GAPです(笑)。

鷲田 僕にも一つ言わせて。山本耀司さんとは昔、ちょくちょく会うことがあったんですが、ある時考えたんです。悔しいじゃないですか、山本さんと会うからってヨウジの服ばかり着ていくの。でも、わざわざ違うのを着ているのもなんか不自然じゃないですか。だから、難しい。それでね、上はヨウジヤマモトにしたけどね。中に、ユニクロの真っ白のシャツを着て行ったんです。そうしたらじろじろ見るんですよ。俺のじゃねえって。分かる？ って聞いたらね、山本さんは、こう答えた。俺は無印だって(笑)。彼はね、プライベートではよく中国の古着を着たりしていて、その日は自分のジャケットを着ていたんだけど、シャツは中国製の無印だった。山本さんは、木綿は中国がいい。そのいい産地で作っている無印のやつがいいって。自分は無印であの籠を下げて買ってきたって。お互いに企んだことがたまたま一緒だった。相手の虚を突こうと思って(笑)。

高橋 なるほど、これも深い(笑)。

鷲田 でも、着て、ギャルソンと思ってくれる人と、思ってくれない人っているので。

高橋 知られない方がいい？

鷲田 そうなんです。

高橋　ではもう一つ質問を。

学生　M＊＊です。去年一年休学をしていました。

鷲田　じゃあ僕の塾に入る資格があるわけだ(笑)。

学生　あと、私、小中もあまり行っていないんです。本の感想の前に、去年なぜ休学したかというと、よく聞かれるんですけど、自分でもよく分からないんです。で、三年生になった時、英語の必修があるんですけど、ビジネスで使う英語の勉強を必修で取らされるんです。その理由が自分でもよく分からない。そもそも大学に勉強したくて入っているのに、四年目はずっと就活をしなきゃいけないっていうのも嫌でした。その、三年生になって、一～二年生の英語の必修はいろいろ社会の問題について英語で討論するみたいな感じなんですけど、三年生になった時、ビジネスで将来自分たちが使えるようにっていうことで勉強をしろと言われたんです。
　その時、何か、ちょっと待ってっていうか、そもそも何で社会に出ていくことが前提というか、働いてということが前提なのか、ってよく理解できなかったんです。あとは普通に国際学部なので、国際関係とかの勉強もするんです。現代社会の問題点をいろいろな専門的な観点から考える授業があるんですけど、その格差が問題だとか、紛争のこういう状況があるよってという問題を提示されるんですけど、そもそも何でその格差っていうのが問題なのか。例えば、紛争だったら、なぜ人を殺すのはいけないことなのかということも、よくよく考えると分からなくて。すっかり混乱して、そんなに急いで進めないでと思って休学したんです。高橋先生は、以前、国際学部には正規の講義としてもともとは哲学と文学とがあったんだという話をされていたことがあって、私は哲学がしたくて休んだのかなって思いました。

だけど、そうやって休んでいる中でも、周りの友だちはそのまま単位を取って、卒業に向かって、いつか就職して働いて生きていくというルートを選んでいました。自分はこうやってグズグズして、同じところに留まっている。鷲田さんの言葉を借りるならば、グズグズしている時間を大事だと思う一方で、すごく焦ってしまったりするんです。なにより、自分の、その、「分からない」っていう状況がよくないことのような気がしてしまうことがたくさんありました。他の人と話をする時も、そのうち分かるよとか、結局みんな分からないんだから、そのまま行くしかないよ、みたいなことを言われたりもして、そういうことを言われる度に、すごく不安になっちゃったりしたんです。でも、この『哲学の使い方』を読んでいたら、もうとにかくひたすら分からないのだ、でも、それでいいのだと書いてあって、自分を肯定してもらえたような気がしてすごくうれしかった、というのが感想の一つです。

あとは、その、でも分からないという話の中で、哲学っていうものがより深く知ることっていうか、深く問うことでもっともっと考えようとすることが哲学だとおっしゃっていたと思うんです。でも、本の中では、その深ささえも幻想だと、確かではないから幻想だというふうにも書かれていて、だとしたら、その哲学というもの自体が、そもそも幻想なのかなと感じました。

そうすると、何か考えることも幻想なのかもしれない。答えはないし。だとしたら、全て何もかもが幻想なのかもしれなくて、この世界は本当は全てが幻想なのに、それを忘れるために幻想の上にシステムとかを成立させて、そこで確かなものがあるふりをして生きていくだけなのかな、とも思ってしまいました。その時、哲学とか文学とか芸術っていうものだけがそのことに気付いているのかもしれないっていうことも感じました。

で、質問なのですが、今言った、哲学は幻想なのかということもお聞きしたいのですが、もう一つあるんです。今まで、いろいろなことの最終的な目的が、よりよく生きることとお話をされていたと思うのですが、この本の中でも、考え続けることっていうのは、無呼吸状態で潜水を続けることのようだ、だから知性の肺活量が必要だということをおっしゃっていました。

でも、その潜り続けている無呼吸状態ってすごく苦しいじゃないですか。考えて考えて考えて、出ない答えを考えても、道が開けることはあまりないかもしれない。他者との関わりの中で、何かが開けることがあったとしても、苦しい時間の方がずっと長い。それに、終わりがあるわけでもない。って思った時、その、よりよく生きるっていうことに、苦しいっていう感情は関係があるのかなと思ったんです。

鷲田　何をする時？

学生　よりよく生きるという時、無呼吸状態で、でも考え続けることがよりよく生きることなら、その苦しい状態がよりよく生きるっていうことなのか。それでいいのだろうか。ざっくり言うと、そこに哲学の目的というものが存在するのだとしたらそれって何だろう、って思ったんです。

鷲田　まず深さということなんですけど、僕は「より深く」考えて、ということと、それから「深さが幻想である」ということの両方をメッセージとして出しています。それは、どういうことかというと、哲学って何か特別なものではなく、ものを根本的に考えようとした時の一つの態度みたいなものだからです。医学のことだって突き詰めて考えたら、やっぱり哲学的な問題にぶつかって、それはひょっとしたら答えが出ないかもしれないようなものなんですね。

運動ということにしても、宇宙の成り立ちにしても、人生ということにしても、病気ということにしても、根本ではいまだに答えが出ていないかもしれない。これに対して科学は、例えば、病気というのをよく観察したうえでこういうものと見なしましょうという前提を立てて、その中で精緻に理論と技術を組み立てていくんです。しかもどんどん更新してもゆく。

「なぜ」という問いには二種類あります。「原因」への問いと「理由」への問いです。そして生きていることの意味とか、私がここにあることの意味とか、世界はなぜ存在しているのかとか、そういう「理由」への問いには、考えることはできても答えがすぐには出てこないもの、そもそも答えのないものがある。

で、深さについて言うと、「深さ」って通常、垂直方向で潜っていくっていうイメージなんですね。その底に何があるかとか、根本・根源に何があるかって。そして「深み」に行くほどすごいことを言っているかのように感じられます。

「無」とかを語りだしたりする時です。根底にあるそういう幻想をつぶしていきたい。基礎のさらに基礎へと遡っていく「究極の基礎づけ」という哲学の理念を僕がずっと批判しつづけてきたのもそういう思いがあってのことです。深い、っていうより、むしろ底がないことを大切にしたい。そこには底抜けになっていることの大切さがあると思う。僕はその深さのイメージを垂直から水平に変えたいと思っています。それは、深い森の中にあるような、最終的には理解が届かない他者たちの存在の深さとでも言うべきものです。奥行きも depth って言うんです、英語では。奥行きって空間の深さのことなんです。分厚さと言ってもいいけれども、そういう水平方向に働く感受性がものすごく大事だと思っているんです。要するに、垂直の深さのイメージを水平へと回転させたい。

高橋 『哲学の使い方』の中で、角度を九十度変えたわけですね。

鷲田 そうです。それと、「よく生きる」ということに関してですが、ケアとか介護とかの問題について、考え続けた時に発見したことの一つに、こういうことがあります。私たちが直面する難題には二種類ある。問題と課題です。で、問題と課題って違うんだっていうのが僕がつかんだ一つの視点なんです。

問題というのは、解決されねばならないもの。除去されねばならないもので、それをなしにすることが解決と言われるわけです。一方、課題というのは、除去すべきものではなくて、それに取り組むこと自体に意味があるものなんです。解決なんてありえないまま重くのしかかってくる、そういうものにどう取り組むか。そのことに僕は意味があると思って、そういう課題と問題とは区別して考えています。子どもを育てるとか、あるいは高齢者の介護をするとかっっていうのは、これは解決すべき問題じゃない。普通「高齢者問題」とか言って、介護の負担を問題として捉えますが、それは問題ではない。なしにすべきことじゃないんです。そうではなく、これは課題なんです。私たちの時代だけではなく、高齢者っていつの時代にもいたでしょう。お年寄りの面倒をみるのは、人間だけなんです。他の生き物は自分より後に生まれたもののケアはするけれど、人間だけ、後に生まれた方が先に生まれたもののケアをする、生き物の中で例外的なカルチャーを作ったんです。子育てについても同じことが言える。子どもは放っておけない、何とかして育てないといけない。これも除去すべき、解決すべき問題ではなく、課題なんです。だから、どういうふうに向き合ったか。どういうふうに子どもを育てたか。あるいは付き合ったかっていう、それぞれの人たちの取り組み方に意味がある。それを、問うことが大事になってくるんです。

だから多くの人にとって、介護は、終わってそれが自然に、ああ、介護が終わったっていうところに着地できることは、案外少ない。みんな、あとで後悔がたくさん残る。ああ、あの時、ああしておいてあげたらよかったとか、あそこで仕事との両立から仕事を選び、パートナーにすべて抱え込ませてしまったとか、もういっぱいいろいろな後悔が残るけど、それでも、やっぱり、取り組むことに意味があるんです。本当にその介護が終わった時、終わりましたってスッと言って終わりになる、そんな取り組みをだれしもしたいなと思うんですが、なかなかそうは行かない。難しいです。課題と問題を分けること。哲学というのは、まさに、その課題となるような事柄について考えるという作業をしてきたんじゃないかなと思うんです。

政治哲学や法哲学というのもありますが、国家の成り立ちについて哲学的に考えるのも、やはり、国って簡単に解消できるものじゃないからです。時代ごとにああだこうだと、いろいろな考え方が出てくるけれども、最後の答えはまだ出ていない。だって、心と体の関係を考えてください。心って何？ 体って何？ その関係は？ っていった問題は、古代から二千年以上かかってまだけりがついていないんですから。そういうものだと思うんです。

学生 考えること自体が、ですか。

鷲田 まさに哲学自体が課題だと思います。問うこと自体に意味がある、そういう人間の営みなんだろうと思っています。

高橋 そのこと自体が、「よく生きる」ということを考えるのが、そもそも哲学のプライドっていうことですか。

鷲田 プライドというより業のようなもの、ちょっとつらいところがあるけれども。定めのようなものかもしれません。

高橋　業だったら苦しくてもしょうがない。それは宿命だと。

鷲田　潜水の例だとずっとしんどいけれども、登山の例で行くなら、最後見晴らしのいい場所に立てるわけでしょ。考えに考えて、ハーハーと苦しい呼吸をしているうちに、うわーって深呼吸できる場所がある。でも、実はまだ上があった、またしんどいことが続くけれども、でも息継ぎができるっていうことはあるはずです。考える前と後では確実に見える景色が違います。見晴らしのいい場所に立てた、息継ぎができた、そういう喜びはあります。

高橋　でもそれこそ、視点の問題なんですね。苦しい潜水をしながら、息継ぎをする。苦しいというところにフォーカスして、そこまで行くのにものすごく苦しいんだって思うか、それとも、確かに苦しいけれどそこに行けるんだと考えるかで、まるで違います。ずっと苦しいままだったら嫌ですけど。でも、空気が少ないところを通過しないと、空気のありがたみも分からないわけですよね。それに、苦しいってことは、そんなにいけないことなのか。文学を例にあげてもいいんですが、「苦しみ」が含まれていないものは、端的に言ってつまらない。人間には、他人の苦しみを感じる能力があるという言い方をするでしょう。でも、それは不思議で、だって、共に苦しむって、どこがいいのか。普通苦しみとか痛みはネガティブなものだから、なければいいわけで、なのに、人の苦しみを共に感じることにどんな意味があるのか、と思っちゃいますよね。それは、苦しみが、単なるネガティブな感情とは違うからです。そのことも、自分で苦しんだことがないと分からないのですが。というふうに考えていくと、苦しむことは能力なんじゃない？ って思います。潜水して苦しむのは一つの能力だって考えると、そこに、大きくポジティブな何かがあることになるんじゃないのかなって、お話を聞いていて思いました。

鷲田 それと当たっているかどうか分からないけど、哲学にも、文学にも、例えば高橋さんとか、見晴らしのいい場所までしんどくても登り切った人がいる。そういう姿に触れてしまったら、ああ、少なくともあそこまで行けた人がいるんだと思い、途中でやめられない。僕はあんな高みまでは行けないけれども、でもやはり僕なりに見晴らしのいい場所に立ちたいと思う。そんな人も現にいたんだからって。

高橋 それは哲学や芸術のいいところですね。

鷲田 さっきのデモクラシーの話に通じてますね。

高橋 だから、要するに、苦しいって分かってるのに、何で性懲りもなく始めるかというと、先に見晴らしのいいどこかに立っちゃった人がいることを知っていて、その人がやったように、あそこまで行ったら超いい風景が見えるはずだって思ってるからなんですね。

鷲田　「先」には、いっぱいそういう人がいたんです。マルクスだってそう。本当によくあそこまで登ったなっていう感じですね。

高橋　でも、大体は僕も含めてそこまではたどり着けないかもしれない。でも、行ける可能性があったら行ってみたい、というようなことなのかなと思います。

さて、気がついたら、何と四限が始まる時間になってしまいました。二限、昼休み、三限とつぶして四限までやるのでは、鷲田先生が倒れてしまいます。というか、僕もですけど(笑)。なのでここまでにします。本当に鷲田先生には、無理を、お願いしてしまいました。僕は横で聞いていただけなんですが、本当に、本当に面白かったです。これはやはりその前にきちんと準備もしたからですね。それから、ゼミ生諸君も、いい質問するじゃないかってちょっと感動しました。ちょっと心配していたんですけど。もう、手放しても大丈夫だなと思いました(笑)。

鷲田　じゃあ卒業だ。

高橋　ということで、この鷲田清一哲学教室はこれをもっておしまいです。鷲田先生に拍手。どうもありがとうございました。

鷲田　高橋さん、この紙、もらっていいですか。

高橋　これは合宿やゼミで、みんなが鷲田さんの本について作った質問リストですね。僕がメモしたものなので、僕の質問は入っていませんが。膨大な質問リストになったんですが、実際にはほんの一部しか使えませんでした。

鷲田　すごい。

ゆるみとほてり

授業に参加して、高橋さんはまこと、天性の教育者なんだなあと思いました。かねがねわたしは、教育とは「教え、諭し、育てる」ことではなく、そこにいれば子どもが勝手に育つような場所をきちんと用意しておくことというふうに考えてきましたが、そういう場所がここにはある。知識を「教える」ことより経験を「伝える」ことを大事にする授業がある。それをいちばんに実感しました。

何としてもこのことを知りたいと思うよう、ときに茫洋とした薄明かりだけを映す障子を破いてでも外を見たくなるよう、背中を押す（大学院生の頃、子どもが生まれしばらくしてわが家にやってきて、うちの子に、指を舐めて障子を破る術を授けた友人がじっさいにいました）。知の野性をとりもどすために、往々にして人を萎縮させるあの「あたりまえ」という痼《しこ》りを解いて、思考をゆるめてあげる。そういうことが高橋さんはとても巧いです。

が、それとは反対のようですが、答えはそうかんたんには出ないよとしっかり伝えもする。そのために、ひとりの著者の作品をアンソロジーではなく、最初から最後まで読み通す。しかも複数冊。そして一行一行、納得できるまでみなで議論する。厚い霧をかき分けるそんな作業を半年かけてやっていたこと。何かをとことんやるという経験を重ねたことが、学生さんたちのことばの熱《ほて》りとなって伝わってきました。書き手としてこんなにうれしいこと、こんなに緊張することはありませんでした。

わたしは全員が黒板のほうを向く教室のレイアウトはきらいです。が、これまでいちどだけ、これもわるくないなと思ったことがあります。沖縄の琉球大学で一週間、集中講義をしたときです。一言も聞き漏らすまいと、眼と耳をぐっと開いていてくれている。その熱にあおられました。授業中でしたが、思わず鞄に手を突っ込み、カメラを取り出して全員の顔を写しました。生涯でいちばんディープな授業でした。明治学院大学の教室ではそのとき以来の経験をさせてもらいました。

（鷲田清一）

私と岩波新書　1

わたしの「宇宙」

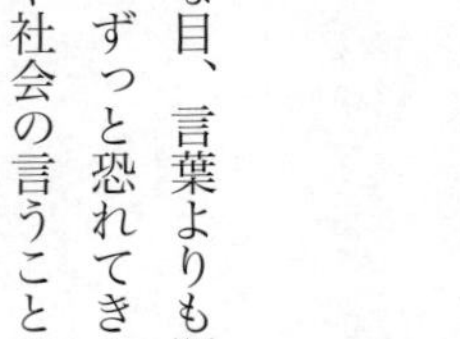

藻

わたしの中にある、この世界を見る自由な目、言葉よりも深いところにあるわたしだけの「宇宙」を失うことを、ずっと恐れてきた。しかし、それを守り続けることは困難だった。大人や社会の言うことをたくさん耳にしながら、時に否定されながら、わたし自身の「宇宙」はどんどんその範囲を狭めてきた。そうして周りに調和しようとする方が、この世界ではよほど生き易い。

『子どもの宇宙』(河合隼雄、一九八七年)を読んでわたしは、わたしの失いかけた「宇宙」を取り戻したいと思った。わたしたちは子どもの頃、教育や指導、善意などという名目でその「宇宙」を壊されるが、そのことを忘れ、大人になると今度は自分が子どもの「宇宙」を壊してしまう。誰よりも子どもの、目に見える部分でなく、その子の持つ「宇宙」からきこえてくる声に耳を傾けた河合さんは、その忌むべき連鎖を止めたかったと言う。

大人は目の前の現実のために、他のあらゆる可能性を捨て去りながら、不自由になっていくものなのかもしれない。わたしももう子どもではない。けれどいつか死ぬそのときまでわたしは、幼い頃のような自由さで以って、豊かでありたいと願う。

わからないことに潜水し続ける

ありさ

「常識の中から一歩外へ出ると新鮮かつ違った世界が見える」

私はわからないということをポジティブに捉えることができなかった。なぜなら今まで、学校でわからないことをわかる人がすごい、偉いと暗黙の了解で言われてきたからだ。現代の教育は〝知らないことを知ること〟になっていることにこのゼミで気がついた。つまり、わからないということを排除しているため、考えるということが私は非常に苦しかったのだ。

しかし、『哲学の使い方』（鷲田清一、二〇一四年）という生きた本に私は出会い、大切なことを学んだ。例えば書物を読み、自分が理解したということは、何も理解できていないということである。すなわち、わからないということが学び続けていることであり、それを悩み続け、考えるということを怠ってはならない。わからなくなるということはより深く考えているということなのだろう。

わからないことに潜水し続けることは確かに苦しい。しかし、登山なら、息継ぎしながら、はるか見晴らしのいいところを目指すように、苦しいけれど苦しんだ先に良い景色が見えるのかもしれない。

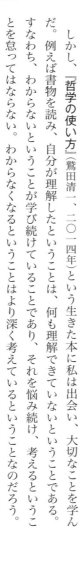

それぞれが考える〝先生〟

私の名前はなーじーくーんです。私は日本人の母とアメリカ人の父から生まれた子です。幼いころアメリカに住んでいた経験があり、英語は日常会話レベルなら話せます。今は両親も離婚し、父と母、お互い家族がいるため一緒には暮らしていませんが、たくさんの兄弟姉妹に囲まれています。自己紹介はここまでにして、私が今回のプロジェクトで選んだ一冊は、『先生！』(二〇一三年)という題名で、有名な池上彰先生編です。私がこれを選んだ理由は将来、教師になりたいと考えているからなのと「先生」と書かれた題名を見て高校のときの担任が思い浮かんだからです。

この本は、様々の人から見た〝先生〟が個々の視点で語られている一冊です。自分が想像した先生は一般的な学校の教員でしたが、この本でシンプルに教師だけではないことに気づかされました。この本の中には大学の教授、医者、スポーツの指導者、さらに社長といった、それぞれが考える〝先生〟があります。先生とは与える影響は多様で多大であり、どんな些細な行動も言動も相手の気持ちを動かすことができる存在と感じました。私も将来、先生になり、たくさんの生徒の心を動かし、尊敬される存在となりたいです。これが私の「私と岩波新書」です。

なーじーくーん

当たり前がこんなに特別だったんだ

あっきー

こんにちは、元ゼミ長、現フリーターのあっきーです。僕は七月からワーキングホリデービザを使い、自費でシドニーに旅立つ予定です。目的や理由をよく聞かれますが、自分でもよく分からず、ただがむしゃらに資金集めの為に働きました。僕の働き口は焼肉屋とバーのホールスタッフ、高校のガイダンスの設営や運営、大学の図書館と、アルバイトや派遣が主でした。慣れない環境での仕事、嫌な上司、そして始発と終電を繰り返すセルフブラックな四か月間を過ごしました。決して楽な日々ではありませんでしたが、尊敬できるバーの店長や気の合う仲間のおかげで、無事に目標金額の一〇〇万円を稼ぐことができました。多くの方はわざわざこんな経験をなんでするのかと疑問に持つかと思うのですが、僕にとって非常に良い経験でした。改めて感じます。大学って、大学生って素晴らしい。そして当たり前がこんなに特別だったんだと。ブラックな日々の中で一冊の本を読みました。橘木俊詔さんの『**新しい幸福論**』(二〇一六年)です。格差社会が拡大する今、人々はどうやって幸せを感じるのかを経済的な切り口から書いてあり、僕が改めて大学や普段の生活が素晴らしいと感じた理由がこの本に詰まっています。皆さん、是非本を手に取って幸福について考えてください。それでは。

自信が持てないことについて

私は歌うこと、美味しいものを人より少し多く食べること、好きなアーティストのライブに行くことが生きがいの人間である。性格はマイペースで見た目よりもナイーブな一面もあると自負している。

そんな私が選んだ岩波新書は香山リカさん著の『「悩み」の正体』（二〇〇七年）である。この本は精神科医である著者が私たちの生きていく上で陥ることがありがちな「悩み」について、実際に診察室を訪れる人や教授として勤務する学校の生徒の話などの実例を基に分析している。

その中で私が特に印象的だった話は自信が持てないことについてである。これまで「自信がない」というのはスポーツや料理、文章などの趣味や副業の領域或いは自分の外見などに対して使われる言葉であったが、「自分に自信がない」という使われ方をされていることが懸念されていた。私自身もこの表現を使ってしまうことがあるが、この場合はその表現をせざるを得ない自分自身が置かれている環境や状況にそもそも問題があることが多いので、あれこれ考えこまずに実際に動いてみるという考え方がある、と書かれていて私自身も答えをもらった気分になった。

現代を生きる私たちの数々の「悩み」に対しての解決法が載っている点で薦めたい一冊である。

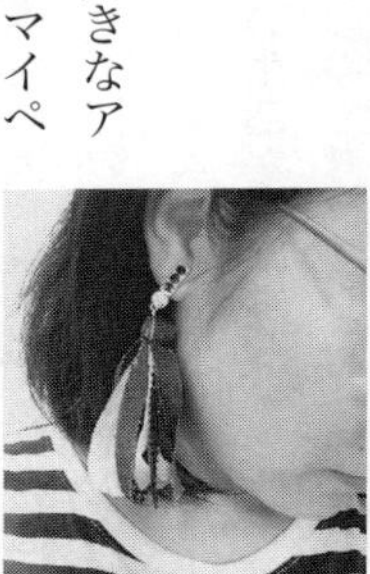

さとみ

社会人とはなにか

えりな

みんなと笑ったり喜んだり、時には悲しんだり、学生だから味わえるこんな素晴らしい毎日が終わってしまう。そんなことをふと考えてしまうのが最近の私。大人になっていく自分の姿ってどんなのだろう。

そんな私がゼミに入り、課題で初めて読んだ本が、暉峻淑子さんの『社会人の生き方』(二〇一二年)である。なぜこの本を選んだかは自分でもわからない。正直タイトル的に難しそうな雰囲気があり、最後まで読み終える気がしなかった。だがなぜか最後まで読み終えた。なぜだろうか。それは、読んでいくうちに共感できるところが沢山あったからである。

社会人とはなにか。一度は誰もが考えたことがあるかもしれない。社会人として立派に生きていきなさい。社会人だから失敗は許されない。こんな呪文のような言葉が日常には飛び交っている。

この本は社会本来の役割というものを冷静に捉え直し、社会人としての生き方、社会観の根本を考えさせてくれるのである。多くの人々の幸せはその社会のあり方によって、大きく変わるのではないだろうかとふと考えてしまった。よし、私もそろそろ社会人になるための準備を始めるとしよう。

ちょっと遠回りしちゃいなよ

世の中って知らないことばかり。せっかく覚えたとしても忘れちゃうようなことばかり。高校時代に世界史で習った古代文明や、オスマン帝国の盛衰では、カタカナでみんな似たような名前で……なんとかして良い暗記方法がないか探していたものでした。もったいないことだと思います。このような感じで、私たちってどうにかしてでも効率的な方法を好みますよね。

片倉もとこ著の『イスラームの日常世界』(一九九一年)ではムスリムの人々の生活様式や考え方について触れています。断食や一日五回のお祈りは、仕事中毒な日本人からしてみれば非生産的に思えるかもしれません。しかし会社などで珈琲ブレイクをするよりも、お祈りブレイクをいれるほうが心の安らぎにもなり「さあ、もうひと仕事しよう」と思える。断食も、貧乏な人も王様もみんながお腹を空かせて飢えを体験することで、みんながやさしくなるという。断食解除の食事は面識のない人の家への訪問もなされ、みんなが社交的になる。非効率と思われている精神文化やならわしは、生活を退化させることはないのです。私は少し時間をかけてでも遠回りしてでも、学ぶことを楽しみたい。このゼミがそうであるように……。

Monicá

私はばんぶう。「ゆとり」です。

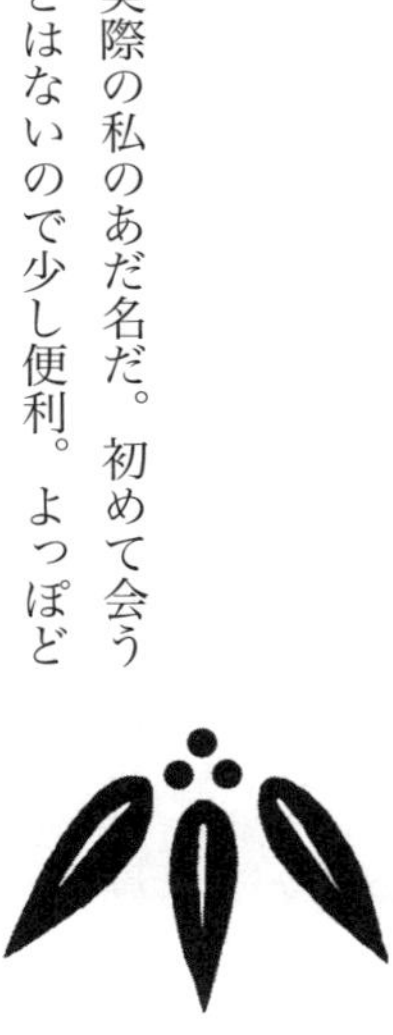
ばんぶう

私の名前はばんぶう。ペンネームではなく実際の私のあだ名だ。初めて会う人には必ず由来を聞かれるが、忘れられることはないので少し便利。よっぽど印象が強いようで、名前が噂になり、見知らぬ人に「ばんぶう！」と声をかけられることもしばしば。驚くのでやめてほしいが、少し嬉しい気もする。複雑だ。

ところで私は現在大学四年生。テレビやネットで散々叩かれているあの「ゆとり」だ。好きで「ゆとり」になったわけではないが、「ゆとり」だからと劣等感も持っていない。しかし来年から、私も社会人として「ゆとり」を非難している(ようにみえる)大人たちの中で働かなければならない。不安でいっぱいだ。そんな私が選ぶのは香山リカさんの**『若者の法則』**(二〇〇二年)。若者の行動とそれへの対処法が記されたこの本は、大人に向けて書かれている。しかし若者にも是非読んでほしい。一つ一つの考察に共感、反論しながら読み進めることで、気付いていなかった自分の良さや、大人たちには理解できない自分の行動を知ることができるからだ。どうせ大人にはわかってもらえないと諦めるのではなく、発見した自分の良さに自信を持ち、理解されない点は理解してもらえるように工夫をすることで、人の魅力を活かした人間関係を築いていきたい。

欲しいもの

さつきちゃん

もしもひとつだけ秀でた才能を得られるとしたら、わたしは何を望むのだろう。わたしにとって重要で、そして満ち足りていないものはなんだろう。わたしはこんなことを度々考えてきた。世の中の多くの出来事の根本は人対人のコミュニケーションで成り立っていると思う。私たちが一人きりで出来ることは思っている以上に少ない気がする。もっと自分を表現できたら、もっと相手を理解できたらうまくいったのになあという後悔は誰しも一度はあるはずである。わたし自身、多くの人と親しくなれる能力が欲しいと感じることは多々ある。

努力次第で誰とでもうまく関わっていける能力は手に入るのではないか。そんなことを考え、『コミュニケーション力』（齋藤孝、二〇〇四年）を手に取った。著者がどんな状態でも、どんな相手でもコミュニケーションは可能だと確信を持って述べていることにより、なんだか自信を持てるような一冊だった。相手があってのコミュニケーションであることを忘れず、常に敬意と配慮を忘れないことが大切なのだ。コミュニケーションの取り方を意識することによって、自分のことも相手のことも好きになり、有意義な人生を送ることができると思う。

「大学」

○山

　私は、元高橋源一郎ゼミの○山です。この前、明治学院大学を退学しました。が、高橋先生のゼミにだけ顔を出させてもらっています。私が紹介する岩波新書は、吉見俊哉さん著**『大学とは何か』**(二〇一一年)です。もう、大学を辞めた理由はこの本に全部書かれていて、でも高校生の時にこれを読んでいたとしてもきっと意味不明だったと思うし、今読んでも何も解決しないし、今日はずっと片思いしていた女に二回目の告白をしてフラれ、もう何もする気がしないのですが、とりあえず、今自分が思う「大学」を取り戻そうと思えたのはこの岩波新書のおかげで、矛盾するようですが大学を辞めることができ、自分が思う「大学」もいくつか発見することができ、そのうちの一つが高橋ゼミだということです。

　今、周りの同級生が就活で忙しくしている中で、私は未だに駄々を捏ねています。私にとって「大学」とは、「既に定まった不動の知識」を教わる場ではなく、「いかにして新たな知識を発見するか、いかにして知識を進歩させるか」を教師と学生との「自由なコミュニケーション空間」の中で絶えず研究していく場である。高橋源一郎ゼミは、私にとって最初の「大学」である。

これが私の教養

「読書」、それは自分ではない誰かになれる。本の中に入り込み、もう一人の自分が存在できる夢の世界。そして本の中の人物の気持ちになり、泣いたり、憤ったり、考えさせられたり、様々な思いを感受し、自分の世界が広がる。そして哀しい日、心が折れそうな日、少し気持ちの進まない日、本を読むと別世界に飛び込めるから気持ちが和らぐ。「言葉の力」によって本の中に吸い込まれ、今ここにいる自分ではないもう一人の自分になれる。言葉が好きだ。言葉のもつ力を信じている、偉大さを知っている。言葉はその人そのものだと思う。誰かの文章を読み、一つずつ言葉を味わい、人柄がわかる。

時実利彦の『**人間であること**』(一九七〇年)を読んだ。言葉は人間だけが使える唯一のもの。動物は鳴き声で会話をするが言葉ではない。そして言葉は本質的に思考と同じだと書かれている。やはり言葉は素晴らしいと思う。私たち人間だけが使える。言葉によって人の心の奥に住める。人の思考で生まれたことが言葉に変わり、ときには人を傷つけ、刃物ともなる。ときにそれはまた人を喜ばせ、人を変えられるもの。私は特に優しい言葉が好きだ。優しく、美しい言葉に触れていたい。言葉が私を魅了する。だからやめられないし、これから先も本を読む。

セイヤ

正しい生き方

Kohei

『社会人の生き方』（暉峻淑子、二〇一二年）。

社会をよい方向に変えるために、個人はどんな生き方をしたらよいかを考えるための本である。

大学四年にもなると、学生たちは、スーツを着て、必死に、必死に、就職先を探していた。ぼくは、なんとなく、それが嫌だったし、みんなも嫌だと言っていたけど、嫌なはずなのに、みんなはそれに、一生懸命だった。

高橋源一郎と伊藤比呂美は口を揃えて「あれはどう考えてもおかしいし、間違っている」と言う。今日、大学で源一郎先生のゼミに参加した。学生たちの顔が、輝いて見えた。人間らしくて、健康的で、自然体だった。彼女たちも、何年、何十年か経てば、人間らしさを失い、疲れ切った顔で、休日だけを楽しみに、漫然と生きていくのだろうか。他の生き方を選ぶことはできるんだけど、それに気がつかない人がほとんどだし、気づいても、人と違うことはしたくないみたいだ。人と違うことが、なんとなく怖いから、なんとなくみんなと同じ道を進むんだろう。万人にとっての正解は存在しない。大切なのは、自分が納得いく生き方を探すために、行動を起こすことだ。

シャネリストよ、新書を手に

KANON

ココ・シャネルを尊敬している。

彼女には孤児院生活の過去がある。選ばずして生まれた家の事情があったのだろう。しかし、彼女は〝ある程度決まった〟人生を自らの手で壊し、世界から敬愛される一人の女となった。

「死」について考える。鷲田さんや伊藤さん、そして源ちゃんに触れたからかもしれない。あるいは、身近な死を経験したからかもしれない。ここで、ひとつお願いがある。わたしのお葬式にはとびきりのオシャレをして参列してほしい。喪服はごめんだ。

源ちゃんとの出会いは、入学式で学長が発した「変なDJなんだけど」発言。これで師事を決意。夜はシナトラ、通学はドビュッシー。ハタチ後半で音楽の趣味が変わったみたい。「CARBAR」でのむラスティネイルと自家製モヒート。実は、今も。祖母が母に贈った「オサガリ」のネックレス。これがないと調子がどうもおかしい。

手に取ったのは、山折哲雄『親鸞をよむ』(二〇〇七年)、山田登世子『ブランドの条件』(二〇〇六年)。手に取りたいのは、川崎賢子『宝塚というユートピア』(二〇〇五年)。

死語の量産

りさこ

『現代〈死語〉ノート』(小林信彦)。

この新書が発行された一九九七年、私は三歳であり、その本に収録されている死語は私の生まれる前に消費されていった言葉である。そういうわけだからなのか、とても新しい言葉に聞こえる気がした。

小林が本書であげた死語の多くは「若者言葉」のような気がした。現代、「若者の語彙力不足」に悩まされる日本だが、原因はこの死語の量産に見られるのではないかと思う。毎日テレビやネットを通して、消費して欲しい(流行して欲しい)言葉が量産される。極論ではあるが、流行に乗りたい若者たちはこの新しい言葉に夢中であり、それを使って会話することを主とする。かくいう私も語彙力の乏しい一若者であり、頻繁に「若者言葉」なるものを使って会話している。若者を代表して言うが、それでなんとなく意味が伝わってしまうし、そもそも意味を深く考えない。それほど「若者言葉」は便利なのである。

情報社会の今、「若者言葉」の寿命も短い。「ウェ〜イ、久しぶりじゃん!」「いや、お前パリピかよ」なんて会話も死語だらけに感じて、「終わってるわ〜」なんて思う時代がすぐ来るのかも。

たりないものを生きる

「なんのために生まれて　なにをして生きるのか　こたえられないなんて　そんなのはいやだ！」というのは「アンパンマンのマーチ」の歌詞（作詞・やなせたかし）だけど、大人になった今でもぼくは、結局のところ、自分は、そういうふうにしか生きられないのだと思っている。

「不器用でも、精一杯生きる。無力でも、みっともなくても、怖い思いをしても、そんなことは全部どうでもいい。オレはオレのやりたいようにやる」。そんなふうに心から思えたら、楽だったのかもしれないが。残念ながら、そうではなかった。でも、そういうものなんだと思っている。

『**教行信証**』**を読む　親鸞の世界へ**』（山折哲雄、二〇一〇年）を手にとったのは偶然だった。人殺しの大罪を犯した極悪人は救われるのか。人を殺したことはないけれど、ささいなずるいこと、小さな卑怯なことは、星の数ほどやってきたような感じもする。そして、それらの積み重ねを考えたなら、自分もまた、立派な極悪人じゃないかと思う。

　なんのために生きるのか？　幸せになるために。でも、それだけではたりない。ぼくは、その先の答えを探すために生きていて、そしてまた、それゆえにこそ、本を手にとらずにはいられない。

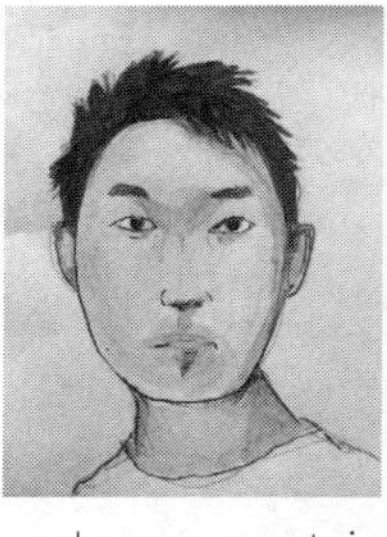

ochugen_avectoi

非公開の私

毎朝一五分ほどの通学電車の中、音楽を聴き、ぼうっとしながらふと考えごとをする。今朝のニュースでは私と同い年の子が残酷な事件に巻き込まれていた。そういえば、私の命にも保障などないのだった。もし今この勢い良く大船―戸塚間を走る電車が脱線したら私は死ぬのか。そんな時決まって気がかりになるのは、決して公にしてこなかった「私」が入っているあの引出しだ。

まだ小学生の頃、家族と大きな喧嘩をした。本当は姉が使っているような鋭利な言葉で怒鳴りたかったけど、それは何となく私のキャラではない。だから私はそのむきだしで凶暴な感情を口に出す代わりに文字にした。それは、とても濃くて太い字だ。優しい子でいたかった私は、私が確かに感じた、最後まで表に出せなかった感情をハッキリと残しておきたかったのだ。今でも私は人に相談のしようがないことをワードに綴ったりする。作文は苦手だが、同時に文を書くことによって自由でいられる。ただ、パスワードがつけられないあの日記だけは気がかりだ……。

たまには一五分を読書にあててみようかな。私が選んだのは『やさしさの精神病理』(大平健、一九九五年)。結局、今日も私はこのどうしようもない自分について考えている。

ルリ

ぼくのマンガ人生

ロックンロールと白い大きな犬、それからレモネード。この世に好きなものなんてそれくらいしかない私。手に取る本も、どこかロックンロール、つまり、私にとって夢と希望を感じられなければ読む気がしないんです。堅苦しい、分厚い本なんて読んでられないんです。何人かはきっと大きく頷いてくれるはず。

そんな私が、今回紹介するのは、手塚治虫の『**ぼくのマンガ人生**』(一九九七年)です。随分と前に、発せられた言葉のはずなのに、なぜかまさに今、私の目の前で手塚治虫が語りかけている様な気分になりました。キース・リチャーズが言っていた「ロック、ロックってロールはどうしちまったんだい?」という言葉と同じで、いつもこの世には何かが足りない、何か満たされないと思っていたけれど、その何かをやっと見つけた、という感じです。明日が少し楽しみ、そんな気分になります。読書なんてかったるい、そんな風に思ってる人には最終章から読むことをお勧めします。すると、気づけば夢中になって読み始めていることでしょう。私がそうでした。もしも、この本の帯を書かせてもらうなら「最後の六ページ、そこに本物のロックンロールが隠されている!」ですね。ぜひ、見つけてみてください。

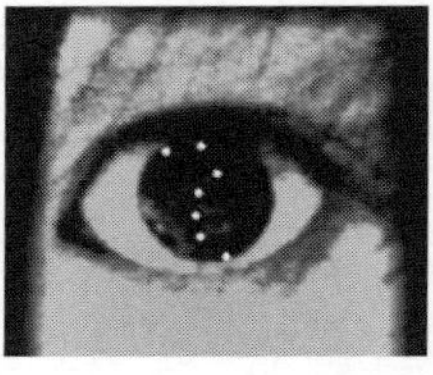

Lily

ヤマモモ

カナコねーさん

晴れた空は青く、ペンギンは飛ばないという常識と「就活」はどこか似ている。周囲がつくった常識に合わせなくてはどこか浮いてしまう。子どもの頃、ピンクで空を描き、実はペンギンも飛べるのではないかと思っていた。展示されたピンクの空は青に囲まれ、浮いていた。

昔から読書が好きだ。特にファンタジー小説が好きだった。頭の中で情景をイメージし、その世界に入り浸る。しかし大学生になり再び読み直してみると、今までは当たり前のようにできていた「想像」をすることが難しくなった。大人になることは何かを失ってしまうことなのだろうか。周りから急がされ、流されている間に何かを忘れてしまったのではないか。

辰濃和男著『**ぼんやりの時間**』(二〇一〇年)は、「何か」を思い出させる。雨上がりの生ぬるい風、鼻に残る金木犀、友だちと食べた甘酸っぱくえぐいヤマモモ。反対に、時間に追われ、心の余裕も一息つくことも許されないような社会の中で生きているということも実感させられる。

リクルートスーツ、マニュアル通りの言葉。社会に呑まれ、浮かないようにしつつも個性を求める「就活」はなんだか味気ない。少し、のん気になろう。思い出そう。呑まれないように。

長谷部恭男 憲法教室

2015年11月5日

『憲法とは何か』

新赤版　1002
2006年4月20日刊行

憲法は何のためにあるのか．立憲主義とはどういう考えなのか．憲法はわれわれに明るい未来を保障するどころか，ときに人々の生活や生命をも左右する「危険」な存在になりうる．改憲論議が高まりつつある現在，憲法典に向けられた様々な幻想を戒め，その本質についての冷静な考察をうながす「憲法再入門」．

【目　次】

はしがき
第1章　立憲主義の成立
第2章　冷戦の終結とリベラル・デモクラシーの勝利
第3章　立憲主義と民主主義
第4章　新しい権力分立？
第5章　憲法典の変化と憲法の変化
第6章　憲法改正の手続
終章　国境はなぜあるのか

長谷部恭男（はせべ・やすお）

1956年生まれ．1979年東京大学法学部卒業．
現在，早稲田大学法学学術院法務研究科教授．
専攻：憲法学．
主要著作：『権力への懐疑――憲法学のメタ理論』（日本評論社，1991年），『憲法学のフロンティア』（岩波書店，1999年），『比較不能な価値の迷路――リベラル・デモクラシーの憲法理論』（東京大学出版会，2000年），『憲法と平和を問いなおす』（ちくま新書，2004年），『憲法とは何か』（岩波新書，2006年），『憲法の境界』（羽鳥書店，2009年），『憲法の理性〔増補新装版〕』（東京大学出版会，2016年）など．

わたしの大学

わたしは大学に入学したがほとんど授業に出なかった。そのことは書いたことがある。大学には学ぶべき何ものもない。そんな気がしていたのだ。しかし、無縁だったせいだろうか、実は、大学への憧れは強い。

大学に行かず、肉体労働をしていた二十代、本を読むことも減ったが、読んだ中に、ロシアの作家、マクシム・ゴーリキーの『私の大学』(蔵原惟人訳、新日本文庫)があった。貧しかったゴーリキーは大学に通うことができなかった。ゴーリキーにとっての大学は、貧困に悩む庶民たちの世界そのものだった。それを読みながら、いま自分のいるところが大学とは思えないよね、とわたしは呟いていた。偉大な学者たちが作り上げた、壮大な「知の伽藍」を仰ぎみ、教えを乞いながら、こつこつと自分の小さな世界を彫りあげてゆく。そんな理想の大学に通う自分をぼんやり想像していた頃もあった。はかない夢ではあったのだが。

長谷部恭男という名前を強烈に印象づけられたのは、特定秘密保護法案が問題になったときだった。いわゆる「リベラル」と称される人たちがこぞって反対していた(わたしもだが)その法案に、長谷部さんは賛成していた。政治的な理由ではなく、法を論じ、研究する者としての厳格さ故に、とわたしは感じた。なんというか、学者というのは、実にカッコイイなと思ったのである。それから、長谷部さんの本を夢中になって読むようになった。もとより、法について、とりわけ長谷部さんが専門としている憲法について深い知識があるわけではなかった。しかし、門外漢のわたしにとっても、それはひどく魅力的に見えた。わたしがついに知ることができなかった学問というものは、ほんとうは、このようなものなのかもしれない、と思ったのだ。

本を読み、学ぶ、という、このプロジェクトを思いついたとき、もっとも学問らしい学問の専攻者でありながら、誰よりも現実的な世界で活動している長谷部さんをお呼びしたいと思った。それが実現し、長谷部さんのお話を聞き、学生たちの質問に答える姿を見ながら、わたしは、この場所こそ、わたしがずっと想像していた「わたしの大学」なのかもしれないと思ったのだった。

(編者)

高橋　今回、長谷部先生をお招きしたのは、皆さんもご存じのようにこの夏(二〇一五年)の安保法制を巡る大きな動きの中で、長谷部さんはキーマンの一人でもあったし、また、長谷部さんは憲法学という、ある意味で法学の中心でもある学問のキーとなる人物でもあるからです。こんなにも、法について考えなければならないと思ったことはない、そんな時期にこそ、長谷部さんのお話を聞きたいと思ったのです。僕たちは国際学部で、そもそも法学ともほとんど関係がなく、まったく素人と言っていいのですが、そんな素人でも学びたいという意欲があれば、学ぶことができるのではないか。それは、今回のプロジェクトの意味でもあるわけです。

ということで、今日は長谷部先生、よろしくお願いします。

さて、進め方です。最初に長谷部さんに少しお話をしていただいて、その後、この本『憲法とは何か』について質問をしていくという形にしたいと思います。もちろん、臨機応変にしゃべってもらってもかまいません。自由に、ですね。ということで、今日はよろしくお願いします。

長谷部　高橋先生からのご注文で、最初に三〇分ほど私からということですので。この『憲法とは何か』ですが、一〇年ほど前に刊行したもので、何を書いたか、もはや記憶が定かでないところも多いのですが。この中で強調したことの一つは、憲法と戦争の間に密接な関係があるということでした。戦争は国家と国家が戦うもの。最近は国家でないものも戦争をすると言われることがありますが、普通、戦争は国家と国家が戦うものです。

ところが、この国家というのは、実は頭の中にしかない約束事で、例えば日本って目に見えないものですよね。富士山や利根川、あれが日本の領土であると思うのは、そういうめがねを掛けて山や川を見るからであって、富士山ってただ地球の表面が出っ張っているだけだし、利根川も、水が集まって流れているだけの話です。永田町とか霞ヶ関に行くと、いかにも日本を象徴しているような建物が並んでいますが、あれもそれ自体としては鉄とコンクリートの塊にすぎません。

これは国についてだけ言えることではなくて、例えば明治学院大学といった大学とか、あるいはみずほ銀行とかトヨタ自動車みたいな株式会社についても同じことで、みずほ銀行に出掛けていってみずほ銀行と会いたいと言っても出てこないわけです。みんな頭の中の約束事です。皆さん、法律学を勉強されることがあれば、これはみんな法人と言われるものだということを勉強されると思います。

で、法人は、頭の中だけの約束事ですので、法人自体が何かいろいろなことをやったりしゃべったりっていうことはない。ところが、例えば日本と中国とが交渉をする。あるいは、アメリカとイラクとが戦争をすると言ったりするのは、なぜなのか。何で約束事に戦争をすることが出来るのか。交渉をしたり話し合いをしたり条約を締結することが出来るのかというと、法人の機関と言われるもの、英語ではorganですが、これは具体的な生身の人間です。具体的な人間がやることを、法人がやったことだということにしようという、そういう約束事があって、その約束事をもってこれまたそういうめがねを掛けて、いろいろな事柄を意味付ける。その結果、我々は国家が戦争をする、あるいは国家が条約を締結すると言ったり、考えたりするわけです。

国家と戦争の話に戻りますと、そんな約束事であるはずの国家と国家が戦争をするのは、何のためなのか。約束事が戦争をすると言っても、具体的には都市を爆撃したりして、要するに生身の人が死んだり怪我をしたりするわけで、何のためにそんなことをしているのかが問題です。その点については、今からさかのぼること三〇〇年ほど前。ジャン゠ジャック・ルソーという政治哲学者がいました。高橋先生の授業の中でも顔を出す政治哲学者だと思います。ルソーという人はご存じの通り、社会契約論で有名ですね。社会契約論というのは、国家は約束事だという話です。で、その約束事は人々がお互い実際に契約を結ぶことで作り上げているのだというのが社会契約論です。

それに加えてルソーが言っているのは、戦争はやはり、国家と国家がやるものだと。じゃあ国家は一体何のために戦争をしているのかといえば、それは相手の国家の社会契約を攻撃するために戦争をしている。国家は約束事ですので、約束事の基本になっている核心があるはずで、それが社会契約です。社会契約は一通りじゃない。いろいろな社会契約があります。戦前の日本では天皇がこの上なく偉い。他民族も含めて、天皇の言うことはみんな従いましょうと。それを核心とする社会契約が戦前の日本にはあった。現在の日本は違います。

で、戦前の日本の社会契約と、アメリカ合衆国の社会契約とは全然違う。アメリカ合衆国は、戦前の日本に対して、君たちの社会契約はやめてくれということで戦争をしていたわけです。ですから、第二次世界大戦を終結させる時の条件、ポツダム宣言と言われるものですが、それが何を要求していたかというと、日本のこれまでの社会契約はやめて、我々と同じタイプの社会契約にしてくださいと言っているわけです。人々の自由と権利を保障する、他国の主権も尊重する民主主義国家にあなた方はなってくださいと。それを約束しない限りは、この戦争はやめませんとアメリカは言ったわけです。

似たような話で、皆さんが生まれる前の話になりますが、かつて冷戦という国際状況がありました。アメリカをリーダーとする西側諸国とソ連をリーダーとする東側諸国とがどちらがどちらをたたきつぶすかということで、大量破壊兵器を備えて対峙していたわけです。今にも全人類が滅びるんじゃないかという、そういう危機感をその頃の人たちはみんな持っていたはずです。今の日本の政府は、日本の安全保障環境は厳しさを増してきていると主張していますが、まさか、あの頃よりも厳しくなっているなどということはないと私は思います。ともかくその冷戦も終わりました。正確に、一九九〇年に終わったのか、九一年に終わったのか、解釈が分かれるところですが、ともかくなぜ終わったかというと、要するに東ヨーロッパ諸国が、我々は西側と同じ議会制民主主義国家になりますと約束したから終わったわけです。というわけで、憲法と国家と戦争との間にはとても密接なつながりがあります。でも、そう言っただけだと、抽象論で表面をひっかいただけですので、もう少し具体の話に分け入っていこうと思います。

ナポレオンの話をしましょう。ナポレオンは、政治的な手腕もあった人ですが、何より第一級の軍略家で、戦略上いろいろなイノベーションを取り入れた人です。彼がまずやったことの一つをお話しします。彼はフランス革命に巡り会った人で、革命のおかげで何が新たに出来るようになったかという話です。フランス革命時の一七九二年九月に成立した国民公会の話です。Convention nationale と呼ばれますが、日本では国民公会と訳しています。ちなみに Conventionというフランス語は、アメリカからの輸入品で、アメリカ人がコンベンションと呼ぶのは、憲法制定議会のことです。ただ、フランス革命時には、憲法を制定する議会がいっぱい出来たものですから、普通は国民公会と訳します。国民公会が開かれていた時に、フランスは革命を起こして国王を死刑にしたりしてけしからんというわけで、周りの国から攻撃されていました。今にもプロイセン軍がパリに迫ってくる、祖国は危機にあり、というので、国民皆兵の宣言をしました。フランス市民たるもの、みな武器を取って戦えということになった。おかげで、大量の、しかも安上がりの兵隊を手に入れることが出来たわけです。

それ以前、絶対王政期からフランス革命に至るまでの各国家が抱えていた軍隊は、訓練や装備に結構お金が掛かっていたんです。装備も整っていたし、訓練も行き届いていた。そのため、数はそんなに多くなかった。各国それぞれ二万から三万人。フリードリヒ大王(一七四〇—八六年在位)のプロイセンでやっと五万ぐらいだと言われています。ところが、フランス革命の時には、国民皆兵だ、みな武器を取って戦えということで、二〇万、三〇万規模の兵力が手に入るようになった。しかしこれは、装備も整っていないし、訓練も経ていない。どうなるかというと、それまでの各国の軍隊はお金が掛かっていますから、そう簡単に実戦が出来ない。その頃の将軍は、なるべく戦わずして勝つ。陣取り合戦をしてですね、相手を追い詰めて、敵軍がもう我々は戦えるポジションにいません、降参というわけで戦わずして勝つ、それが名将と言われていたのですが、ナポレオンは実際に戦う。安上がりの消費可能な兵隊を大量に抱えていますから、それで突撃だと言って実戦をするものですから、本当にこいつら戦うんだって驚かれたわけです。

それからもう一つ、彼が編み出したのは大砲を野戦の場に持ち込んだことで、これで相手の陣地を攻撃する。それまでの大砲は城壁を壊すために使っていたんです。ところがナポレオンは、大砲を使って相手の陣型に穴を開ける。開いたところに一斉に突っ込めと言って攻撃を掛ける、そういうことをやりました。

ナポレオンが編み出したもう一つのイノベーションは、自分の軍隊をいくつかの師団に分けること。ひとまとまりで行動するとゆっくりとしか動けない。いくつかの師団に分けて、それぞれ別のルートを取って、ここに集まれというところで集合して戦いをする。これはナポレオンが皇帝になってからの話ですが、まずウルムの合戦でオーストリア軍を撃破する。すると、師団ごとに分けて、次にはアウステルリッツに移動して、ここでロシアとオーストリアの連合軍を撃破する。で、その後、また師団を分けて、今度はイエナに移動して、プロイセン軍を撃破する。こうして機動性を高めるということをやっています。こういう形でナポレオンは、少なくともロシア遠征に失敗するまでは大変な成功を収めるわけですが、ナポレオンがある時期まで連戦連勝出来たのも、国民公会が国民皆兵の体制を作り上げたことが大前提にあったわけです。

しかし、このナポレオンが編み出した戦略は、長くは続きません。一九世紀の終わり頃になると、このナポレオンの戦略は通用しなくなる。なぜかというと、一九世紀の初めと終わりとで違うことの一つは、銃火器の精度が格段に向上します。いろいろな技術革新があったのですが、最も顕著なのはライフルです。銃の内径にらせん状の溝を引くんですね。そうすると弾が回転して真っ直ぐ飛ぶ。そのために一九世紀の初めと終わりとでは、銃火器の精度が一〇倍になったと言われています。すると、大量の兵隊で敵陣に突撃と言っても、敵陣に到達する前に大打撃を受けてしまう。ナポレオンのやり方は通用しなくなります。

そこで新たな戦略を編み出したのがビスマルクのプロイセンです。ビスマルク自身は政治家ですが、ビスマルクの下で働いた軍人にモルトケという人がいます。モルトケはもともとデンマークの軍人だったのですが、プロイセンの参謀総長を務めました。このモルトケが編み出した戦略は、敵陣にそう簡単に突撃命令を下すわけにいかないので、敵陣を周囲から包囲して、詰めていくわけですね。最後は一斉攻撃で殲滅するか、その前に敵が降参すればそれで勝ちが決まるというやり方でした。外線作戦(external line)と言われるものです。内線作戦(internal line)を多用したナポレオンとは対照的です。対オーストリア戦争、それからナポレオン三世のフランスに対しても普仏戦争で大勝利を収めていますが、その時に使われた戦略がこれです。

ただ、この戦略は簡単には実行出来ない。というのはこんなに自陣が拡散していると、お互いに連絡を取るのが難しい。こういう戦略を採ることが出来るためには、長期にわたって訓練をしないといけない。しかも大軍を相手に包囲網を作ろうとすると、それだけ多くの兵力が必要になります。ナポレオンの時に既に大規模な軍隊になっているわけですから、その大兵力を上回るだけの兵力を用意しないといけない。そのためには長期にわたる徴兵制を備える必要が出てくることになります。

で、この戦略が成功したものですから、他国もみんなまねをするようになります。まねをしないとみんなドイツにやられてしまいますから。その結果として政治体制にどういう影響が及んでくるのかということですが、徴兵制、しかも長期にわたる厳格な、自分は兵隊に行きたくないから代わりにお金を払いますとか、そんな免除を認めない。本人が本当に兵隊になるのだというそういう徴兵制ですね。こうした徴兵制を採用すると、その結果何が起きるか。まず普通選挙制度を導入しないといけない。いつ前線に行って、場合によっては死んでこいと言われるか分からないということになるわけですから。戦争は、結局究極的な政治のあり方ですから、国の政治に我々も口を出させろ、参加させろということになるのは当然の話です。それに加えて、社会福祉政策の充実。福祉国家化が必然になります。ビスマルクという人はヨーロッパで最初に社会福祉政策、特に社会保険制度の導入を推し進めた人です。いつ前線に行って死んでこいと言われるか分からないわけですから、そうした生き方を支える福祉国家政策が必然的になるというわけです。

これも世界各国でまねをすることになります。日本も例外ではありません。今は厚生労働省と言われていますが、厚生省という役所が出来たのは第二次世界大戦が始まる少し前の話ですし、今、厚生年金なんて言われている、サラリーマンがサラリーの一部を拠出して、雇い主もお金を出して、それで年金を用意する制度、それも第二次世界大戦中にできた制度です。社会福祉制度と軍国主義化は、手に手を取って進んできた。

こういう国の姿は、冷戦中も基本的には変わっていない。冷戦は、先ほども申し上げた通り、東西両陣営とも、相手の陣営の大量破壊兵器の脅威の下に、実は全国民を動員していたわけです。子どもから老人に至るまで。日本人は意識していない人が多いのですが、冷戦はそういうものでした。みんなまさに最前線で生きていたわけで、福祉国家政策をやめるわけにはいかない。ただ、冷戦はもう終わって、今、日本の隣にちょいと怖い感じの国があると言われることがありますが、あの国はかつてのソ連とは違います。アメリカと不倶戴天の敵というわけではないですね。お互いにどちらがどちらをたたきつぶすかという関係の国ではありません。十分両立が可能な国ですから昔の冷戦とはわけが違う。

我々は別に常時前線に引っ張り出されて日々を暮らしているわけではない。ということになると、それが必然だというわけではないですが、社会福祉に国家が関心を持つ前提条件が失われてきつつある。これはヨーロッパもそうです。ですから、社会福祉が各国で後退していく趨勢にあるというのは、不思議な話ではない。これがこれからどうなるのかというのは予測は出来ないところではあるんですが。そういう歴史の背景があるということを申し上げておいて、こんなところでよろしいでしょうか。

国家と憲法

高橋 いや、いろいろ、びっくりしました。そうだったのか、ですね。さて、長谷部先生のお話を聞いたので、今のお話も含めて、この『憲法とは何か』について、皆から質問をして長谷部先生に答えていただこうと思います。まず、長谷部先生の本の感想を言ってから、にしましょう。誰から質問する？

学生 Ｍ＊＊といいます。今日はありがとうございました。まず、本の感想なのですが、僕は個人的に国家と憲法のつながりの話がとても面白かったです。先ほどのお話の中にもあったと思うのですが、先生の国家の捉え方は、一般的によく言われるもの、例えば、領土の視点とか、そういうものとはちがって、国というものが、憲法の基本秩序だと書いてあって、これがすごく面白いなと思いました。

そこで一つお聞きしたいのですが、この、国というものを憲法からなる基本秩序として捉えるその見方というのは、今のお話の中でも非常に納得がいったのですが、そうした考え方というのは、一般的に憲法学者の方々の間で受け入れられているのでしょうか。

長谷部 どうもありがとうございます。難しい質問なのですが、どの辺が難しいかと申しますと、世の憲法学者と言われる人々は、あまり国家とは何かということを考えていない。考えている人はもちろんいますが、あまり関心がないという憲法学者も実は少なくない。そういう方々は何をしているかというと、例えばご存じの通り、そのうち最高裁判所が夫婦同姓を要求している民法の規定(七五〇条)について憲法判断を下すだろう。どういう判断を下すのか、海外の制度なども参考にしながら予測をするとかですね。現にその判断が出た後、それについて評価を加えるということをやっていて、それはそれでもちろん世のため人のためになる話ですし、国家とは何か、について言ったり考えたりするより、はるかに人々の暮らしに役立つかもしれません。そういう直に役に立つ話に関心を向けている人の方が多いだろうと思います。

国家とは何なのかについて関心を持っている人の中で、私のような捉え方に賛成する人がどれだけいるのかということになりますと、少なくとも日本の憲法学界で言うと、戦争のことはさほど真剣に研究しない人が多数派だと思います。戦争の問題、憲法の問題、国家の問題が深いところでつながっているのだということを意識しながら議論をする。あるいはそういう物事を考えている人がどれだけいるか。それほど多くないかもしれないというのが一つ。

それからもう一つですが、戦前、大日本帝国憲法下で、国家は法人だという論点を提起したのは、皆さんご存じだと思いますが、美濃部達吉という人で、彼は天皇機関説を唱えたんです。天皇機関説というのは、結局国家は法人だ、天皇はその機関だと言っている。国家は法人だというものの考え方からすると、筋の通ったまっとうな話を美濃部達吉はしていたわけです。ただ、まっとうな話をしていて、なぜ世間一般からあれほど攻撃されたかというと、そうではないのだという考え方の方が少なくとも表向きは世間に流布していたからで、それはどういう考え方かというと、天皇がそもそも全国家権力を掌握している。それは憲法以前に天皇が持っていて、天皇が自分の持っている国家権力を自分で制限している。自己制限と言いますが、その現れが欽定憲法である大日本帝国憲法だという考え方です。その大日本帝国憲法に従って国家権力を行使することを天皇が自分で決めたという見方です。

大日本帝国憲法の第四条を見ると、「天皇は国の元首にして統治権を総攬し、此の憲法の条規に依り之を行ふ」と書いてあります。統治権を総攬し、というのは、全統治権を掌握しているという意味です。でも、統治権を行使する時には、この憲法の条文通りに行使しますと言っているわけです。この考え方は、日本では天皇主権原理と言われているのですが、より一般的に言うと、これは君主制原理と言われるものです。ドイツ語で monarchisches Prinzip というもので、皆さん日本史の時間に井上毅という人が昔いて、大日本帝国憲法の草案を作ったということを勉強したと思います。その井上毅がドイツから直輸入してきた考え方です。もともと日本にあった考え方ではありません。

しかもドイツ固有の考え方でもなくて、フランスの一八一四年のシャルトっていう、ナポレオンが退位した後にルイ一八世が作らせた憲法があって、そこで初めて定式化されたものです。それが回り回って明治憲法に入ってきている。ただ、それは先ほど説明した国家は法人だという考え方とは論理的に整合しない。整合しないものがぶつかり合って、とても危ない問題状況を引き起こしたのですが。幸か不幸か、今の日本はそういうことにはなっていない。

高橋　要するに長谷部さんは少数派じゃないかということですね、いろいろな意味で。それから、これからも追々出てくると思いますが、長谷部さんは、国の根幹が憲法というか、憲法が国なんだという発言もされています。こういう考え方を一般的に憲法学者が持っているということではないということですね。

長谷部　ただ、本当のところどうですか？　と聞いてみれば、否定する人はそうはいないと思います。

高橋　否定もしない？

長谷部　普段あまり考えていない。

高橋　国家の問題はスルーされていることが多いということですね、普通の憲法学者たちには。では取りあえずこの問題はここまでにしておいて、じゃあ次に行きましょう。

市場化の中で

学生　H＊＊です。読んだ感想なのですが、この本は憲法そのものとは何かという話よりも、立憲主義というものが、どんなふうに、例えば戦争を経て生まれてきて、それがどのように大事かという話に重点が置かれているなと思いました。中でも、面白かったところは、テロの時代と平和主義というところで、9・11のテロの首謀者が実はドイツの学生生活で思想を身に着けてしまったという、リベラル・デモクラシーを全部どこにでも輸出すればいいというわけではないというところが、今のニュースとかを見ていても何か刺激されるところだったと思いました。

長谷部先生は、先ほど福祉国家の誕生について説明されました。けれど、今は、例えばアメリカや日本は、完全な市場国家というものに変貌しつつあると言えると思うんです。アメリカでも軍隊もあるけど、直接戦う兵士としての業務以外は民間軍事会社に任せていたりしています。そういうふうに福祉の向上とか文化的な一体感よりも、機会の平等とか選択肢の多様性が重視されていく。そうすると、戦争の形も変わってくるし、憲法の形も変わってくると思うのですが、この変わってきていることを、長谷部先生はどう考えていらっしゃるのでしょうか。

長谷部　どうもありがとうございます。私は予言者ではないので、先のことは分からないのですが。でも、ただご指摘のような大きな流れがあると私も考えています。ただ、この大きな流れは、世界全体で同時に進行するわけではなくて、世界のある部分では、例えば典型はヨーロッパですが、市場国家化がより先鋭化していると思います。フィリップ・バビットさんは市場国家というふうに言うのですが、ポストモダン国家と言う人もいます。ポスト近代国家ですね。国境の持っている意味が小さくなっていく。自由に国境を越えて、ものとか人とかサービスが自由に行き来をする。そこでは、今までのように国境があることを前提にして、兵力を対峙させて安全を保障するのではなくて、相互監視と相互透明性、相互にツーカーという状況を進めていくことで、お互い戦争してもしょうがないじゃないかと、そういう気にみんなをさせることが安全保障につながるというのが、現在ヨーロッパで進んでいる状況です。

ただ、それが今アジアで起こっているかというと、これはご存じの通り、簡単にはそういうことは起こっていない。むしろ現在の東アジアは、二〇世紀初めのヨーロッパの状況に似ているのではないかと言われます。日本ももちろん、条件さえ整えばそういうポストモダン国家とか、市場国家の方向に進んでいくはずのものではあります。そのポテンシャルを持っているはずですが、そうなる条件が整っていないのではないかと考えています。

高橋 これで僕も気になったのですが、つまりそうやって進んでいくと、公私の関係でいうと、「私」の役割が増えていくんじゃないでしょうか。全部市場化されていくわけですからね。その場合、公の役割が減っていくとすると、憲法の意味が変わっていくかどうかということなんですね。なぜなら、憲法はある意味で公の部分を代表しているわけだから。つまり、全部市場に任せたら、極端に言えば憲法はいらないということにはならないのですか。

長谷部　マルクスが想定していたのは、そういう状況だったかもしれない。国家死滅論です。ただ、マルクスはご存じの通り、彼は下部構造とは言っていなくて、現実の土台と言っていますが、それが変化することで結果として、イデオロギー的な対立とか宗教的な対立とか価値観の対立はなくなると予測したのですが、私はそれはなくならないと思います。人間の本性はマルクスが言うように根本的に変革されることはない。そういう意味では、私はペシミスティックな人間です。根本的な価値観の対立は残るでしょう。価値観やイデオロギーの対立が残っているにもかかわらず、人々がそれでも公平な形で共存出来るような社会生活の枠組みを維持していく。再生産していくという、そういう意味での公の役割は、なくならないと思います。

帝国から国家へ

高橋　では次の質問に行きましょう。

学生　まず、本の感想です。私は、憲法についての本を初めて読みました。最近、同じ世代の中に憲法をすごく意識している人が多いので、取り残されている気がしていたのですが、これをきっかけに勉強して、自分の意見を言うことが出来るようになったんです。ありがとうございました。

質問ですが、戦争は国家と国家の争いで、相手国の社会契約への攻撃だというお話があったのですが、素人の私からすると、戦争ってやっぱり相手国の領土とか、それを取り上げたくてやっているのではないかと思ってしまいます。社会契約への攻撃という考え方は一般的に言われていることなのか、それとも長谷部先生の独自の考え方なのかをお聞きしたいです。それから、あと、今ふと思ったのは、どうして他国の社会契約がそんなに気になるのか、ということです。自分の国の社会契約にすごく自信があって、それを広めていくのだとしたら、その模範となる国が増えるとありがたみがなくなるのではないかと思って。どうしてそんなに他の国の社会契約が気になるのでしょうか。

長谷部 後の方がより深刻な問題で、それはなぜ自分と違う宗教の存在が気になるのかという問題に似ている。自分が信じる宗教が正しい宗教、正しい信仰である。全人類が信じるべき信仰であることを私は分かっているのだと。そうでない信仰を持っている人たちは要するに正しくない信仰を持っている人たちだということですね。正しい信仰はただ一つのはずですから、そうではない信仰を奉じている人は、間違っているわけです。間違っている人たちは、肉体を滅ぼしてでも、その人たちの魂を救ってあげることがその人自身のためになるのだということで、宗教戦争が起こる。
戦争を起こすことによって、相手の国の社会契約を破壊しようとすること、そして、自分たちと同じ社会契約になってもらおうというのは、基本的なところで働いている心理的なメカニズムは、宗教戦争と同じ点があると私は思います。世の中いろいろな人たちがいて、いろいろな生き方があるのだから、自分たちによほど迷惑が掛からない限り、お互いに尊重し合おうという冷静な考え方をみんながするようになれば、戦争が起こる確率は低くなってくると思いますが、なかなかそう冷静になれない。

それから前のお話ですが、あそこの国の領土が欲しいとか、あるいは賠償金が欲しいというのは、本当に理由になっているのかなと思います。それがあたかも目的であるかのような形で戦争をした国家が昔はあったというのはおっしゃる通りです。ただ、近代国民国家という枠組みになってくると、それは難しくなってくる。なぜかというと、それ以前は、君主は君主、臣民は臣民と分かれていました。フランス革命以前の君主は勝手に君主として戦争をする。臣民は勝手にその辺で生活するというのであれば、戦争に負けたら、これだけ領地と臣民をあげますから勘弁してくださいという話で済むのですが、国民国家になって我々全員がこの国家とその憲法を守るためにみんなで戦うということになる。相手の国もそうだとすると、どちらが勝ったとしてもこの土地をくれ、それでことをおさめようという話には簡単にはならない。それを言おうとすると、そこはもともと我々のところだと。そこに住んでいる人たちも、もともとは我々と同じ国民なのだという理屈を立てないと難しくなります。さっき出てきた普仏戦争の時は、ドイツは、アルザス・ロレーヌはもともとドイツの領土で、そこに現に住んでいる人も、もともとドイツ人であるはずだという話、そういう物語を作ることで割譲しろという話になったわけです。

領土の割譲で戦争の決着を付けるのは、少なくとも一方が帝国で、国民として統一されているということを原理的なイデオロギーとして国家を運営しているわけではないと難しいということになる。日本が清に戦争で勝って、台湾をくださいと言えるのも、清が帝国だったからです。日本が第二次大戦で負けて、北海道・本州・四国・九州以外は日本の領土ではありませんと言わされても文句が言えないのは、日本が完全な国民国家ではなくて帝国だったからです。

高橋 要するに、今は、どこも国民国家なので、その単位で考えると、国民国家がそれ以外の国民国家に手を出すのは、無理だということですね、ロジックとしては。帝国でない国はなかなかそういう話には乗れないということですね。

長谷部 あり得ないわけではないのですが、無理がある。ですから、領土はここまでが限界というこことになると、その外側にいた国民は内側に戻ってきてくださいという話になる。ドイツは戦後そういうことが起こったわけですね。で、それが本当にいいことだったのかどうかという問題はいまだに残っている。

愛国者の反対概念

高橋　では、次に行きましょう。

学生　この本を読んでの私の感想は、今まで憲法に関することというのは、ニュース、もしくはテレビのドキュメンタリーとか特番、もしくは歴史の授業ぐらいでしか知らなくて。歴史の変遷に沿って今のことを考えた本というのは初めて読みました。初めてだったのでかなり難しく感じたのですが、その中で納得がいかないというか、疑問に思うところが大きく二つありました。まず一つが、戦争に訴えても守るべきなのは、あくまで憲法によって構成された政治体としての国家であり、背後にある裸の国土や人々の生活が対象なのではないと書かれていたことです。つまり、私たち一人ひとりは守られる対象ではないということになると思うのですが、さっきのお話でも、頭の中にしかないフィクションとして、社会契約論を説明されていました。でも、そんなことを、直接私たちにいま言われても、例えば、政治家とかに言われても納得出来ないんです。その場合、どういう説明をしていくのか。国民をどう納得させていくのか。その理論が正しいとした場合、それをどうみんなに納得させていくのか。
それから、もし、成立した憲法を守るのが憲法学者だという考え方があるのなら、例えば普遍的な人権を制限するような、グッと小さくしてしまうような形に、憲法が改正されてしまった場合、憲法学者として、長谷部さんはどうするのか。あるいは、憲法学者じゃない長谷部恭男としては、どうするのかを知りたいです。

長谷部 最初のご質問ですが、要するに愛国の反対概念は何なんだという話です。何だと思いますか？ 私は愛国者です、の反対は？

学生 愛国者ではないということですよね。敵国……。

長谷部 近い。反逆者ですね。愛国者の反対概念は反逆者。反逆者は、別に自分の同胞が嫌いとか、富士山が嫌いとか、利根川なんか大嫌いとか、そういう人のことを言っているんじゃなくて、現在の政治体制が気にくわないというのが反逆者です。一方、愛国というのは、現在の政治体制が正しい、今のような生き方や暮らし方を可能にし、支えている体制にコミットするという立場です。戦前の日本で申しますと、天皇陛下万歳というのが愛国者。それは、富士山が綺麗とか、利根川の水辺の暮らしがとても私は気に入っているっていうのとは全然レベルの違う話です。とはいっても、なかなか実感としてどうか届いてこないということなんですが、すいません。取りあえずそんなところで。

二番目の話ですが、仮想の説明だと考えていまして、私はそこまでペシミスティックではなくて、そんな憲法改正、簡単には通らないだろうと思っています。仮にそういう憲法改正が通ることが起こったとすると、今の日本とは相当違った社会になるだろう。そこまでおかしな社会になってしまったとすると、私はその時この日本に住んでいるか分からないですね。

高橋　ということは、憲法学者としてすることはないということですか。

長谷部　例えばですね、いや、まだ元に戻せるかもしれないという可能性を信じて、とにかく踏みとどまって頑張るということはあり得る。

高橋　反対運動をやっているかもしれないということですね。

長谷部　例えばかつてソ連の時代にも、サハロフとかいろいろな人が亡命せずにとどまって、政府と対決しました。いかにおかしな政治体制であろうと、国内にとどまって声を上げ続けるというそういう態度はもちろんあり得ます。ただ、ソ連が成立したロシア革命の時に、これはやっていられないという人はどんどん国外に逃げていったわけですね。そういう生き方が、人間のあり方として間違っているとは思わない。ドイツがナチスの支配下に入った時、そのナチスの支配下で反対の声を上げ続けるとなると、強制収容所に送られてしまいますからね。非常に難しい。だから、イギリスに逃げるとか、アメリカに逃げるという選択をした人がたくさんいたわけです。この本で紹介したレオ・シュトラウスもそうですし、少なからざる人がそういった選択をしていますから。日本がそうならないように願うだけですね。

高橋　旧ソ連のように踏みとどまるか、ナチス下のように亡命するか。

長谷部　それを決断しないといけない。

憲法の敵？

高橋　その前に長谷部さんは捕まっているかもしれないわけですね。ちょっと、僕も質問していいですか。多分、みんな、なかなかすっきりしないと思うのは、長谷部先生が、ざっくり言って憲法が国なのだという言い方をされるからですね。さっきの説明で、政治体制を愛しているから愛国者というのは分かるんです。でも、その人たちは憲法を別に愛していないだろうと思うんですが。

長谷部　憲法を愛しているということなんです。ええ。そこで言う憲法って、ポリテイア(politeia)という意味での憲法ですから。

高橋　政治体制全部のことを憲法だと言うんですか？　それって拡大解釈じゃないんですか。
長谷部　いや、憲法、つまりconstitutionの本来の意味はそれです。
高橋　そうなんですか。
長谷部　そうです。高橋先生がおっしゃるのは、憲法典。
高橋　憲法典と、それから憲法による体制がある。要するに、政治体制全部が憲法による体制だと考えるということですね、長谷部さんは。
長谷部　はい。日本にも破壊活動防止法とか内乱罪の規定とかがありますが、どこの国にも今のこの政治体制を守るための仕掛け、制度的な仕掛けというのはあります。それで守ろうとしているのは、現在の政治体制。
高橋　それは憲法の中に書きこまれているものなんですね。
長谷部　憲法の基本原理を守ろうとしている。例えば、ドイツに関して戦う民主制、Militant Democracyということが言われますが、それも、憲法の基本原理を守る政治体制だと言ってるわけです。憲法の敵には自由は与えない。ですから、ナチスと共産主義には自由は与えない。それでドイツの憲法裁判所は結社禁止の命令を出したわけです。ドイツの憲法が定める自由で民主的な基本秩序を守るというなら、あなた方にもこの憲法が保障している権利と自由を認めましょうと。そうでないなら駄目ですと、そういうことを言っている。

日本は、戦う民主制ではないという見方があります。ですが、私は日本もそうだろうと思っています。そうでないと、憲法改正そのものに限界があるということにならない。限界があるというのが現代の憲法学界の通説です。憲法改正に限界があるという考え方は、やはり戦う民主制に基づいている。憲法は憲法の敵に、本当には憲法の保障する自由や権利を認めていないはずだという考え方とつながっているとしか考えられない。

高橋　そのことは、別に憲法には書きこまれていないですよね。

長谷部　憲法自体に、この憲法を否定しようとするものには、この憲法の保障する自由と権利を認めないとは書いていないですね。

高橋　という考え方を採っている憲法もあるということですか。

長谷部　私は、現在の日本国憲法もそういう考え方を採っているのではないかと思います。ちなみに、この戦う民主制という考え方自体は、この本の中に出てくるカール・シュミットというドイツの憲法学者が定式化したものの考え方です。

高橋　憲法っていうものが、ある種実体化されたものが国ということなんでしょうか。でも、実体化という言葉は正しくないですね。だって、国は見えないものですから。とにかく、憲法に基づいての秩序、これが国で、そういう意味で、逆に、国は憲法だということなんですね。さっき、戦う民主制という考えの中では、その憲法を否定するものはこの憲法の保護下にはないことになる、そういう条項・法律は備えているという話をされました。

例えば、破壊活動防止法も本質的にはそうだと思うのですが、制定時には、ものすごい反対運動があったわけです。そこで、ちょうどいい機会なので、特定秘密保護法のことを考えてみたいと思います。つまり、破壊活動防止法は、さっきの憲法の原理から言って、長谷部さん的に言うと、まさに必要な法律だということになります。けれど、制定時、反対があったのは、これはそもそも結社の自由をある意味無制限に制約してしまえる法律の条文ということになってきて、それを恣意的に解釈することが可能になってしまう。この法律だと、公的な機関が、おまえはアウトだよって認定すれば、結社の自由も制限出来ることになる。だから、憲法の根幹に関わるのではないかということで反対運動が起こったわけです。ある意味で憲法の根幹をなすような重要な法律であるのに、憲法の根幹に関わるような瑕疵があるということだったと思うのですが。この辺は現行の破壊活動防止法を含めてどうお考えですか。

長谷部　破壊活動防止法について申し上げますと、どんな制度もそういうところがあるのですが、どういう運用の仕方をされている制度なのかという点で、真価が発揮される。破壊活動防止法による結社禁止は、オウム真理教の後継団体についてさえ適用はないということでした。正確な経緯が思い出せないのですが、一九九七年一月の最初の決定の時か、あるいは別のオウム対策に関する法律の施行についての決定だったのか忘れましたが、公安審査委員会という機関が判断をするのですが。実は私の配偶者は公安審査委員会の委員だったんですが、とにかく、破防法を発動するのはたいへん難しい。というか、発動されることはなかなか考えにくいと私は思っています。

地下鉄サリン事件という大規模テロを起こしても、その後継団体には発動されないわけですから。まあ乱用されることは多分ないだろうと思っています。

高橋 実は破壊活動防止法が適用された例はあります。例えば一九六九年四月二八日、中核派の政治集会で首都制圧っていう発言があって、その後、破壊活動防止法が掛かったんですが、僕はその集会にたまたまいました（笑）。首都を制圧するぞとか言っているけど、こんなことを言っていると破防法が掛かったりしてって、みんなでしゃべっていたら、本当に掛かっちゃったんです。実際には、そう発言しただけなんですよね。まあ、一種の景気づけの大言壮語みたいなものだと思うんですが、それでも発動された。だから、僕は、実はちょっと危ないんじゃないかと思っているんです。

長谷部　おっしゃる通り、煽動罪が適用されました。私が言ったのは結社禁止の話です。煽動罪についてはおっしゃる通り。ただ、煽動罪が発動されたその例は、本当に危ないことが起きた時ですよね。申し訳ないですけど。

高橋　そんなに危険だとは思えなかったんですが。

長谷部　ただ、乱用例だとはなかなか申し上げにくいところがあります。

高橋　わかりました、この問題については、後ほど、飲み会で伺います(笑)。

もう一つ、僕は、長谷部さんはすごくロジカルな方だと思って大変尊敬しているのですが、最初に長谷部さんをすごいなと思ったのは、特定秘密保護法案に賛成だとおっしゃっていた時です。たしか、法学者も多くは反対していたと思います。僕も反対だったんですが、でも、長谷部さんの、賛成のロジックが堂々としていて、納得しちゃったわけです(笑)。というわけで、当時、特定秘密保護法案に反対する学生の運動、SASPL《サスプル》(Students Against Secret Protection Law)を作った学生も出席しているので、彼からも質問があると思います。僕は、あの時なぜ長谷部さんは賛成なんだろうと思いました。でも、その論理は、この破防法でも一緒ですよね。つまり、現行の憲法秩序にとってその法律が、有益か、それとも害するものかという一点で判断された。長谷部さんは、この法律は有益だという判断をして賛成をされたということですね。

長谷部　それは一つの理由です。もう一つの理由はですね、この特定秘密保護法制についての非常に強い批判の一つは、身辺調査の仕組みです。特定秘密を扱える人間かどうかということを審査するために、身辺調査をやることにした。どういう人たちと付き合っているかとか。それこそプライバシーに関わるようなことまで調査をするということになっているのがけしからんという話です。ただ、これは今までも事実上はやってきている。やはり必要性があるからやっているわけです。法律がないと、あなたは資格がありませんと外される時に何も言えない。何の法律の根拠もなくプライバシーを調査されることになってしまう。それは、法治国家として問題があると思います。やはりやるならきちんとした法制度に載せて、この理由ではじかれましたと言わなきゃならない。私は不服ですという人はきちんと不服が申し立てられるようにしないといけない。そのためにはきちんとした法制度を作らないといけない。法治国家たるものそうであるべきだというのがもう一つの理由です。

高橋　というわけで、元SASPLのOK＊＊君どうですか？

学生　元SASPLで、今はSEALDsという団体をやっているOK＊＊です。特定秘密保護法のことを勉強している時によく思ったんですが、その後おっしゃっていたことも読んだ上で、さらに思ったことがあります。法に記載されていた方がいいのかということで、つまり空白な部分があるということですよね。例えば情報の管理においても、今までも隠したりなくしたりということがあった。けれど、特定秘密保護法という法の枠組みが出来ることで、きちんと管理されたり、身辺調査についても、ちゃんと法に書いてあるということで、勝手には出来なくなる。むしろ不当逮捕された時も、法があるからこそ不当に逮捕されたってことが分かる。だから、何もないよりはあった方がいいというのは、まあ、間違ってない言い方かもしれません。ですが、今までの日本の情報管理を見ていて、それから、実際にこれまでどう運用されていたかを見ても分かるんですが、あの内容の法律じゃなくても良かったんじゃないかと思うわけです。つまり、もっとより良い内容の法律があったんじゃないか。例えばさっきの身辺調査のことですが、もともとの民主党案の方がましだったと思います。あと、何年まで保管するかということでも、あまりにも長すぎないか。情報のチェックっていうところで、何を特定秘密にするかというところでも、せっかく国際政治の舞台の中で情報の管理をどうするかということがあれだけ、アメリカでもどこでも情報を逆に管理しすぎて問題になっていることがある中で、現行の特定秘密保護法の内容というのは、果たしてそんなにレベルが高いものなのか。

確かにないよりあった方が良かったのかもしれないけど、もうちょっといいものがあったのではないか。それが根本的な疑問です。

それから、もう一つ、現政権を見ていると、これをどのようにして使おうとしているかが心配です。実際、現政権は、特定秘密保護法だけじゃなく、憲法解釈を恣意的にやろうとしている。そういう政権に、あんな法律を作らせるのは危険じゃないか、と思うんですが、どう思われますか。

長谷部　後の方のご質問から言うと、危ない政権だから心配ということですね。私も危ないと思います。でも、いつまでも安倍政権ではないですから。そういう話だと思います。前のご質問については、これはもちろん一〇〇パーセント完璧な法制はない。そこは原理的にこんなものは全くまかり成らぬというわけではないのであって。これは不完全だ、もう少し改善の余地があるかと言うと、まあ直していくということは十分あり得るだろうということです。その点に関しては、私はOK＊＊さんとそんなに意見が違うとは思わないです。

ただ、もう一つ、これは原理的な話になるかもしれませんが、この問題に関しては、日本のマスメディアの方々の対応を見ると、心配だ、心配だとおっしゃる。まあ心配なんでしょう。ただ、塀の外側から心配だ、心配だ、何か変なことをやっているんじゃないかと言っていても、はっきり言ってらちがあかない。実際に確たる情報というブツが手元にないと勝負にならないんですよ。制度はあるとして、そうした情報が手に入りにくくなるのかもしれないですけれども、とにかく中から外に政府がおかしいことをやっているという情報が出てくるようなルートを自分で開発するなり、作るなりしないといけない。手元に情報がないのに、ないところで、外側で心配だ、心配だと言っているだけでは解決になりません。あの当時、外国のメディアの人にも私はインタビューを受けました。そこで、外国のメディアの人たちは、心配だと言うんですよ。いや、あなたたちの国にも同じような法律はあるでしょうと言ったのですが、いや、我々は日本のメディアが信用出来ないのだと言うわけです。政府の言いなりになるのではないかと。外国のメディアのようにアグレッシブに取材活動をしないじゃないか、日本のメディアは、と言われて、だから心配だと。なめられていたら駄目です。

安保法制の時でもそうでしたが、特定の政党のところにはいろいろ情報が流れてきたでしょ。そういう信用があるところと、ないところがあるので、それはやはり一つひとつそういう事例や経験を積み重ねていくしかないだろうと私は思います。それは制度の問題というよりは、メディアも含めた日本の各部分。各組織がどういう態度と思いで対峙をしていくのかという話ではないかと思っています。

学生　いかに運用をされるかを気にするのは、どちらかというと政治学というか、法で担保するというよりも、社会の能力であって、それが重要であると言われると、確かにそうだなと思います。だからこそ僕は、情報提供をしたこともないし、デモなんてしたこともないし、情報に関する問題なんかと関係なかったから、自分で考えようと思ったんです。まあ、法学的な考え方は、一般的な考え方とは違うロジックなのかなと思ったりするのですが。法制度というよりも、社会の能力の方が大切だ、とか。

ただ、長谷部先生もおっしゃるように、今社会がこういう状況にあって、政府が憲法をどんどん恣意的に解釈するような時代に、どう運用されるかは心配です。もっと良くなるというか、社会的にメディアも強くなって、世間ももうちょっとまともになるということはあり得るとは思うのですが、そうとも言い切れない。でも、大切なのは社会の能力だとおっしゃるなら、今の現状を見て、情報公開だったり、情報に対する態度に関して、例えば「報道の自由」のランキングでもずいぶん下がって、今は世界で六〇位台になった。そんな状況の中であの法が出来るということで、懸念はなかったのでしょうか。

長谷部　ご存じだと思いますが、民主党政権の時にこの法制の基本的な枠組みを作った時の報告書の中にも懸念があるということは書いています。懸念はあるのですが、ただ、同じことを繰り返しますが、塀の外側から心配だと言っていてもしょうがない。情報が出てくるルートをちゃんと作らないといけないという話です。

学生　そうなると特定秘密保護法はどちらかというと情報の保護だと思うのですが、例えば情報公開に関しては、今の制度で問題はないのでしょうか。

長谷部　一〇〇パーセント完璧なものではないというのは、おっしゃる通りだと思います。ただ、おまえは甘いぞと言われるかもしれませんが、日本のお役人というのは、わりときちんとしている。少なくとも他の国に比べると。私は日本について役人性悪説は採っておりません。何か法制度を作ったら、基本的にはその通りにやるものです。信じられないぐらいきっちりと。これは日本人の特性かもしれません。例えば第二次大戦中だって、東京や神戸で米軍の空爆が始まっていてもちゃんと衆議院総選挙はやっていますからね。選挙なんかやっている場合かということなのですが、でもやるんですよ。これは例えば今度、憲法改正って緊急事態だから選挙を延ばさなきゃっていう話をしたりする人がいますが、何かあっても延ばさないと思います、日本の役人は。それほど杓子定規って言うんですか。きっちり制度的なことを役人は守ります。

学生　僕が懸念しているのは、逆にきっちりする日本人の性格なんですね。例えば、第二次世界大戦が終わった時、情報書類などを全部燃やしてしまったわけです。実際に今、情報の管理というのも、残っている書類についてはあるかもしれないけれども、今もかたくなに日本政府ってイラク戦争が正しかったかどうか言わないですよね。

長谷部　それはしょうがないところがあります。イギリス政府でさえ、イラク戦争を検証するチルコット委員会のレポートがまだ出ない(二〇一六年七月六日に公表された)。イギリスがまだ言っていないのに、日本が先にというわけにいかないと思います。

学生　つまり、アメリカでは情報公開されていて、その中に、日本に関する書類がたくさんあるのに、日本では出ていないということってあると思うんです。それって全く意味のないところで隠しているんじゃないか。あとは毎日新聞の元記者の方で、情報漏洩をさせた西山事件ってありましたね。あの判決の最後に、結局その書類は確かに存在したけれども、職員が持って帰って焼却しましたと書いてあります。それを見てもこの法制度の中で十分うまく管理されていると思われますか？

長谷部　私が申し上げたのは、一〇〇パーセントいつも完璧だという話ではないです。西山記者事件について言えば、あの事件そのものはそんなに簡単な事件ではありません。しかも具体的に何が起こったのか、私も逐一分かっているわけではないので、なかなか何とも申し上げられないところではあります。一般論として言えば、日本の役人っていうのは、そんなに悪いことをいつも考えている人たちの集団ではないです。そこは別に疑心暗鬼になるようなことではないと思います。

学生　では、いろいろな細かいところはまだ問題があるかもしれないけれど、より良くするために変えていくことがあれば賛成ですか。

長谷部　それは具体の内容によりますね。

学生　より情報公開の精度が上がるとか、もっとメディアが頑張れというのはあるかもしれませんよね、制度的に。

長谷部　制度的にもし改善の余地があるのであれば、それは考えるということですけれども。ただこの情報の問題について申し上げると、さっきと同じことになりますが、結局手元にブツがない限りは勝負にならないです。制度をいじっただけでは何ともならないところがあります。

学生　じゃあ社会側の問題だと。

長谷部　そこは、外国のメディアに、日本のメディアは駄目ですよと言われているようでは駄目だと思います。

高橋　ＯＫ＊＊君対長谷部さんの対論、なかなか面白かったですね（笑）。ところで、もう四限が終わりなので、一〇分ほど休憩にします。ここからは、別な講義の時間で、一年生が入ってきますので、みなさん、ちょっと詰めてください。それでは、少し後でね。

＊

憲法九条の解釈をめぐって

高橋　さて、後半を始めましょう。今回は一年生の諸君にも、『憲法とは何か』を読んできてもらっています。では、ゼミ長のＳ＊＊君。

学生　まず本の感想です。前の二人の質問者も言っていたのですが、僕も正直な話を言うと、憲法の本を読むという機会はこれまでなくて、逆にこの本のおかげで、憲法に興味を持てたというか、取りあえずきちんと考えてみようと思うようになりました。で、読んでいくうちに、憲法については素人なのでよく分からないのですが、なんだか、すっかり説得されて、どんどん吸い込まれていくような感じになりました。

高橋　まずいね(笑)。

学生　はい。困ります(笑)。ちょっと宗教じみて、吸い込まれていくような印象を受けました。ということで、質問に行かせてください。

七二ページの四行目のところです。これは憲法九条についてなんですが、「国民の生命・財産の保護という社会全体の利益の実現の如何とはかかわりなく、特定の価値観を全国民に押しつけるものと考えざるをえない」と長谷部先生は断言していますね。これは、要するに、憲法九条って立憲主義に反しているってことですか、という質問です。もし反しているなら、なぜ改正されないのですかということも疑問です。あと、これは少しちがう話題なんですが、長谷部先生が出された新しい本(『検証・安保法案――どこが憲法違反か』有斐閣、二〇一五年)、この帯に、「われわれの憲法、われわれの9条を、守るべきときが来た。」と書いてあるんですが、これって、『憲法とは何か』を書かれた時とは意見が変わったのかなと疑問を持ったのですが。

長谷部 なるほど。おっしゃることは分かるような気がします。特定の価値観を押しつけているという点では、立憲主義に反しているというのはおっしゃる通りです。憲法九条のその解釈は、という話です。

最初からやった方がいいのかな。解釈という言葉もいろいろな意味で使われて、英語にするとinterpretation。およそあるテクストの意味を理解する活動一般を指して解釈という言い方をすることもありますが、少なくとも法律学者が解釈と言う時には、そういう意味では使いません。テクストは、普通は法令のテクストを読むとその通りに受け取ればいいものです。つまり解釈の必要がない。あらゆるテクストについて解釈が必要だということになると、解釈の結果もテクストなので、そのテクストを理解するためにはまた解釈が必要になって、その結果もまたテクストですから。その意味を理解するためにまた解釈。これはどんどん先に遠ざかってしまって、いつまでたってもテクストの意味は分からないままだということを、ウィトゲンシュタインが『哲学探究』の中で言っています。

つまり、解釈が必要なのは例外的な場合です。例外的というのは、どういう場合か。例えばですが、テクストが二つあるとします。テクストAとBがあって、これが衝突する。じゃあこれはどうすればいいのかという場合には、解釈が必要になります。全体を考え合わせた上で、どう考えればいいのでしょうと。どういうふうに全体を意味付けていけばいいのでしょうかということになります。

憲法九条の場合に問題なのは、テクストの言葉通りの意味はあるわけです。言葉通りの意味をそのままに受け取りますと、ご指摘の通り、日本国憲法の根幹にあるはずの立憲主義とどう考えても両立しない。だとすると、ここで解釈が必要になる。

高橋　先生すいません。そのあたりを説明してもらえますか。長谷部理論の核心ですよね。

長谷部　日本国憲法の根本原理としての立憲主義はどういうものかというと、まず世の中にはいろいろな価値観、いろいろな世界観を持っている人が事実としています。どんな社会にも。そうした価値観・世界観はお互いに衝突します。しばしば激しく衝突します。要するに全ての価値観がみんな同時に正しいということはないんですね。ところが、その価値観や世界観は、それぞれの人にとってはとても大事なものですので、そのまま放っておくと、殺し合いになるということも、これまたしばしば起こりました。

そうならないように、例えば宗教戦争にならないようにということで、日本国憲法もそうですが、立憲主義という立場を採って、公の問題と私の問題を分けましょうということになった。で、私の問題の方にそれぞれの価値観の問題を隔離するわけです。典型的には、何が正しい宗教なのかです。これはそれぞれの人が自分で自由に決める問題、選択するべき問題であるとした。そして、その自由は保障をする。で、それぞれ自分で正しいと思う宗教を信じる。あるいは自分の仲間と一緒にその宗教を奉じて生きる。そういう自由が保障されているわけですね。これは日本国憲法の下でもそうです。

それと別の社会全体の利益に関わる公の問題があります。例えば教育制度をどう作っていくのかとかですね。あるいはもう少し卑近な例だと、どこに空港を作るのか、どこに新幹線を通すのかとかそういった問題です。そういった問題をそれぞれの世界観で決められてしまいますと、社会全体に利害が及ぶものですから、深刻な問題になってしまいます。私の世界における多様な相衝突する世界観の問題や対立が、社会全体の利益に関わる問題の中に持ち込まれてしまうことになりますから、そうしないことにしようと決めたわけです。どんな世界観・価値観を持っている人であっても、人間として人間らしい社会生活を送るためには、これはやっぱり大体必要だと思うでしょう？　それをみんなで冷静に話し合って考えて決めましょうと。最後は多数決で決めることもあるでしょうけれども、そういう問題の切り分けをしているということです。

先ほどの話ですが、憲法九条は、特に第二項を文字通り普通の日本語として受け取りますと、今の自衛隊は憲法違反です。自衛のための武力を持ってはいけません。外国に武力で攻撃されたら、そのまま攻撃され放題ということを言っているかのように見えますね。それで本当にいいのかということです。ただ、国家は最低限やるべきことがあります。それは国民の生命と財産を守るということでして、それをやらない国家というのを私は聞いたことがないですね。国家である以上、そうした任務は最低限果たすべきで、それはなぜかというと、そこに住んでいる人、社会全体の利益に関わっている問題だからです。

それなのに、実力で守ることは何があってもしませんという、そういう決断が仮に正当化出来る、支える理由付けがあるとすると、それはそういう生き方が人としての唯一正しい生き方だからという、そういう想定しかあり得ないのではないかと私は考えるわけです。それはまさに特定の価値観・世界観を、そういう価値観を信じない人も含めて、全ての国民に押しつけていることになるのではないかということで、そうだとすると、ここはテクストの解釈が必要だということになる。普通の日本語の意味通りにこのテクストを受け取ると、日本国憲法の根本にあるはずの立憲主義と衝突をする結論になってしまうから。そこで、憲法九条をどう解釈するかということになります。

解釈が必要になってくる条文は、憲法九条だけではありません。憲法の第三章の、「国民の権利及び義務」に並んでいる条項は大体そうです。例えば憲法二一条。表現の自由を保障すると。全てこれを保障すると言っている条文ですが、表現の自由を保障するのだと書いてある。全て保障するのだと。日本語の普通の言葉通りに読むと、だとすると人の名誉を毀損するのもやり放題。わいせつ表現もし放題。人のプライバシーも暴き放題ということに本当になっているのか。そうはなっていないわけです。わいせつ表現は罰するぞと。わいせつ物を頒布した時には罰するぞという刑法の条文があります。名誉毀損表現をすると不法行為だということで賠償金を取られます。プライバシー侵害も同じことです。だからといって憲法違反だとは言われていない。憲法違反だと言われないのは、これはテクスト通り、普通の日本語の意味通りには理解すべきではなく、解釈が必要なのだということをみんな分かっているからです。

表現の自由を保障するからといって、他人の権利や自由を侵害するような表現行為まで認められているわけではないというふうに考えていかないと、少なくとも我々の良識に即した結論に到達出来ない。それと同じことが憲法九条についても言えるであろうと。これは私がそう言っているという話です。個別的自衛権はあるはずです。他国による日本への急迫不正な侵害があった時に、他に何の手段もないという時には、必要最小限においては実力をもってその急迫不正の侵害に対して対処することが出来ないとすると、おかしいのではないかというのが私の考え方です。そういう解釈が必要になってくるのではないかということです。

高橋　これは要するに、長谷部さんの考えでは、このままでは、憲法九条は特定の価値観を押しつけることになってしまう、ということですね。つまり、これは解釈しないでということだと思うんですが。今までは、そういう意見が多かったんですか?

長谷部　憲法学者の中には、日本語の普通の言葉の意味通りに受け取るべきだと言っている人たちが結構います。そういう人たちは、実は解釈をしていない。とにかく普通の日本語の言葉の意味通りで受け取れば、それでいいのだと。ですから、自衛隊は憲法違反ですということなのですが。私の考えは先ほど申し上げた通りです。

高橋　ということは、長谷部さんの意見は変わってはいない、ということですか。かつて先生がこの九条を削除しろと言ったけれど。

長谷部　私はそんなこと言っていないですよ。普通の条文の意味通りに実現できないのなら九条を憲法から削除するべきだと言う人もいますが、そういう人たちは、道路交通法や手形・小切手法のような、日々の日常的な活動を規律する法律と憲法の区別が分かっていないのでしょう。

高橋　解釈をしないと、普遍性がなくなってしまう、ということですね。

長谷部　戦力(war potential)と言えるようなものを持つべきではないという、そういう普遍性はあると思います。一項が言っている戦争なんてそもそもすべきではないし、武力の行使だって、これは国連憲章にもそう書いてありますが、武力の行使は原則禁止だと。それは正しい普遍性のある議論だと思います。

高橋　ただ、問題は九条の二項で、戦力はこれを保持しないというのはおかしい。

長谷部　限度があるということです。やりすぎはいけない。

高橋　この前、朝日新聞だったと思うのですが、アンケートの結果が載っていました。憲法学者にアンケートをとったんですね。そしたら、集団的自衛権は九九パーセントの学者が違憲だと答えた。ところが自衛隊はどうかというと、みごとに真っ二つに分かれた。これは、条文に関して、字義通り派と解釈派に分かれたということですね。

長谷部　はい。

高橋　何を解釈するべきかについては、統一したものはないということなのでしょうか。

長谷部　これはそもそも憲法とは一体何かということになると思うのです。憲法は何のために必要かというと、民法とか刑法とか、皆さんが日常生活で触れるはずの、日常生活を支えているはずのいろいろな法令があります。で、普通はそれで十分なんです。そういう法令さえあれば。憲法なんてよく分からないものがなくても。特に憲法の中でも、基本権条項ですよね。国民の権利及び義務に関する条項とか。何のために必要なのかというと、そういう通常の法令通りに裁判所に来た紛争を解決していると、良識に反する結論になってしまう時とか、どう考えてもこれはおかしいという結果になってしまうという時に、初めて出番が来るのが憲法です。

何のために出番があるかというと、良識に戻れというためです。普段は法律・法令の言う通りに行動していてかまわないでしょう。六法全書に書いてある通りに。ところが、中にはその法令の通りに行動していると、世の中で起こる出来事や紛争って多種多様なので、特定の類型の出来事・紛争には、普段は法令通りでうまく行っているけれど、その多種多様なものの中で、何かおかしいと、非常識なんじゃないのかという結論に到達してしまうことがある。だからそうならないように、例外的な場合は良識に戻りなさいと、法令を離れて、自分の頭で考えてくださいい、と言わなきゃならない時がある。ただ法律に従うんじゃなくて、少なくとも裁判する時に自分の頭で考えるところまで戻ってくださいと。

基本権条項に関して良識に戻りなさいと直接言われているのは、裁判官です。裁判官はいつもは法令の通りに裁判をしていればいいのですが、法令の通りにしているととてもおかしくなるという時は、良識に戻れと言っているのが憲法です。良識に戻ってくださいと弁護士が裁判官に言うこともある。

憲法は良識に即した結論に到達出来る、そのための道具として、まずは大体の国で、役割を果たしています。だとすると、憲法九条についても同じでないとおかしい。良識に反する答えで良いのだ、憲法のテクスト通りなのだから、というのは、おかしいのではないかという話です。

学生 すごく納得出来たのですが。

長谷部 本当ですか？

学生 先ほど、先生は、国について、国家について考えている憲法学者はあまりいない、と前の時間でおっしゃっていたじゃないですか。さっきの「解釈をしない」っていうのも、要はそういうことなのかなと僕には思えたんです。で、その「解釈する」のは憲法学者の方々だけなんですか。

長谷部 民法学者も刑法学者も解釈はするし、それは高橋先生のような文学者も同じで、芸術作品っていうのは、大体解釈の対象になることを想定して創作されるものですから。法律とはちょっと違います。文字通りに理解していれば足りるというのは、それは文芸作品にならないですよね。それから憲法学者がなぜ文字通りに理解していればそれでいいではないかというふうに表向き言うのか。表向き言うのかってわざわざ言ったのは、これちょっと一人ひとり伺ってみないと分からないですね。本気でそう思っているのかなと思う人が結構いますね。アンケートに答えろと言われれば、はいそうですと書くでしょうし、あるいは自分の教科書を書けと言われた時にどう書くかと言えば、そういうふうに書くでしょう。でも本当にそう思っているのかというのは、ちょっと聞いてみないと分からない。

高橋 僕もほんとに納得できました。立憲主義と九条がぶつかると、これは解釈しないと無理だよねっていう話だと思って、それは、まあ解釈はある場合には必要だということはよく分かります。けれど、今集団的自衛権の問題が出てきて、その中で、解釈改憲というやり方がやはり問題になっていると思うのですが、その場合の「解釈」と、今おっしゃった、憲法をめぐる「解釈」というのは位相がかなり違うんですか。

長谷部　いわゆる解釈改憲と言われてきたのは、そもそも自衛隊の存在を認めることが解釈改憲だと言われてきたのだと思います。私の見方は、自衛隊の存在を認めることは解釈改憲しているんじゃない。というのは、自衛隊の存在を認めないこと自体が、日本国憲法の基本原理たる立憲主義に反しているから。これこそがまっとうな憲法九条の解釈だと私は思っています。改憲はしていない。日本国憲法の基本原理に忠実に考えているだけで。

高橋　日本国憲法の原理に忠実に言うと、自衛隊は合憲だということになるんですね。

長谷部　合憲だということになる。それと、すいません、ちょっと別のレベルでよく言われるのが、政府は憲法九条の下で、解釈改憲を繰り返すことによって自衛隊の活動範囲を広げてきたと言われることがありますが、これは私は、事実の認識として間違っていると思います。というのは政府は二〇一四年の七月の例の集団的自衛権行使容認の時点に至るまでは、ということですが、解釈は変えていないんですね。個別的自衛権は行使出来ますと。必要最小限度で。集団的自衛権は行使出来ません。集団的自衛権を行使しようと思うなら、憲法を改正しないと出来ないですと。一貫してそう言い続けています。ただ、そうは言っても、自衛隊法の改正とかPKO法とかいろいろ法律を作って、それで自衛隊の活動範囲を広げてきているではないかというふうに受け取られるかもしれません。それは別な理由があります。

別の理由があるというのは、憲法九条があります。憲法九条があるということは、自衛隊の活動範囲の出発点はゼロです。出発点がゼロなので、自衛隊を置きますということについても、自衛隊はこういうことが出来ますということについても、一つひとつポジティブリストで法律を特別に作らないことには自衛隊は活動が出来ない。PKOに行けるか行けないかも含めて。他の国なら別ですよ。他の国には憲法九条がないですから。日本には憲法九条がありますから、出発点がゼロなので、それでPKOに行くことにしましょうとなると、そのための法律を新たに付け加えないといけない。だから、法律は一つひとつポジティブリストで付け加わっています。自衛隊の活動範囲として。でも憲法の解釈としては、個別的自衛権の範囲内でしか武力は行使出来ません。個別的自衛権としての武力の行使しか出来ないのであって、集団的自衛権の行使は出来ませんという外側の枠の解釈は変わっていない。首尾一貫して変わっていません。そういう意味では政府が解釈改憲を今まで繰り返してきたことはないと。

高橋 今回が、いきなりだったわけですね。

長谷部　二〇一四年の七月に、いきなり違うことをしてしまったということです。

高橋　そうなのか！　なんだか、完全に納得しちゃいました(笑)。いや、ほんとに。取りあえず、それは置いておいて、次の質問に行きましょう。

学生　W＊＊といいます。本を読んだ感想は今までテレビとかで見ていても、憲法とか法律とか別世界っていうか、全く興味がなくて。読んだ時も、あ、こうなっているんだ、みたいな感じのことが多かったんです。簡単に言うと難しかったです。

で、質問なのですが、憲法の解釈を担うことになっている内閣法制局という役所があると思うんですけど、そこの役人たちは政府が任命しています。なのに、その人たちへの信頼ってどこから来るのですか。政府が任命していたら、どちらかというと政府寄りの意見に流される人たちなのかなと。

長谷部　おっしゃる通りで、内閣法制局のメンバーも国家公務員ですので、任命するのは政府ですね。厳密に言うと、内閣が直接に任命するのは長官だけで、その他の職員は長官が任免しますが。ただ、同じようなことは、例えば日本国憲法の条文をごらんいただきますと、裁判所の裁判官もそうです。下級裁判所の裁判官は、内閣が任命することになっています。元になるリストは最高裁が作るのですが。で、最高裁の裁判官も内閣が任命するとなっている。だからといって、裁判所の裁判官が政府寄りのことを言うのかというと必ずしもそうではない、他の国もそうです。

じゃあ、なぜそういうことになるのかということですが、それはやはり法律の専門家だからというのが一言で言うと答えになるだろうと思います。法律の専門家としての素養と矜持を備えていて、まあ内閣法制局なりの伝統というのか、お家芸がいろいろあって、それを代々伝承してきています。そして、その枠内で答えを出してくれるだろうし、法律の専門家である以上、法律専門家としての大体のコンセンサスというのがありますので、その専門家としてのコンセンサスを外れるようなことはしないだろうという、そういう期待があって、今までは大体それ通りに行動していたんですが、そうでないことを二〇一四年の七月にやってしまった。困ったことだなという話ですね。

高橋　今は困っていると。

長谷部　はい。困ったものだなと思っています。

高橋　次の質問です。

学生 T＊＊と申します。本を読んだ感想なのですが、いろいろ発見がありました。例えば、僕が普通、中学校とかで教わっている知識で、多数決にしても、そのままなんとなく正しいのだろう、とそのまま受け止めていたんですが、なぜ多数決なのかというのがロジカルに説明・解説されていて、自分が今までなんとなく思っていた知識が固まるような感覚があって、ここからいろいろ考えることが出来るかなと思ってすごく勉強になりました。

そこで質問です。国家とは何かというと、それは憲法だというお話があったと思うのですが、さらに進んで、憲法というのは何かというと、憲法の専門家が紡ぎ出したものだという話があって、だとすると、その国家というものは、言うなれば憲法学者が支えているというか、根幹にあるのかなと思いました。もっと思ったのは、憲法というものの根本は、「良識に戻れ」ということにある、というお話があったのですが、果たして、憲法の専門家に本当に良識がちゃんとあるのかと思ったんです。本当に信頼が置けるのかがちょっと疑問なんです。そこで僕が確認したいのは、憲法学者の方々の役割ってどこまで及ぶべきなのかということと、もっと言うと、そのような話し合いの時に憲法の専門家の方々の中で意見がまとまらない時にはどのようにすべきかという点について、長谷部さんの回答をお聞きしたいです。

長谷部 いい質問ですね。憲法というのはギリギリ詰めていった時には、専門家の解釈によって紡ぎ出されていくものだと私は確かに書いていると思います。で、それは必ずしも憲法学者ということだけではないです。憲法の解釈に携わる専門家は、憲法学者だけではありませんから。それは先ほど出てきた内閣法制局の人たちもそうですし、最高裁の裁判官、下級審の裁判官も含めて、他にもいるわけです。そうした活動に関わる弁護士たちもそうです。ただ、憲法って実務家の人たちには得意な人ってあまりいないものですから、憲法学者の意見を頼るということがないわけではないですが、憲法学者だけではないということがまず一点。

それから、国民主権なのに何で答えを決めるのが国民ではないのかという問題があると思います。もちろんとても健全なまっとうな国家でしたら、その法律専門家が紡ぎ出してくる憲法の内容は、国民の大多数の納得が行く、良識に即した解釈だということになっているはずのものです。ただ、学者はまっとうじゃないことに関心を持つ。まっとうでない国家は世界中にいっぱいあります。そういうまっとうでない国家で、憲法が何かを決めているのは、じゃあ国民一般の世論なのか、それともその国の法律専門家が紡ぎ出した、これが憲法だと言われるものなのかというと、それは明らかに後者で、これは事実問題です。いいとか悪いとかという話ではなくて、それが事実。そうであるからこそ、我々がまっとうな国家であろうとするのなら、国民一般、多くの国民の方々がなるほどと思うような腑に落ちる解釈を法律専門家は心掛けていかなければいけない。憲法学者ももちろんそうです。

憲法学者に良識があるのかというと、私はあるとは断言しにくいのですが(笑)、これは良識があるかないかというのは、事実の問題というよりも、良識って要するに我々人間がいつも一人ひとり日々考え、判断していることです。人間っていうのはそういうもので、どう行動するのか、どう生きていくのか、職業の選択から、例えば今晩の晩ご飯は何を食べようかということに至るまで、理由に照らして考えるものですね。理由に照らして考えるという活動のことです。それが良識に訴える、良識に戻れということです。

普段は裁判官は法令の通りに判断します。法令にこういうふうに解決しろと書いてあったら、いちいち良識に戻らないで法令の通りに解決すると、大体の場合それでうまく行きます。頭のいい人たちが作っている法律ですから。でもそうじゃないことがたまにある。そういう時はおかしいなと思うはずです。裁判官も人間ですから、おかしいなと思った時には良識に戻らないといけない。本来人間としてどうあるべきなのかということを理由に基づいて考えたらこういう結論にはならないはず。そういう時のために、裁判の場で使われるのが、憲法違反だという理由づけです。憲法に照らして考えればというのは、要するに良識に照らして考えれば、そうしなければという話です。

そのためのいろいろな材料を、憲法学者は提供しているつもりです。最終的には日本の場合は最高裁が決めますので、最高裁の裁判官がこれが良識だと思うことになります。それは事実としてそうです。それが本当に国民の多くの方々が納得の行くようなものになるようにということで、憲法学者も努力をしているということです。

高橋 要するに、良識を持っていてほしいし、そのために我々も日々努力をしている、ということですね。

長谷部 持っていてほしいと願っていると。

高橋 いやあ、いい話だなあ(笑)。分かりました。憲法は良識に基づくべきっていうのは、そういうことなんですね。憲法も、まあ成文法ですけど、実はその中にある人間としての良識というのを感じ取るということが大事だと。もちろん、中に書かれてはいるのですが、ということですね。

長谷部 憲法そのものに書いてあるというよりは、特に第三章の基本権条項というのは、良識に戻れと言っているわけです。そこに良識が書いてあるというよりは、戻ってくださいと呼びかけている。その先は自分で考えるしかない、最後は。

高橋 何かあると我に返って、自分の中でこれでいいのかという、個人に戻るっていうことですかね、ある意味で。自分で考えるというのは。

長谷部　はい、人間に戻る。

世界共和国は可能なのか

高橋　さあ、もう一つ、質問をしてもらいましょう。

学生　世界憲法が可能かというのをお尋ねしようと思っていたのですが、ちょっとさっきの質問で内容が重複するようなことがあったと思います。簡単に言うと、何らかの形で世界国家というものが実現したとして、やはり価値観とかイデオロギーの対立というのは避けるのは難しいと思うんですけど、どうでしょうか。

長谷部　先ほど申し上げたように、予言者ではないので先のことは分からないのですが、今おっしゃった論点について、イマヌエル・カントが『永遠平和のために』の中で、彼なりの答えを出しています。世界全体を覆う国はやめた方がいいだろうという意見ですね。

というのは、まさにおっしゃる論点があるからです。いろいろな価値観・世界観、多様な価値観・世界観を持ってお互いに衝突し合う人々が生きていますので、世界全体を覆うような国を作ってもなかなかうまく行かないだろうと。結局四分五裂をしていってしまうのではないか、あるいは地球全体を覆う専制国家が出来上がるのではないかと。それよりはそれぞれ適当な規模の共和国を作る。共和国というのは王様がいてもかまわないんです。その国の社会全体の利益、人々の利益をどう判断し、決めていくのかというのは、人々の代表、それは議会が中心になって決めていくと。かつ、そういう国々は常備軍を持ってはいけないと言うんですね。それはカントの時代だからそう言っているというところもあるのですが、常備軍ではなくて民兵を組織する。市民一人ひとりが武装をして、敵に攻められたら、武器を持って立ち上がって防衛をするのだと。そういうことを全ての国がやれば戦争はだんだん起こらなくなっていくだろうと。なかなか条件は厳しいですが、そういうことをカントは言っています。

カントの永遠平和論は、非武装平和論だと言われることがあるのですが、それは正確ではないですね。いざとなったらみんなで武器を持って戦うのだと。しかも全ての国がそうしないといけないのだというのがカントが言っているところの永遠平和に向かう体制です。永遠平和の時代が来るとはカント自身も期待はしていないと思います。原題の *Zum ewigen Frieden* には「永遠平和に向けて」という意味もあります。こういう制度を取れば、だんだんそちらの方向に近付いていくだろうっていう話です。その方が、多様な考え方を持った人が人間らしい暮らしが出来る社会が期待できると。そういう社会を地球全体にわたって維持していくことが出来るだろうというのがカントが言っていることで、私は良識にかなったことだと思っています。

高橋　その場合、もし憲法がその時も存在しているとしたら、役割や内容はあまり変わらない、ということですか。つまり世界国家になろうと、今のような国民国家がいっぱいある場合だろうとあまり変わらないとお考えですか。

長谷部　これは今までの歴史を見てみてもそうなのですが、主要な国家形態のあり方というのは、世界全体の、要するに国際法としての世界全体の組織のあり方に多かれ少なかれ反映をしているものですので、カントが言うような共和政体、かつ人民武装の共和政体が並立して、ほどほどに平和な状態が保たれているというところでは、それに即した国際法の体系になっているだろうと思います。

世界国家になってしまうとなかなかそうは行かない。これはやはり私はその点はカントと同意見で、世界共和国で地球全体の面倒を見るというのは、ちょっと人間に多くを要求しすぎですよね。例えば、私に、いまアフリカの端に住んでいるような人に、本当に配慮する心が生まれるかっていうと、なかなかそうは行かない。それは現在のEUについても既に及んでいる話です。EUでなかなか統合が進まないのも、EU市民という観念が現実には存在しないからではないかと思います。フランス人は、まずフランスのことを考える。ヨーロッパ全体のことを同じように考えられるのかっていうと、そうは行かないという話なのだろう。

高橋　ＥＵの規模ですら困難なのに、ましてやと。

長谷部　世界は難しいかなと。

学生　世界政府みたいなものって、特定の価値観とか、そういうものを押し付けてしまうんじゃないでしょうか。だったら、規模を小さくすればいいんじゃないかというのが、僕のアイディアです。例えば、国が大きいとまとまらないっていう話があったじゃないですか。だったら小さくすればいいんじゃないか。でもそうしたら、一つの国としての力が弱くなってしまう。だとしたらどのぐらいの規模がベストな状態なのか。ＥＵでさえ大きすぎるとしたら、どれぐらいの規模が現実的なんでしょうか。

長谷部　まず、世界共和国を作った時、必ずそれが特定の価値観を押し付けるようになるかどうか、それは分かりません。カントはそうなる危険が大きいということは示唆していますが。ただ、本当に世界を一国にしてしまいますと、実際にそういうことを世界政府が始める危険性はある、リスキーだというのはおっしゃる通りだと思います。

それから、国のサイズとしてどの程度が適当だと考えられるかというと、現在の世界のあり方ということを前提にしないといけないのですが、前の時間の冒頭に、現在の世界各国、みんなが社会福祉政策を切り詰めて、企業は自分の国に呼び込もうということで、労働条件も切り下げる、社会保障も切り下げる、企業の税金も切り下げる。ということで底辺に向かっての競争をやっているとお話ししました。それは一国一国で対抗しようとしても、世界を股に掛けるグローバル企業の力に対抗出来ない。グローバル企業と対抗するための規模を一国だけで持とうとすると、現実には、アメリカとかですね。あるいはまだ一国にはなっていませんがEUぐらいの規模のものを作らないといけないかもしれない。でも、グローバル企業に対抗するために、どうしても一つの大きなサイズにしなければいけないというわけでもなくて、みんなでけんかしないで協調すればいいんです。協力しないから底辺に向かって競争することになる。これは皆さんご存じの一種の「囚人のジレンマ」になっています。「囚人のジレンマ」になるのはみんな協力し合わないで競争するからです。だから、競争するのはやめましょう、お互いに手を携えて、みんなで企業の税金は下げないことにしようじゃありませんかという話がまとまれば、巨大な規模の政治単位を作らなくてもいい。なかなかまとめようとしない人もいたりするので、簡単な話ではないことは当然ですが。

立憲主義以前の問題

高橋　ということで、長谷部先生の、この本に関しての質問がまだあれば。もういい？

学生 自分自身まだ整理が出来ていないところがあるのですが、国家というものがイコールほぼ憲法であり、それは社会契約でもある、ということだと思うんです。ということになると、例えばですが、仮に、憲法の側、というか、国の側から自分たちの社会契約をもう解除しましょうみたいな動きが出た時、変な話ですけど、それに対して自衛権とか組織を守ろうという勢力は認められるんですか、憲法的に。

長谷部 歴史的な事実の問題として言えば、第二次世界大戦を終結するために日本がやったことは、社会契約の解消です。今までの社会契約をやめます、ポツダム宣言を受諾しますから、もうこれ以上原爆を落とすのをやめてください、と言ったわけです。それはやはり、憲法、社会契約よりももっと大事なものがあるからです。社会契約は何のために作ったかというと、自然状態のままでは危なくてしょうがないから、人々の自然権を結集して、社会契約を結んで国家を作って、国家の支配の下でみんなで平和で安楽に暮らそうとしたからです。で、この日本政府の決定に対しては、クーデタを起こして戦争を継続しようとした勢力がありました。冷戦終結時にも、ソ連でクーデタの企てがありましたね。これは、事実問題としては起こりうるという話です。

突き詰めれば一番大事なのは、人々の生命・財産であり、それを守るための国家です。その国家のあり方にいろいろなタイプのものがあり、いろいろな社会契約があるものですから、その社会契約相互で争いになって戦争になることもあるわけです。その戦争の結果、本来社会契約で守るべきだった国民の生命や財産まで壊滅するということがあり得るわけです。その時には社会契約をやめればいい。我々の社会契約はもうやめますから助けてくださいって言うしかない。そっちの方が大事ですから。で、日本がやったのはそれですし、ソ連がやったのもそれ。ですから、何の不思議なこともないです。

学生　それでも、その社会契約というのがある種憲法に近いものだとすると、主権というか、例えば自衛権みたいなものを解散するわけで、社会契約を解除するのはものすごく危ないことじゃないですか。国家の一大事でしょ。

長谷部　憲法も、結局は手段ですから。

学生　なるほど。

長谷部　一番大事なのは生命と財産ですよ、人々の。

学生　それに対して、立憲主義の立場から、社会契約を解除しようとするやつは、国家反逆罪だから捕まえてとかいうことは、道理としておかしいというわけですね。

長谷部　このまま戦争を続けるとみんな死んでしまいますという時は、それはやっぱりやめないと。

高橋 それって立憲主義的には、どう説明するんですか？

長谷部 立憲主義以前の問題です。生き死にの問題ですから。

高橋 なるほど！

学生 よく分かりました。

高橋 立憲主義より大事なものがあるということですね。

長谷部 それはその通りです。

学問的貢献とはどういうものか

高橋 ということを長谷部さんの口から聞いてなんだかスカッとしました(笑)。もういいですか、新書に関しては。

それで、ですね、何と質問の第二部を準備してきたんです。ここからは、新書とは直接関係のない質問をしたいと思います。アットランダムに行きましょう。

学生 大学院生をしているのですが、長谷部先生が東京大学大学院の教授をお辞めになる時のあいさつの文章がインターネットに載っていて、これ以上大学に貢献することは、減少する可能性はあるけれども、増加する可能性はないので辞めることにして、今まで貢献したことと して、絵画や版画を大学に贈りましたと書かれていました。僕は、大学に貢献することとか、アカデミズムに貢献することっていうのを長谷部先生がどう考えていらっしゃるのかなというのを聞いてみたいんです。

長谷部　なるほど。思い出してみますと、それは元になっている話があります。私が主著である『法の概念』を翻訳したH・L・A・ハートというオクスフォードの法哲学の先生だった方がいまして、彼も定年前に、結構早く辞めているんです。で、もはや学問的に貢献することが出来なくなったから私は辞めますというのが彼の理由でした。これについて、彼の、オクスフォードの後輩に当たるブライアン・シンプソンという人が、これが早期退職すべき理由になるなら、大学から研究者なんかいなくなると言っています(笑)。

私の場合は、もともと学問的な貢献なんかしていませんでしたから。それが私の教授会のお別れのあいさつとしてそのまま載っているんです。ただ非学問的な貢献を私はいくつかやってきました。それが今ご指摘の版画です。私が作ったんじゃないですよ。名のある人の版画とか、名のある画家のものをいくつか寄付して。ただ、それももう打ち止めで、もう寄贈するものもありません。だからもう辞めますと。

学生　学問的貢献とはどういうものなのでしょうか。

長谷部　私が考える学問的貢献ですか？

高橋　お聞きしたいですね。

長谷部　学問的貢献というのは、自分でやろうと思って出来るものじゃないのではないでしょうか。私が憲法の専門家だということで、論文のようなものを書いたりしていますが、それは自分で書きたくて書いているだけです。学問的に貢献したいと思って書いているわけじゃない。それは結果として、何らかの貢献をしていることになっているのかもしれない。けど、最初から学問的に貢献しようと思ってやっているわけではありません。ただ、おっしゃることは逆に勉強になることがあって。前の大学でもそうですが、今の大学で私は科学研究費の申請をしています。科学研究費の申請は、私はこういう貢献が出来るのだと、それについてこういう研究方法を採れば、こういう成果が出るはずだと、そういう文書を作って、だから何十万円ちょうだいとかって申請をするんです。こんな成果が出そうだって最初から分かっているなら、改めてやる必要はないですね(笑)。全く嘘くさい。学問ってそういうものじゃないと私は思います。

高橋　なるほど(笑)。では、長谷部さんにとって憲法学とは何でしょうか。

長谷部　憲法学は何なのか？　いろいろな方がいろいろなことをおっしゃっていますが、先ほどの話の延長上で言うと、私がこれは面白いなと思ってやっているのが憲法学ということでしょうか。

高橋　たまたま？

長谷部　はい。おまえがやっているのは憲法学なのかということは確かに言われることがあります。

高橋　ということは、他の憲法学者たちとは若干違うのでしょうか。長谷部さんの書かれたものを読んでいると、そういう印象を受けるのですが。

長谷部　何事にも安全策があるわけです。憲法学者らしく憲法研究をするということです。今日出席されている中にも、法学の大学院生や研究者がおられるかもしれませんが、安全策は例えば、アメリカとかフランスとかで憲法学者と言われている人の業績を読み、これは憲法判例ですと言われている判例を読んで、分析をして論文を仕上げる。それが安全です。

私も、そういうことをやらないわけではありません。でも、そうじゃないこともやる。最近、憲法学らしいことをやっていると思うのは、前の時間にもお話をしましたかね。大日本帝国憲法の天皇主権原理っていうのはもともと君主制原理と呼ばれるもので、ドイツ由来で、さらにさかのぼるとフランスのシャルトにまでたどり着くという、憲法学者らしい研究もしています。他方、一昨年(二〇一三年)に私、一冊論文集を出したのですが、その中で取り扱っているテーマはというと、例えばカントについて書いています。それから、オッカムのウィリアムってご存じですか。そんな話を書いていまして、こういうのは普通の憲法学者はやりません。少なくとも若い人はやらない方がいい。安全ではない。

高橋　長谷部さんは、昔から安全ではない感じだったのですか。

長谷部　昔から結構リスクをとっていますね。ごく初期に書いたものは、まあパズルみたいな、自己言及のパラドックスっていうやつで。

高橋　憲法学とはあまり関係ないですね。

長谷部　関係なくもなくて、今出てきた、そして、前の時間に出てきた君主制原理は、最初から説明していればよかったのですが、全国家権力は、全て君主が、自分で制限することによって欽定憲法を作り、その欽定憲法で全能であるはずの自己の権力を制限しているというのが君主制原理の基本的な骨格です。そこで言う君主による自己制限というのは論理的に成り立つのか成り立たないのかという話があります。これは歴史をさかのぼると、オッカムのウィリアムも全能の神について、その種の話をしています。全能の神様は、自分自身でも持ち上げることが出来ないほど重い石を創造することが出来るのか。そういう神学上の問題がある。もしそんな重い石を創造することが出来ないのであれば神様は全能とは言えないのではないか。しかし、本当にそんな石を創造してしまったら、その石を神様は持ち上げられないわけですから、やっぱり神様は全能ではないというのと全く同形の問題です。憲法と関係がないわけではないんです。それと密接に連関をしているパラドックスだということです。

高橋　要するに安全な道を歩んでいたわけではなかった、と。

長谷部　危険な論文ですね。

長谷部恭男研究

学生　長谷部さんはテレビっ子という情報があるのですが(笑)。好きな女優がいたら、教えてください。

長谷部　今のクールでは、「掟上今日子の備忘録」。土曜の九時のドラマは私は結構見るんです。土曜の九時はなるべく早く家に帰って見ます。

高橋　新垣結衣ですね。

長谷部　ガッキーです。それから同じ時間帯で「ドS刑事《デカ》」ってご存じですか。多部未華子主演で鞭を使う。それもよく見ていました。

学生 ウィキペディア情報ですと、ベーシストだったとか。

長谷部 ベースやっていました。

学生 音楽が好きなのかなと思って。ちょっとお聞きしたいのですが、長谷部さんの中で好きな音楽と憲法学とかってつながっているのですか。

長谷部 つながってないですね。

学生 音楽と自分の仕事につながりはありますか?

長谷部 音楽と憲法学は……。ただ、教会音楽は時々聴きますが、憲法とは関係ないですね。中世神学とは関係あるかもしれませんが。

高橋 もうやられていないのですか。

長谷部 今は全く。学生時代です。その頃はウェストコースト系のドゥービー・ブラザーズとか。

高橋 渋いなあ(笑)。みんな、知ってる?

長谷部 ドゥービー・ブラザーズとかスティーリー・ダンとか、今の学生諸君は知らないよね。そういう系統です。

高橋　軽めのロックですね。
長谷部　はい。コマーシャリズムたっぷりの。
高橋　バンドの名前は？
長谷部　とくに。学園祭とか回ってました。
高橋　ベースですね。オリジナルは？
長谷部　オリジナルはないです。ウェストコースト系をコピーしていました。
学生　長谷部さんの学生時代がどういうものだったのかお聞きしたいのと、あとはそれを踏まえて今の学生たちにアドバイスを。
長谷部　私は模範的でない学生でした。一年生の時、一応語学のクラスには出ました。出欠を取るので、それだけは。新聞なんか全く読んでいなかったですね。
高橋　まずいですね、それ(笑)。
長谷部　ただ、二年目以降はそれなりに勉強するようになったかなという、その程度です。ご存じの通り本郷の学生っていうのは本当に勉強するんですよ。信じられないぐらい。張り合っていられないんです。
高橋　長谷部さんは、何をしていたんですか。

長谷部 ですからそれこそ音楽を聴いたり、テレビを観たり。そこそこはやりましたよ、勉強も。でも、ちょっととても太刀打ちが出来ない。

高橋 いつ頃から勉強するようになったんですか。

長谷部 あそこはいい制度があって、そこそこの成績ですと助手というのにいきなり残っていけて。そうなると自分の好きな勉強だけやっていればいいので。自分の好きな勉強だったらやりますよね。

学生 その頃から憲法について興味があったのですか。

長谷部 私の先生は芦部信喜という人でして、なぜ憲法を選んだかというと、憲法が一番分からなかったからです。何なんだろう、これはと思ったので。先ほど申し上げた、要するに良識に戻れと言っているのだというのも、最近になって分かってきたんです。学生の頃は、何なんだ、これは、と。その辺のごくまっとうな法律学とは全然違う。民法とか刑法とかとは。それはとてもきっちり体系があって、なるほどなと思うのに、憲法はそうじゃないものですから。で、何でこんなに訳が分からないのかなということをいろいろつらつら考えるに、良識に戻れと言っているのだというのが分かるようになったのはごく最近のことです。

高橋 最近なんですか！

長谷部　はい。ここ数年のことです。

高橋　それまでは何だと思っていたんですか(笑)、憲法は。

長谷部　何なんだろうと。

高橋　この新書では憲法の本質を良識とは書いていないですよね。

長谷部　この時は良識まで立ち至っていなかった。

高橋　じゃあ今も進化しているわけですか。

長谷部　ああ、進化であればいいんですが。

高橋　ところで憲法学者ってどのくらいいらっしゃるんですか。

長谷部　多分、日本全国で五〇〇人ぐらいはいます。

高橋　憲法とは何かと聞くと、みんな、定義は違うかもしれないですか。

長谷部　それはいろいろ違うと思いますね。

高橋　それが憲法の特徴ということでしょうか。商法・民法・刑法といった他の法律に比べて。

長谷部　確実にそうなりますよね。民法や刑法は、これこそ民法だ、刑法だというものはあると思います。

学生　長谷部さんが、そんなに訳の分からないものを(笑)、こんなに長く考えつづけてきた理由はなんですか。

長谷部　いやあ、訳が分からないのでもっと勉強しようと思いましたね。やっていると何か分かってくるのではないか。その辺は私は楽観的です。希望なのかな、よく分からないけど。何の根拠もない楽観で。そういうのがないと生きていけないんですよね。

高橋　根拠なき楽観論か。いいですね。僕も一緒です。ちょうどいい機会ですので、お聞きしたいのですが、さっき長谷部さんは芦部先生のお弟子さんとおっしゃいました。最近活躍している木村草太さんという憲法学者は長谷部さんのお弟子さんというか、まあ、そういう立場の学者ですよね。憲法学を先生から学んで、それから教える立場になった。

長谷部　木村さんが私から教わったものはないんじゃないですかね。

高橋　先生は学部でも教えられて、今は大学院で教えられています。これから学んでいこうとする学生たちにアドバイスがあれば。

長谷部　アドバイスですか。授業の勉強だけではなくて、好奇心の赴くままに勉強されるのがよろしいかと思います。皆さんは今はそれなりに忙しいと思っていらっしゃると思いますが、大人になるともっと忙しくなります。だから、あの時にこの本を読んでおけば良かったと。何か世界の名著と言われる小説でもいいんです。今のうちじゃないとドストエフスキーとか、そんなものは大人になってからなかなか読めないです。今のうちにと、そういうことが申し上げたいことですね。

高橋　いいですね。岩波新書もね！(笑)、と。

学生　いろいろな憲法学者がいると思いますが、その中で、この人は好きだという人や苦手な人がいたら教えてください。この人は憲法学者なのかと思うような人はいますか(笑)。

長谷部　日本の？　日本の憲法学者でご存じだと思いますが、天才と言われているのは石川健治という人ですね。でも天才ですから、彼の本の方が私のより一〇〇倍ぐらい難しくて。まあ石川健治さんは歯ごたえがある。苦手な人もいっぱいいるんですが(笑)。

学生　先ほど憲法がようやく分かったという話でしたが、今分からないこと、気になっていることはありますか。

長谷部　今考えているのは、次に何をやろうかということです。でも、こういうのはしばらくすると思いつくものなので大丈夫ですが。オッカムのウィリアムはもうちょっと勉強した方がいいと思うんだけど。

高橋　神学の方ですね。

長谷部 カトリック神学です。
高橋 それはなぜですか。
長谷部 憲法と関係はあります。憲法学者の細かい話で恐縮ですが、森林法違憲判決っていうのがありまして、最高裁で。その判決はですね、近代市民社会の原則的所有形態は単独所有であるということになっていまして、なぜそうなのかという理由を述べているんですが、その理由はトマス・アクィナスが『神学大全』の中で、なぜ人為的に私的所有制度を作っていいのかと、その理由と全く同じことが書いてあります。ウィリアムも同様のことを私的所有制度について述べています。日本の最高裁の中にカトリック神学者がいるのかそれは分かりませんが、何かのきっかけで伝わってきているのでしょう。
高橋 それが今一番気になっていることですか。
長谷部 はい。他になければ、それをやろうと思っています。

身分制の飛び地の中に住んでいる人

高橋 もうそろそろ時間です。三時間以上やったんですね。もう一つぐらい質問があれば。
学生 今回のこの本には書いてなかったのですが、ちくま新書(『憲法と平和を問いなおす』、二〇〇四年)の方に日本の天皇制について書いていらして、天皇は、日本国民の基本的人権である公民権だとか財産権だとかについて、制限が掛かっていることになっています。長谷部先生は、天皇は日本国民統合の象徴であるので、日本国民の全員の総意がなくなれば、象徴でなくなる可能性も日本の憲法は示唆していると書いていらっしゃいました。長谷部先生は今の天皇制について、どう思われているのですか。

長谷部 おっしゃっている問題は、日本国憲法第一条というのは、天皇の地位は、主権の存する日本国民の総意に基づくということが書いてあって、それは当たり前のことが書いてあるということです。というのは、何かが何かの象徴なのは、鳩が平和の象徴とか、白百合が純潔の象徴とかもそうですが、みんなが象徴だと思うからです。天皇が日本国という要するに約束事の象徴であるとすれば、それもみんなが象徴だと思うからだというわけで、象徴だとみんなが思わなくなれば天皇は象徴ではなくなる、ただそれだけの話ということです。

あとは天皇は、身分制の飛び地の中に住んでいる特殊な人なので、基本的な人権の保障はないのだということも書いたと思います。天皇は基本権が保障された平等な国民の一人として日本国にいるわけじゃないと。

高橋 それはまずくないですか。飛び地があってもいいのですか。

長谷部　かつての身分制の飛び地を作ることを日本国憲法は決めてしまったので、それはしようがない。

高橋　みんなで合意したからですか。

長谷部　憲法がそう決めたからしょうがない。

高橋　「良識」としてはどうなんでしょう。セーフですか？

長谷部　まあギリギリでしょう。

高橋　みんながかわいそうだと言い出したら変わるかもしれない？

長谷部　それはそうだと思います。憲法を改正することは可能です。

高橋　ということで、皆さん、今日は長谷部恭男先生に来ていただきまして、三時間にわたってお話をし、質問に答えてくださいました。本当にご無理を言ったのですが、本当に面白かったというか、非常に刺激を受けたのではないかと思います。こういう機会を与えていただき本当にありがとうございました。これで終わりです。

遠き横浜キャンパスへ

高橋源一郎先生のクラスで私が話をしたのは、二〇一五年一一月五日のことでした。今も覚えているのは、明治学院大学横浜キャンパスがずいぶん遠くにあることです。私は、職場(早稲田大学法科大学院)から歩いて二〇分ちょっとのところに住んでいて、日常生活もほとんど大学周辺でことが足りているものですから、電車に乗って横浜までというのが、信じられないくらいの大旅行で、さらにその先ですからね。

高橋先生と岩波の編集者(上田麻里さん)に整理していただいたテープ起こしの原稿を読むと、私はほとんど憑かれたように戦争の話しかしていません。君は戦争に関心がないかもしれないが、戦争の方では君に関心があるというわけです。私が戦争にとくに関心を抱くようになったのは、二〇〇四年にニューヨーク大学で客員教授をしたおりに、フィリップ・バビット教授の著作に出会ったのがきっかけです。ニューヨークではこの他にも、レオ・シュトラウスの著作に遭遇しました。遠いなと思ってもやはり行ってみるものです。

高橋ゼミの議論は、終わった後の飲み会も含めて、快適でした。冴えている人たちが集まっていますね。私の議論のここが肯綮だという点に質問を当ててくる。高橋先生の議論の切っ先も、荘子が「其於游刃必有余地矣」(其《そ》の刃《やいば》を游《つかいこな》すに必《かなら》ず余地《ゆとり》有《あ》り)と描く包丁の趣があります。

議論の中に登場する君主制原理ですが、これについては、今年(二〇一六年)の三月に国立台湾大学で、八月にメルボルン大学でセミナーをしました。全統治権を掌握する君主が自分で自分の権限行使を制限するという君主制原理と同形の議論は、カナダやオーストラリア等の旧英国自治領が独立を果たすときにも、使われています。全統治権を掌握するウェストミンスター議会が、これらの旧植民地に独立を認め、おまけに憲法も授与する法律を制定しています。でも、英国議会の権限がこれら諸国の独立の根拠に本当になるのか。同じパラドックスがぐるぐる回り始めます。

これも議論の中に登場する、憲法の役割はいざというとき良識に戻れ、一個の人間として考え直せと呼びかけることにあるという点ですが、これについては、岩波書店さんから二〇一三年に刊行した『憲法の円環』や河出書房新社さんから二〇一五年に刊行した『法とは何か〔増補新版〕』の中で、とくに裁判官の良心をめぐって立ち入って論じています。人間は本来、どう行動するか、どう生きるかを自分で判断するものです。法に従って行動するのは、むしろ例外です。憲法も、テクスト通りにするととてもオカシナことになるというときは、そうすべきではない。当たり前のことです。

とりとめのない話になりました。このくらいでご勘弁をお願いします。

（二〇一六年八月二二日　Y・H）

私と岩波新書　2

Q. 虹は何色でしょう?

凜子

A. 七色。多分だけど、日本人ならみんなこう答えるし、もちろんわたしもそう答える。もっと言えば、日本人が「七色」と聞いて真っ先に思い浮かべるのは虹だろう。そのくらい、日本では「虹が七色」というのは当たり前の認識だ。でも以前、イギリス人の友達に日本語を教えていたときに「虹は六色だ」と言われた。虹は赤、橙、黄、緑、青、紫の六色だ、と。

わたしが『日本語と外国語』(鈴木孝夫、一九九〇年)を手に取ったのは、このことがきっかけだった。わたしは国際学部生で、今までずっと、日本語じゃない言語に触れてきた。それと同時に、こういう、「言語と文化の壁」にもたくさん触れてきた。伝えたいことがうまく伝わらないもどかしさは、わたしの英語力の未熟さだけが原因じゃない気はしていたが、この本を読んで確信したことがある。「言葉は文化そのものだ」。いろいろなところで言われてきたであろうこの言葉が、この本を読んでようやく自分の中にすとんと落ちた。

知らないものは見えない。知らなければ存在しない。どこにいても虹の色は変わらないけど、場所によって虹の色は違う。意地悪ななぞなぞみたいだけど、きっと、読めばわかる。

地球の子

身長一五二センチの、人見知りで面倒臭がりですこし卑屈なわたしの見る世界はいつだって小さくて、味気ない。そのせいかわたしは、いま自分がどうして生きているのかわからずにいる。そこそこ楽しいけど、意味ない。そんなに辛くないけど、意味ない。わたしはどうして生きてるのだろう。

毛利衛さんの『宇宙から学ぶ　ユニバソロジのすすめ』(二〇一一年)の中にわたしはなんとなく、その答えをみつけることができた。「ユニバソロジ」とは普遍的なものの見方、考え方。地球上に住むわたしたち人間は、他の生き物たちと遺伝子レベルで見ればほとんど変わらない「生命」のひとつ、四〇億年の「つながり」の中の大切なひとつ。わたしたちは「人類」である前に地球の「生命」のひとつなのだ。地球を飛び出した毛利さんの見る世界はとても大きすぎて、小さなわたしに、こんな実感はなかなか湧かないけど、このことはなんとなくわたしが生きているということを肯定してくれたような気がした。わたしも四〇億年の「つながり」の中のひとつ、わたしはひとりじゃなかったみたいだ。わたしの世界が少し大きくなった気がする。

きただうめこ

『英語学習は早いほど良いのか』を読んで

私は食べることや旅行が大好きな女子大生で、とても充実した学生生活を過ごしてきた。ゼミでは教育や哲学等、「生きること」をテーマに幅広い分野を扱ってきた。そんな中、私は今回、バトラー後藤裕子さんの**『英語学習は早いほど良いのか』**（二〇一五年）を選んだ。この本に興味を持った理由は、私自身幼児期から英会話スクールに通い、小学校から現在の大学まで英語を学んでいる訳だが、ネイティブ・スピーカーのように流暢に英語を話せる訳ではない。そのため、本当に早期の外国語教育は効果があるのか、気になったからだ。いま、子どもに幼い頃から世界共通語である英語を学ばせようとする人も多いのではないだろうか。実際にタイトルの通り「英語学習は早いほど良いのか」に対して、イエスかノーではっきりと答えられている訳ではなかった。あくまでもこの本では、言語習得と年齢との関係について検討されていた。そして、早期の外国語教育の大きな鍵は、インプットの充実と動機づけを高めることにあると著者は主張している。通じる外国語の習得であれば、必ずしも早いほど良い訳ではない。多くの人が思い込んでいる英語教育の方法について、改めて考え直す機会を与えてくれるような一冊だった。

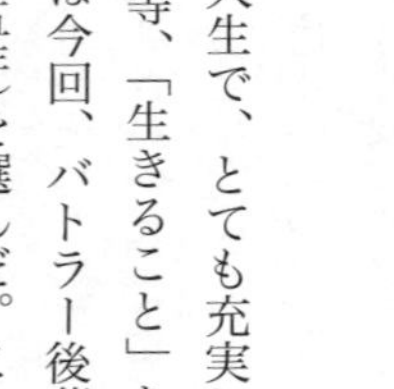

さーちゃん

僕の悩みと好きな本

マイペースマン

明治学院大学四年のマイペースマンといいます。性格上基本的にマイペースで行動する人間ですが、四年生ということもあって就職活動中です。なぜ四年になったら就活をしなければならないのか、もっと入りたい業界、企業を考える時間、というかぐずぐずする時間が欲しいな、と思いながら就活をしています。こんなことを友だちに言っても理解されないので、源ちゃんゼミでしかこんなことは言ってません。四年で大学をしっかり卒業して就職することが優秀だと世間は言うかもしれない。それが優秀というなら、いわゆる人生に敷かれたレールを辿ることが優秀なのかな。僕には分かりません。

そんな中でも服が好き、という趣味があります。僕が推す岩波新書は『ブランド　価値の創造』(一九九九年)という本です。著者は石井淳蔵さん。ブランドと聞くと洋服、大学名、会社名、食べ物など、様々にあると思いますが、カタチのある物ではありません。そのようないわゆる抽象的な物、ブランドですが、僕も含め、なぜ人は洋服のブランドにこだわりがあるのか気になり、この本を読みました。ブランド力があるというのはどういうことなのか。少しでも気になる人にオススメの一冊です。

何がいいこと(希望)なのか

「何かいいことないかなあ」というのが私の口癖でした。今の自分に満足しているわけでも、不満を持っているわけでもなく、ただこの退屈な現状を変えてくれる「何か」が不意に訪れてはくれないかと願っていました。

そこで今回は『希望のつくり方』(玄田有史、二〇一〇年)を選びました。希望は勝手に湧き出てくるもので、自発的につくるものではないのでは?と考えていたので、タイトルには疑問を持ちながらも読み始めました。具体的に希望を持つため○○しなさいと書かれているわけではありませんが、読後は今まで考えていた「何か」が実際は何であったのかがわかるようになります。そして、自分はこれからその「何か」のために何をするべきかが見えてきます。

そもそも自分にとって何がいいこと(希望)なのかわからずにただ「何かいいこと」を望んでいたのが間違いでした。まずはそれがわかっていなければ、いくらいいことが身近に起こっていても気づけるはずがありません。

この本は、自分にとっての希望を明確にし、自ら行動する原動力を与えてくれる指南書となりました。以前の私のように、漠然とシアワセを願っている方にぜひおすすめしたいです。

コユ

迷路でにらめっこ

ただし

神奈川県で生まれた私は、中学まで順調に育った。素直、真面目、従順、こんな言葉が似合う少年だった。幼い私にとって「今日」は輝いていて、「明日」は待ち遠しく感じた。そんな私だったが、高校を中退した。その時からひどく歪んだ「私」は、頑にいじけて生きてきた。気付いた時には迷子になっていた。だから問いかけた。「私は何がしたい？」と。それから、三浪の歳で大学に入学した私は、この問いに真正面から向き合おうと決意し、高橋ゼミに入った。私はもっと悩みたかった。「私」を考える時間がまだ、欲しかった。

ゼミで初めて本を読み漁った。その中に、今井むつみさんの『**学びとは何か――〈探求人〉になるために**』(二〇一六年)という本があった。私は、本に出てくる「学びの探求人」になりたくて、必死に読んだ。「学びって何？」。この問いは「君は何がしたい？」と、それとなく言っているような気がした。だけど私は惚けてみせた。迷路に広がる音や匂い、景色や空気が、私を引き留めた。

私はいまも、この問いの答えを探している。鏡のような瞳に迷子が映る。何度目のにらめっこだろう。そしてまた、問いかける。やっぱり迷子は、舌を出したまま応えない。

「私たち」は何を置き去りにしてきたのだろう

私は旅とご飯を食べることが好き。悠々自適に暮らしたい、そんなひと。そんな私が上京してから三年が経った。地面が見えないほどの人が行き交うスクランブル交差点、人混みで横切ることのできない駅のホーム、高層ビルだらけの街、そして見たこともなかったような夜景。初めはそのひとつひとつが新鮮で感動を覚えた。三年経った今、そんな以前のような「新鮮さ」はないようだ。久しぶりに地元に帰ると、なかったはずのビルがある。そして、高校時代の友人との思い出の場所がなくなっている。なんとなしに街を見渡すと、この数年で現代化した風景が見える。それは地元でも同じようだ。そんな「現代」を生きる「私たち」には、長田弘さんの『なつかしい時間』（二〇一三年）という本を是非読んでもらいたい。現代を生きる「私たち」は何を置き去りにしてきたのだろう。言葉の在り方、人との関わり方、「風景」を見るということ。そんな、これからの私たちにとって失ってはならないものが描かれている。著者の美しい言葉、心あたたまるような人生観によって、自分の発する言葉や、周りに広がる景色、そして生き方を自然と見直すことができる、おすすめの一冊である。

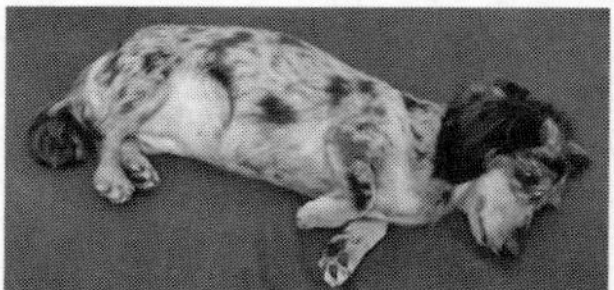

ちー

「はだかの王様」

ゆゆん

私は音楽を聴くのが好きだ。ギターを弾くのが好きだ。歌を歌うのが好きだ。本を読むのが好きだ。なんで好きなの？って言われても正直よくわからない。まずあまりそれぞれについて深く考えたことがない。中途半端なことを言って「は？」って顔をされたくないから言わない。このままじゃ人生つまらない、何か変わりたい、そんな中で出会ったのが『**メルヘンの知恵——ただの人として生きる**』(宮田光雄、二〇〇四年)という本。別に私はメルヘンチックなものは全然好きじゃない。無縁だったからこそメルヘンの世界にどんな知恵があるのか素直に知りたかった。「有能な者にだけこの着物は見える」とペテン師に騙され裸で民衆の中を歩いた王と空気を読むことしかできない家臣と民衆が、純粋無垢な子どもの一言で一変するアンデルセンの『皇帝の新しい着物』。今の私は王に仕える家臣だ。周りからの目ばかり気にして本当のことなんて何にも言えない。でも真実を言いたくないわけじゃない。どうしたら子どもみたいに素直になれる？　手がかりはこの本の中にあった。

(子どもと酔っぱらいは真実を語る！)　よし、まずは手始めにお父さんから実践してみよう。

momp

心で感じる新書

なにかというと、すぐどこかに行きたくなります。今まで、国内も海外もたくさんのところに行ってきました。様々な景色に触れ、様々な人と関わってきました。でも、まだまだ色んなものを見聞きしたいと思っています。〝何歳になっても、ハングリー精神を忘れずに〟、これが私の目標であり、ずっと心の中にある言葉です。人生で一度は見たい景色、見たくもない光景、それらを見たとき感じた思い、心臓が震えるような苦しさ、高揚感。旅は、たくさんのことを感じさせてくれます。

そんな私のおすすめの本は、長倉洋海著『フォト・ジャーナリストの眼』（一九九二年）です。ジャーナリストの方の本をしっかりと読むのは初めてだったのですが、正直な感想はただ一言、〝面白い〟、これです。読んでいると、心が震えるような気がしました。どんな本かというと、戦況をただ取材した本ではなく、現地にいる人たちの写真を撮り、寄り添い、語らう。その中で、その人たちにとっての戦争、内戦というものを考えさせ、戦っているのも、また私たちと同じ人間であるという事実を改めて思い出させてくれる本でした。一つ気に入った言葉があります。アフガニスタンのゲリラの話の中で出てくる「彼らも平和を願う人間だった」、この一言です。

好きなデザートは杏仁豆腐

はやしくん

中学校の数学で学んだ因数分解が得意だ。例えば、$X^2+X-6=(X+3)(X-2)$だし、$X^2-6X+9=(X-3)^2$だ。また、鶴見俊輔＝(高橋源一郎ゼミで毎年読む哲学者)(プラグマティズム)だ。**『現代日本の思想――その五つの渦』**(久野収・鶴見俊輔、一九五六年)の第V章「日本の実存主義」も因数分解すると、「日本の実存主義」＝(ぼくはふだん夜一二時に寝るそして朝一〇時までにはおきるようにしている)(大学一年のとき、アカスキという論文を書く授業をとった　受講生が使える部屋まであった)(Paul Smith JEANS HAPPY SHOP)(朝ごはんはカフェオレとヨーグルトだ)(下田の海辺のコンクリートからの花火大会とレモン味のかき氷)(高橋久美子先生の「詩作朗読部」と「光と比べて一番遅いやり方で」)(好きなデザートは杏仁豆腐)(海鮮丼を食べた、ぼくはいくら丼を食べた、水色のタンクトップの女は「いくら嫌いです」といった)(マティスの赤い部屋の展覧会)(ある日「しょせん、ひとはじぶんのことが誰でも一番で」と言われ何週間もこのことばへの返事に悩んだ)(大学一年の秋コンテンポラリーダンサーの黒沢美香さんに出会った　身体知というグループで創作をする授業だった　この授業が楽しくて年度末アカスキの論文を提出しなかった)

誇りが原動力

私は「食」に興味を持つ大学四年生です。食べることも料理をすることも好きで将来は「食」に関わる仕事をしたいと思っています。そんな私が出会ったのは『食と農でつなぐ　福島から』（塩谷弘康・岩崎由美子、二〇一四年）という本です。東日本大震災後、原発事故から四年目の福島。まだ避難の疲弊、帰還への希望と絶望、賠償や除染の迷走が生活に影を落としていた中、食と農がつなぐ信頼の関係を女性農業者たちが取り戻そうとする話です。書店で目に飛び込んできた「食」と「農」の文字に惹かれ、読んでみることにしました。

私が感じたのは、どん底から前を向く強さです。信頼も希望も失った中では、簡単ではありません。しかし、彼女たちはそれを承知で自分たちのできることを行い、福島の「農」を守ろうとしています。もう一度彼女たちが立ち上がろうと思えたのは、一人ひとり自分の作っているものに誇りを持っているからだと思います。未だ「福島の農産物をわざわざ食べるメリットがあるのか」「子どもには食べさせられない」など様々な意見がありますが、私は福島の女性たちが厳しい状況の中でも前を向き、誇りを持って作り続けている農産物を選んで食べたいと思いました。

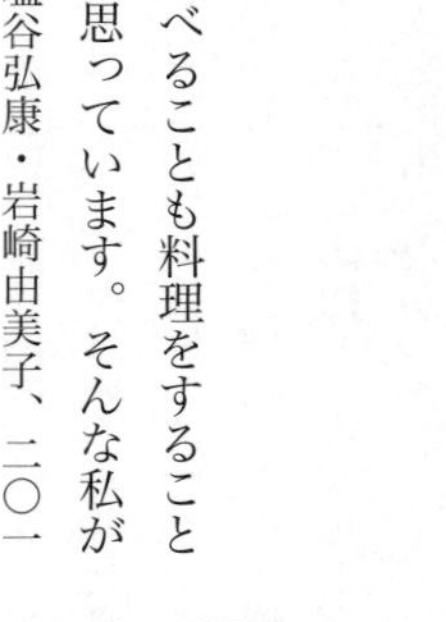

ひーまい

言の葉と私

ゆーだい

「言葉で人を熱くし、心を動かしてみたい」。これはある小説の一節で、私の原動力だ。私は言葉がすきだ。言葉のもつ力を信じている。言葉は人を魅了し、引き付け、鼓舞し、寄り添い、突き動かす。言葉は人を切りつけ、虐げ、叩きのめし、立ち上がる力すら奪いとる。でも、私は人に寄り添う言葉がすきだ。優しく寄り添える言葉の力を信じている。私も言葉で人を熱くし、心を動かしてみたい。ときに寄り添い平穏をもたらし、ときに激励し突き動かす。そんな言葉を操れるようになりたい。言葉がすきだから、という至極単純な理由で『ぼくらの言葉塾』(ねじめ正一、二〇〇九年)を手に取った。おかげで大切な詩に巡り会った。「婚約」(辻征夫)だ。

しあわせを集約したような詩だと思った。小さいけど、大きい。ぼんやりとしているが、ただ確実にしあわせはそこにある。初めて読んだとき、しあわせの塊が膨れあがり、私はまぶしさで目がくらんだ。何度読んでも、すき。読むたびに私の内側の輪郭をもたない大切ななにかが膨れあがる。私を満たしてくれる。これならもう、「さわやかな五月の　窓辺で　酸素欠乏症で」死んだってかまわない。

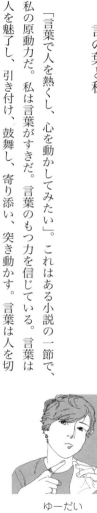

シャキッ、パキッ

毎週日曜日の朝一〇時、私は瑞々しい野菜たちの溢れんばかりの生命力に触れ目を覚ます。よく研がれた刃を当てるとシャキッ、パキッと野菜たちははじける。これが私の今の仕事だ。店で出す野菜はその味はもちろん、香りからも、色からも農家の方の愛情を受けて育てられたことが窺える。オススメのドレッシングを聞かれても、まずは何も付けずに食べることを勧める。口に入れ、咀嚼し、呑み込む。大地のエネルギーを身体で受け止め、その力強さに驚き目を見開く。「……美味しいっ！」。その言葉をお客さんからかけられると、私はいつも、嬉しくて思わず笑みがこぼれる。この仕事を始めてから、農業をぐっと身近に感じるようになった。泥が付いたまま送られてくるひとみ五寸にんじんを洗っていると自然を感じるのだ。『食と農でつなぐ　福島から』（塩谷弘康・岩崎由美子、二〇一四年）や『農山村は消滅しない』（小田切徳美、二〇一四年）といった農業関係の本を手に取ったのも、単純に、農業や食、生きるということに興味を持ったからだ。生きとし生けるもの、皆すべて繫がっている。どんなに技術が進展しても温もりを持つ繫がりこそが生きる力を生み出す源であるのだ。そのことを日々実感しながら、私は、今日も今日を生きる。

ナツキ

ぼくは「逸脱」をとりたい

正しくありたい。幼いころ「しっかりしなさい」と教えられた。「いいかげんにしなさい」と言われた。正しくあるための躾をうけた。

それを愚直に信じすぎてしまった。建前と本音、キャラと素顔、それを切り替える、そんなことさえ苦手になった。人みしり。勉強は得意だ、得意だ、それしかできないうちに院生になってぼくはこのゼミに転がりこんでいる。

『人が人を裁くということ』(小坂井敏晶、二〇一一年)は「裁くという行為の意味」を根本に戻って考察する一冊だが、著者の小坂井敏晶はそのなかでこう指摘する。「共同体が成立すれば規範が生まれる。社会全員がまったく同じ価値観を持つのでない以上、必ず逸脱が感知される。逸脱の一部は独創性として肯定的評価を受け、他の一部は悪と映る」。彼はまた、「〈正義の声〉を拒否する可能性をどうしたら残せるか」と問い、異質性を求めている。

これを読み、ぼくはここにいう「逸脱」をとりたい。それはよいことだ。そう心底思った。そこでぼくはすごくささやかなこと、この文章を書くことからはじめた。

ぼくはやっと正しさから出立する。

じぐ

ことばを手に入れる

なつみ

私が読んだ『記号論への招待』（池上嘉彦、一九八四年）は、私にとってのファースト岩波新書だ。私がこの本を知ったのは高校一年生の時、担当の国語教師が「指定図書」として「全員読むように」と言い渡した。この本の他に後二冊読めと言われたが、タイトルすら覚えていない。

この本にはタイトルの通り「記号論」のことが初心者にもわかりやすく書かれている。私はこの本から「ことば」の面白さを教わった。ことばは複数の人間がより良く共存する為にある。言い換えればことばはその為のただのツールでしかない。ゆえに「だいすき」も「ごめん」も必ずしもそれらである必要はない。より良いコミュニケーションが取れればそれで良いのだ。私はこのことをとても面白いと感じ、ことばの広がりや、許された果てしない自由に興奮した。

当時はなぜこんな難しい本を入学したての高校一年生に読ませようとするのだ、と疑問に思ったが今はなんとなくその理由がわかる。この本は私にとって今でも難しく理解できていない箇所も多々ある。しかしそれゆえ私に本を読むことの素晴らしさを教えてくれる。岩波新書は難しいという印象があるかもしれないが、だからこそ読むべき本達なのではないかと思う。

「ジャガイモに支えられた世界」

とーる

ジャーマンポテト。私が初めて覚えた料理である。確か、高校時代に初めて挑戦したはずだ。家事が出来ない大人にはなりたくなくて、色々挑戦してスキルを上げようと謎の熱意に燃えていた時期があった。その時たまたま作ってみたのがジャーマンポテトだった。緊張しながら作った割に美味しく出来たのが嬉しくて、大きな自信になった。それから色々な料理に挑戦するようになり、学校の文化祭でもキッチンの仕事が楽しくてずっと調理場にいるほどだった。しかし食材の知識や物語には向き合ったことはなく、ジャガイモの栄養や原産地はもちろん、歴史についてもさっぱりだった。テレビで見聞きしたいくつかの情報が頭をよぎるばかりで、結局何一つまとまらないままだった。

山本紀夫著『**ジャガイモのきた道――文明・飢饉・戦争**』(二〇〇八年)はそんな私にジャガイモの見識を広げる機会をくれた。写真や統計も数多く使われていて、農業や植物に詳しくない私でもあっという間に読み終えてしまった。これを読んでからというもの、ジャガイモを見るだけで遠いアンデスの地や数百年前の北欧の人々に思いを馳せている自分がいる。きっとこれから作るジャーマンポテトも、今までより味わい深いものになるだろう。

国際学部で文学を学ぶということ

さめちゃん

国際学部に通う私は、高橋源一郎ゼミで文学について学んでいる。「国際」というと「英語」というイメージを持たれる。それは間違いではなく、実際に私たちは英語で講義も受ける。私もこの学科を選ぶとき、「英語を流暢に話せるようになる」という目標を掲げていた。岩波新書でも『日本人の英語』（マーク・ピーターセン、一九八八年）を読み、日本語と英語の間にある言葉の壁について学んだことがある。

多くの国際学部生は、国際関係の平和学・経済学・文化・環境学など、それらに特化したゼミに入り、学んでいることだろう。しかし、この高橋源一郎ゼミは〝文学〟を学ぶ唯一のゼミだ。言葉は私たちが生きるための道具であり、言葉の壁を超えるには文学が必要であり、すべての学問の根底には文学がある。文学とは偉大な学問だ。高橋源一郎は〝文学〟を学ぶ手助けをしてくれる。

私がこのゼミを選んだのは、文学を通して様々な出会いをし、あらゆる物事から自分のやりたいことを見つけるためだ。そして、高橋源一郎の魅力に惹かれたからだ。同じ理由でこのゼミに集まった方も多い。高橋源一郎ファンとしてこの本を手に取ったあなたも、なんとなく手に取ったあなたにとっても、『読んじゃいなよ！』との出会いが素敵なものとなりますように。

デモクラシーってなんだ

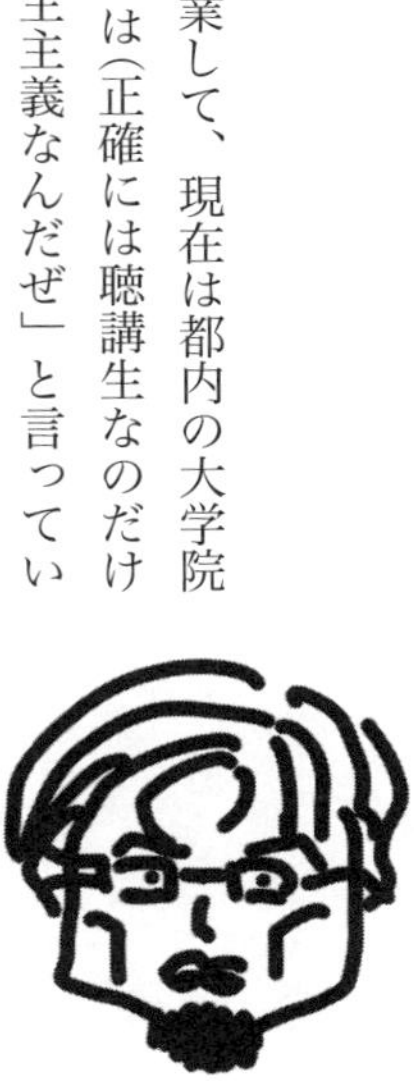
©どっきょ

オークダーキ

明治学院大学をなんとか二〇一六年に卒業して、現在は都内の大学院で政治学を勉強しています。高橋ゼミ的には(正確には聴講生なのだけど)OBです。源一郎先生は「ぼくらの民主主義なんだぜ」と言っていたけど、ぼくが紹介したいこの本(宇野重規『〈私〉時代のデモクラシー』二〇一〇年)も民主主義の話です(タイトル的には真逆ですが)。

この本によれば、現代では社会関係の唯一の起点が〈個人〉になっているといいます。〈私〉は一人ひとりが強い自意識を持っていて、どこか孤独であったりもするそうです。一人ひとりは違うのに、どうやって〈私〉は〈私たち〉の社会を作ることができるでしょうか。本書の結論を引用すればこの問いへの答えはこうなります。「〈私〉が〈私〉であるためにこそ、デモクラシーが必要なのだということになります。〈私〉が〈私〉であるためには、〈私〉が〈私〉であることを確認するためのものが必要です。それを他者と呼ぶことができるかもしれません」。デモクラシーというのは、一人ひとり違う〈私〉同士が出会いながら、〈私たち〉というものの輪を広げる努力をすること。真剣に向き合い、出会うことなんだと思います。

伊藤比呂美 人生相談教室

2016年5月19日

『女の一生』

新赤版　1504
2014 年 9 月 26 日刊行

「月経とは？」「摂食障害について教えてください」「セックスが苦痛です」「むなしくてたまりません」「子どもがひきこもっています」「別れたい」「恋をしました」「一人で死ぬのが怖い」……．年を経ても尽きない女の悩み．いくつもの修羅を引き受け，ひたすら生き抜いてきた著者が，親身に本音で語りかける人生の極意とは．

【目　次】

まえがき
おさない女
自分に向き合う若い女
たたかう女①—性と女
たたかう女②—社会と女
たたかう女③—生殖と女
たたかう女④—家族と女
自分に向き合う若くない女
老いる女
或女の一生
あとがき

伊藤比呂美(いとう・ひろみ)

1955 年東京都生まれ．詩人．1978 年現代詩手帖賞を受賞し，新しい詩の書き手として注目される．第一詩集『草木の空』(アトリエ出版企画)以後，『青梅』，『テリトリー論』1・2，『伊藤比呂美詩集』などの詩集を発表，『河原荒草』(以上，思潮社)で 2006 年高見順賞，『とげ抜き 新巣鴨地蔵縁起』(講談社)で 2007 年萩原朔太郎賞，2008 年紫式部文学賞を受賞する。1997 年に渡米後，カリフォルニア州と熊本を拠点として活躍。他に『良いおっぱい悪いおっぱい〔完全版〕』(中公文庫)，『読み解き「般若心経」』(朝日新聞出版)，『犬心』(文芸春秋)，『父の生きる』(光文社)，『木霊草霊』(岩波書店)，『ラ・ニーニャ』(岩波現代文庫)など著書多数．

生きちゃいなよ!

伊藤比呂美さんとは、わたしがデビューした直後に出会った。わたしは新人小説家、比呂美さんは、新進気鋭の詩人だった。長い、長い付き合いになる。妹のように感じるときも、同志のように思えるときもある。そう、もしかしたら、結婚していたかもねと話すときもある。いろんなことを知っている(知らないこともたくさんあるが)。長い間、会わないときもある。そういうときでも、噂話で、元気らしいと聞くと、安心する。

比呂美さんは、ほんとうに素晴らしい詩人で、当人はどう思っているのか知らないが、素晴らしい小説も書く。でも、妙な言い方だが、それ以上に、本人が素晴らしい。なにがって、その存在が、だ。

このプロジェクトでは、岩波新書の著者に来てもらうことになっている。幸いなことに、比呂美さんのものもあった。とにかく、学生たちに、比呂美さんを「見て」「聞いて」「感じて」もらいたいと思った。その理由は、この「人生相談教室」を読んでいただけたなら、分かるはずだ。

自由であること。生きること。何かを考え、理解し、想像し、創造すること。いうまでもなく、小説家や詩人は、そういったことについて、日々、書き、考え、実行している。そして、その成果を、作品として、わたしたちは読むことができる。比呂美さんも、もちろんそうだが、彼女は、さらに、付け加えるべきものを持っている。

この回では、比呂美さんに自作の詩を朗読してもらった。ぜひやってもらいたいとお願いしたのだ。詩の内容も強烈だが、実は、朗読も圧倒的な迫力がある。学生たちは、ショックを受け、混乱したと思う。いろいろな意味で。ほんとうのところ、なにかを学ぶためにいちばん必要なことは、ショックを受けることなのだ。すべての大学に(あらゆるところに)、比呂美さんに行ってもらい、比呂美さんを見てもらいたい。そうすれば、この世界は、もうちょっとましなものになるはずだ。比呂美さんは、その作品で、いや、その存在で、「生きちゃいなよ!」と言っているのだから。

(編者)

高橋　じゃあ、ここからは伊藤さんに取りあえずお任せします。

伊藤　はい、では、時計をここに置いて、と。で、何分しゃべるの？　一〇分？

高橋　そうですね、二〇分ぐらいお願いします。

伊藤　私も話し始めたら止まらないタイプなので（笑）。（撮影している記者を見て）あのね、すごいおばあさんに撮れるんですよ。自分としてはね、自分のイメージがあるわけですね、だから、鏡を見るったって、自分が見たいものしか見ていない。でも、写真だと、人の目でありのままを見られちゃいますよ。そしたら、こんなおばあさんだったんだって。

高橋　結構ショックだよね。

伊藤　ショックでしょ。しかもほら、源一郎さん、今いくつ？

高橋　六五だって言ったじゃん（笑）。

伊藤　「高橋源一郎（六五）」とかって新聞で読むじゃないですか。すごいショックなの、これが。私が六〇なのはいいんだ。着々となっているから。高橋源一郎が六五？　なんて。

高橋　僕も着々となってるよ（笑）。

伊藤　いや、あたしにはすごいショック。前の夫の西成彦が六〇とかって新聞で読んで、六〇のおじいさんと私、結婚していたわけ？　みたいな。

高橋　いや、年齢については、ここに集まっている諸君には分からない世界だよね。

伊藤　いつか分かる。

伊藤　私、若い時つらかったんですよ、いろいろとあって。いろいろといろいろとあって。で、三五ぐらいの時に私、第二次のすごい鬱が来て、もう死ぬかと思って、ヤク中だったし。鬱だったし。

高橋　病院入っていた頃だね。

伊藤　そう。あの頃はお助けいただきまして、ありがとうございます。そうやっていろいろあって、今六〇じゃないですか。で、五〇過ぎたらものすごく楽になった。だから女の一〇代半ばから、二〇、三〇、四〇とずっとつらいんですけど、五〇になったらみんな楽になる。あと少しです(笑)。ところが、こんなに楽になった我々が手にしていないのは若さです。あなた方を見るとピカピカしてるじゃない？　こういうのって本能的に殺したくなることが多いんですけど(笑)。でも、今我々はそのピカピカを持っていない代わりに、自由さが心にあるって思うんですよね。

普段私が話をする時、聞いてくれるのは、大体同世代ぐらいの女なんですね。つまり、おばさんっていう人たち。私、二〇代で仕事を始めたから、二〇代の時に私を知った読者が、まんま一緒に年を取ってきた。漫画雑誌の読者みたい。『ビッグコミック』とか、もう漫画の主人公も読者も高齢化しちゃって、あんな感じで一緒に年を取ってくると、どうしてもね、読者が限られてくる。源一郎さんは、若い読者が得られている、とても希有な作家だと思うんですけど。私の場合、やっぱりどうしても同世代なんですね。そして、大体女なの。

で、ある時点から私は男っていうのを全く視線に入れなくなって、もう男なんて誰それ？みたいに、女にしか語りかけたくなかったんですよね。それがこの『女の一生』っていうのを書いたら、何か憑きものが落ちたようになって、あ、男がいたんだわって。「男の一生」っていうのがあるのね、みたいな感じになったんですね。でも、そういうわけで長いこと女にばかり語りかけてきたので、月経とか大好きなんですよ。経血なんてもう超好きなのね(笑)。膣の話もボンボンするし。女にはいいわけ。みんな持っているものだから。でも、男の子に対してこれ話すのは、セクハラじゃないかと、この年になると思うわけですね。こういうところで無理矢理あなた方が逃げられない状態でそれを話すじゃないですか。でも、話すわけよ(笑)。万が一気分が悪くなったらごめんなさい。さっきもね、源一郎さんに言ったんだけど、「まあいいんじゃないの」ということで、今日はセクハラOKということで(笑)。自己紹介、これじゃあ、駄目？

で、文学です。本職は詩人です。思い出しますねえ、あなた方くらいの時にね、もういくらでも書けて、立ってるだけでいっぱい湧いてきて、地下鉄に乗ってもずっと書いていたし、知った人に会うと無理矢理見せたりしてね。それがまあ現代詩だったんですね、一番初めに出会って書き始めたのが。なんで現代詩かって、分かんないんですけども。その当時は文学の創作を教えてくれるところがあんまりなくて、「新日本文学会」ってところに行ったんです。

高橋　そんなの、誰も知らないよ(笑)、いまでは。

伊藤　知らないわよね。まあ、あったわけ、そういう、教えてくれるところが。そこに行ったんですよね。そして最初の日にクラスを決めた、小説のクラス、詩のクラスって。小説をやろうかと思っていたんです、実は。で、行ったら、詩人の講師が入ってきて、その人があんまりキラキラキラキラしていたものだから、つい入っちゃったんですよ(笑)。そうしたら、その次の日、よく見ると、あまりキラキラしていない、普通のおっさんだったんです(笑)。あの時何かあったんだろうなと思って、運命みたいなものが。その詩人が、書いたものを褒めてくれたんですよね。当時、私は摂食障害の真っ最中で、とてもやせていたんです。そして、かわいかったんです(笑)。やせていてかわいかったものだから、まあそれはいいんだけど(笑)、詩を書いて先生に出したら褒めてくれたんですよ。褒められるとうれしいじゃない？ それまで褒められたことがなくて、まあ学校はろくでもなかったし、受験はまあほんと失敗した方だし。何もできなかったし、摂食障害になったたし、もうボロボロだったしっていう感じで、褒めてもらったらうれしいじゃない。で、また書いたんです。

その時、先生がね、君の感性が、みたいなことを言うわけ。その言葉を知らなくて、家に帰って辞書を引いて、「感性」って何かと、で、また書いて、また褒めてくれて、またってそれをやっていたらやめられなくなった。阿部岩夫さんっていう詩人なんですけど、後で知ったら「褒め殺しの阿部」って有名だった(笑)。他にも何人も褒め殺された人がいたっていう、そんな感じで詩に関わったんですけど。

当時、知っている詩というのは、中原中也と宮沢賢治、萩原朔太郎と、あと太宰治(太宰を詩人としたらね)。まあ文学少女だったから一応読んでいましたけど、現代詩っていうのは読んでいなかったんですね。それで書いていったから、ある意味どこか自由に書けたっていうところがあるわけです。吉本隆明とか吉岡実とか、有名どころも全然読まなかったんです。で、書き始めてから現代詩やってるんだから読まなきゃと思って読み始めたけど、難しいんですよね。で、私難しいのが頭に入ってこないタイプで(笑)、全然読めない。でも、唯一つかんだのが鈴木志郎康。それから富岡多恵子。ものすごく面白かった。自由だった。言葉に特化された感じで、今まで読んできた文学にはないものを感じた。この二人の影響はものすごく受けました。

そうやって自分の詩を書いてきたんですけど、大きな転機は大学の二、三年の時。アメリカのフェミニズムの詩人を、大学の先生が翻訳したんですよね。それを私が下訳したんです。それが面白かったんですよ。それはフェミニズムだから、もう本当にセックスのことがバンバン書いてあった。親のセックス、母のセックス、おばあさんのセックス、自分のセックス、自分の性器を全部書いていて、汚い言葉もバンバン入っているのね。でね、カントっていう言葉があって、CUNTです。今でも私はそれをどう使うのか分からないし、使ったことはないんですけど、それを訳さなくちゃいけなくて、女性器って訳したんです、辞書を引いて。そしたら、先生から電話が掛かってきて、「比呂美ちゃん、駄目よこれは、こんなんじゃ駄目なのよ。カントはおまんこって訳しなさい」って言うんですよ(笑)。分かりました、って。先生の言う通り、そのままおまんこにして、出版したら結構評判になったんですね。

当時まだ書き始めの詩人だったから、さっそく自分の詩の中でも「おまんこ」って書いてみた。そうしたら、まあ批評家に嫌がられた。詩の業界っていうのはね、批評家っていうのはすなわち詩人なんですよ。まあね、本当にせせこましい、本当に小さいところなんですけど。取りあえず男の批評家が、そう、女の批評家はほとんどいないと思っていいんです。あの当時は今よりもっといなかった。その、男の批評家に喜ばれたような嫌がられたような反応でした。嫌がられたんだけど、どこかで喜ばれているっていうのも感じたわけ。

さっきも言ったんですけど、若かったの。やせてたの。かわいかったの。で、この三拍子揃った女がですよ(笑)、おまんこって書くんだから、それは喜ぶ。それって本当に棒の先に毛虫か何かくっつけて、ワーイとかってスカートめくりしている男の子の心境と同じだったような感じです。あるいは、援交している女子高生みたいな感じ。使えるものは何でも使おうみたいな感じでのし上がってきたのが私です。すいません。反省してます(笑)。おじさんたちの何かスケベ心をずいぶん手玉に取ってきたなと思うんですけど。

ただ、やっぱりすぐ気が付いたのね、あ、これはいけないと。「おまんこ」って、これは実は使ったことがなかった。普通に東京の裏町の裏通りで育った普通の子なんで、「おまんこ」って言葉は知ってはいたけど使ったことがなかったのね。だから、自分で使ったことがない言葉を自分の行為を表すのに使っていいのかって思った。それでね、これじゃいけないと思って、それから変えていったんです。じゃあ何ていう言葉で我々の性行為なり性器なりを表すかというと、ないんですよ、適当な言葉が。みんな手垢がついちゃってて。それで、愛用しているのがセックスであり、ヴァギナであり、英語で言うとヴァジャイナなんで、今はついそれを使ってしまう。それから膣っていう言葉が大好きなのね。それから月経とかも大好きなんですよ。カンカンカンって響く感じの固めの漢語が好き。で、あとペニス。ペニスはやっぱりペニスだろうということで、男根とか言うと、汚いし。陽根、陽とか言いたくないし、こっちは陰かい？　みたいな感じでしょ（笑）。だからそうやって医学的な用語を使うことになっちゃったっていうのが自分のやり方ですね。

で、何でそこまでセックスにこだわるかっていう問題でしょ。それはやっぱりあなた方ぐらいの時はそれしか頭になかったからっていうことがあるんですけど、でもそれ以前にね、例えば手なら、私、手をケガしたの、なんて言えるじゃない。指と指の間をぐっさり切っちゃって血が出たなんて言えるし書けるでしょ。でもこれがセックス行為、あるいは自分の生理的なものになると、言えないじゃないですか。書けないじゃないですか。日本の近現代の文学で、もちろんそんなの全部読んだわけじゃないんですけど、なんだかセックスの行為って何となく隠してあるような、淫靡な感じで書いてあって、これ違うんじゃない？　っていつも思っていた。私は摂食障害で、食べる食べないがいつもうまくできなかったんですけど、それについて書きたかったから書いた。でもそれについて書くなら、同じように、自分にとってはプライベートで、しかも大切で重要な話題である、セックスする、セックスしない、セックスがうまくできるできないって、まあうまくできたことはないんですけど、それを書きたかった。若かった頃はね。そういうことを書きたいから書く。その時には普通の言葉を使いたいと思ったんです。手や足や頭や、あるいは心、そんなのと同じように。そういうふうに自分の性器を書いてやりたいと思ったの。自分の性行為も書いてやりたいと。それで何か最終的になるだけニュートラルな言葉でというふうになってきたわけですね。

現代詩って多分小説とすごく違う。現代詩を書き始めた時はね、自分がここにいる、対象が、いまここにある、それで、その対象と自分との距離をいつも測りながら書くのが現代詩のような気がしたんです。いつもこの視点で見る。この自分の視点っていうのを変えずに書く。だから私小説って実はよく知らないんですけれども、私が書いているようなものをよく私小説的って言われるんです。でも、私小説と思って日本の近代小説を読むと、何かベタベタしていて、くみ取り便所のにおいがして、畳は湿っていて、何かそんなイメージがある。少なくとも距離の取り方も取れてない。私は違うんだっていう意識がずっとあった。対象との距離の感覚がある。対象と自分との距離はいつもきちんと測っていた。もうミリに至るまで測って、そこはバランス感覚なので、その上で対象を見る、それについて書く。それを見つめる。それで自分から距離を測りながら書く。これが現代詩だと思っています。
それをやり始めると、やっぱり対象があって、自分がここにいるから、主語が「私」なんです。わたし、あたし、わたくし、何でもいいんですけど、とにかく「私」なんですよね。それでずっと書いてきたわけです。ところが、あることがあって、小説っていうのを本格的にやってみようと思った。二〇年ぐらい前にアメリカに子どもを連れて移住したんですよ。前の夫と別れて。前の夫と二人で折半で暮らしていたから、いなくなって一人になって、ああ、どうしよう、どうやって子どもを育てていこう、と思って。そしたら、どうも小説書くと儲かるらしいと聞いたわけです(笑)。

高橋　そんなの嘘だよ、嘘(笑)。

伊藤　って思って、編集者に小説書きますと言って、これからこうやって暮らしていかなきゃいけないから、まじめにやりますからとかって言って書いたんですよ。でも、やっぱり「私」なの。私からしか書けないのね。で、「私小説みたいだ」、っていっぱい言われて嫌になっちゃった。小説はそれで書けなくて泣いて帰ってきた口なんですね。
詩人って、よくリクルートされるんですよ、文芸の編集者から。小説書いてみない？って。やっぱり向こうの方が大きな業界で、こっちは弱小業界だから、みんなフラフラと行くわけですよ。で、みんな一応やってる、とても成功した人もいる。泣いて帰ってきたのは私だけ(笑)。でも、実はちょっと得意です、これが。自分というものをいつも書いてきたでしょ。小説でも必ず自分っていうものがなくちゃいけないと、そんなふうに書いてきたんですけど、五〇歳になったぐらいからね、おやっと思い始めたんです。本当に「私」のことばかり書いているのかしらって。違うなって思ってきた。「私」ということを、私ぐらいきちんと突き詰めれば、「私」っていうことはすなわち「私たち」なんだと。つまり「私たち」っていう意識で、人に発信していたし、できてきたんだということが分かってきた。今は「私」って書いているのはすべからく「私たち」です。いや、すべからくでもないかな。時々そうなる時があるってことです。なるとうれしいなっていうのが一応私の理想です。文学としての。

もう一つは、アメリカに住んで、ほとんど英語で暮らしてみると、文学って言った時に、いろんなリアリティ、いろんな言語のリアリティの中に、いろんなものがあるのをまじまじと見ちゃった。これはまあ、前から考えていたことで。それこそ源一郎さんに出会った頃からよね。こういうことを話していた。前の夫が比較文学ってのをやっていたから、その影響かもね。日本文学は、世界の文学の中の一つだという考えとともに、現代詩だ、現代小説だ、現代文学だっていうのは、すなわち現代美術や現代音楽や現代哲学や現代何とかと全部つながっているべきで、その中にある自分の表現なんだっていうことをすごく大切にしています。

私にはすごく弱い部分もある。それが、私は社会的に発信していないってことです。あなた方の先生すごいでしょ。見ていると、ああ、昔取った杵柄というやつで、全共闘の恨みを今ここで晴らしているんだなと(笑)。楽しいんだろうなって思って見てましたけど、私は五歳下で、三無主義の学生だった。この(源一郎さんの)世代が卒業した後に私は高校に入ったんです。この世代は全共闘って呼ばれて、衆を頼んで、社会的にワーワー騒ぐ世代だったんですけど、私はその後だったから、もう何もなくなっちゃった高校に入っていった。先生たちは学生を怖れて何もしないし。もう何て言うんだろう。荒れ果てた荒地に足を踏み入れた一人のか弱い女の子だったんですよ。そこで自分を作っていく時、何を自分の指標にしたかというと、前の世代がやってたみたいに社会とは関わりたくない、っていう意識ですね。関われない、もうあれは終わったみたいな感じ。オワコンっていうやつですか、今で言う(笑)。

だから、あの頃、私が頼りにしたのは自分の体なんです。その頃はセックスを知らないから、セックスってどんなものだろうとかね。オナニーばっかりしていたし、それから摂食障害ですよ。あとは経血とか、月経とかね。摂食障害ってやっぱり自分の中の危機だったんです。自分がどう生きていくか、生きていかないかっていうギリギリのところで。多分皆さんは摂食障害になった子以外は、飢えるっていう感覚を知らないと思うんですけど、ほんとに飢えたんです。飢えて死ぬか生きるかの飢え方だったたんですよね。これって例えば戦争で、命からがらになって逃げ出した人たち、あるいは何だろう、地震で命からがらになって生きるか死ぬかの目に遭ってきた、そういう人たちって、人生の外から来る敵にもみくちゃになるわけです。外の世界で大きな敵に遭う、熊みたいなものに出遭って、こっちの命が脅かされるからそれと戦わなくちゃいけない、みたいな。それが何かね、内から来る危機でもって自分の存在が危うくなった、それがまさに摂食障害だったたんですね。

それから、男と対面してセックスするっていうのも、まさに自傷行為に近い経験だったたんです。結婚するっていうのはまさにそうだった。子どもを産むなんて、内の中から生理がごちゃごちゃになっていって、訳が分からなくなって、おお、自分だ、自分だ、自分だっていうので取り戻したような経験だった。更年期もそうだったたんですね。つまり、源一郎さんとの大きな違いっていうのはそこかなあ。社会的な発信ができない。でも実は、し

たくもない。その代わりに私は、内から発信していく。だからこれに共鳴する人もいる。これが必要な人もいる。私たちは、内からの危機をこういうふうに生き延びるんだってこと、指し示していきたかったんじゃないかなって思うんですよね。

えっと、さっき、朗読をしろと言われたんです。三〇年前の詩なので、超恥ずかしいんですけど。「カノコ殺し」っていう詩です。詩に出てくるカノコって、うちの長女。まだ生きてますからね。読みますね。

カノコ殺し

「そら、脚だ。胎児の大きさを知るには四肢のどこかがいちばんいい。この場合は一五週で正しい」
大きさはほぼ三インチ。もぎとられたもも、ひざ、ふくらはぎ、足、五本のつま先でできている。
「一週間に二回、生きて生まれたことがあります。ここの女性たちがみんな、自分の赤ん坊を中絶する気持を何とかおさめようとしているこのフロアで、赤ん坊の泣き声がしたわけですからね」

というような本を読んでいると妹が
このあいだがきんちょをおろした
と言いました
妹の語彙で
がきんちょをおろした
がきんちょはおろされた
おめでとうございます
カノコはおろされませんでした
ひろみちゃんはやったことがあるか
と妹が言うので
ある
とこたえました
でもがきんちょをおろすというのは
わたしの語彙ではありません
カノコはおろされませんでした

わたしは
カノコによく似たはずの胎児の妊娠を中絶したわけです
カノコによく似たはずの胎児は成長して
カノコによく似たはずの生児を
わたしは得られたかもしれませんが
それはカノコのことではない
滅ぼしておめでとうございます
滅ぼしておめでとうございます
滅ぼしておめでとうございます
わたしは掻爬による妊娠中絶したことがあります
滅ぼしておめでとうございます
あなたのあかちゃんは大きかったから
お乳が出ますよと医者は言った
と言われてもただへらへら笑っているより対応のしかたが分らない
へらへら笑う

へらへら笑う
へらへら
へらへら
でもおめでとうございます
ほんとうにお乳は出てきました
つよくひねると白い液がにじむ程度で
乳房ははらないし
かゆくもなんともない
かわいくもなんともない
おめでとうございます
何にせよ
お乳が出るってことはめでたい
何もなかったところから
のめて甘味もあるものが
わくんですもの

それをのめば太れるんですもの
お金を出して買う「牛乳」と
同じようなものを
わたしが分泌するのですもの
おしっこみたいに分泌するのですもの
つばや涙やおりものみたいに分泌するのですもの
肛門から口から尿道から膣から
夥しい乳がわいて出てくるんですもの
うれしくなって
たのしくなって
おめでとうございます
わたしは妊娠中期に中絶したことがあります
あかちゃんが女でしたか男でしたかとたずねたのですが
あかちゃんがという言い方では嘘をついています
胎児がと言わなければいけない

当然、女か男か教えないことになっています
ショックが大きいから
母体の
母体は考える
カノコに似た女の胎児かカノコに似た男の胎児か
わたしは妊娠中毒症したことがあります
わたしは胞状奇胎したことがあります
子宮にあふれたつぶつぶを全部見てしまいました
あれもやっぱりカノコに似ているはずです
わたしは子宮癌したことがあります
わたしは子宮と卵巣摘出したことがあります
わたしは分娩したことがあります
わたしは微弱陣痛の吸引分娩したことがあります
わたしは会陰切開したことがあります
たのしい妊娠したことがあります

子宮は充実して
全身は充血して
いくらでも過食して
分娩のことを考えると
際限なくマスターベーションできた
のぼりつめる娩出の瞬間を思いやる
たのしい妊婦の指の動き
わたしはだから哺乳したこともある
滅ぼしておめでとうございます
滅ぼしておめでとうございます
六か月経ちまして
カノコは歯が生えまして
乳首に噛みつき乳首を噛み切りたい
いつも噛み切る隙をねらっている
カノコはわたしの時間を食い

カノコはわたしの養分をかすめ
カノコはわたしの食欲を脅かし
カノコはわたしの髪の毛を抜き
カノコはわたしにすべてのカノコの糞のしまつを強要しました
カノコを捨てたい
汚ないカノコを捨てたい
乳首を嚙み切るカノコを捨てるか殺すかしたい
カノコがわたしの血を流すまえに
捨てるか殺すかしたい
捨てるか殺すかしたい
わたしは嬰児殺ししたこともあります
死体遺棄したこともあります
産んですぐやればかんたんです
みつかりさえしなければ中絶よりかんたんです
みつからずにやってのける自信は

いくらでもあります
カノコはいくらでも埋められます
埋められたカノコおめでとうございます
おめでとうございます
おめでとうございます
しないではいられない性交
受胎せずにはいられない何十人ものカノコ
まびかずにはいられない何十人ものカノコ
ひとりだけのぞいて
それが今のカノコで
それが乳首を噛み切りたい
滅ぼしておめでとうございます
滅ぼしておめでとうございます
滅ぼしておめでとうございます

滅ぼしておめでとうございます
たのしい継子のせっかん
たのしい継子殺し
わたしはしたことがあります
自分の子の方がかわいい
たのしい子捨て
わたしはしたことがあります
自分の方がかわいい
滅ぼしておめでとうございます
滅ぼしておめでとうございます
滅ぼしておめでとうございます
みんながいわってくれました
源一郎さんがメドック
樋口さんがバラの花
浩平さんがうさぎさん

石関さんがくまさん
宮下さんがおむつかばん
志郎康さんが犬はりこ
阿部さんと岩崎さんが現金
みんながいわってくれて
ありがとうありがとう
うれしいカノコは
乳首を噛み切る
おめでとうございます
わたしはカノコを
たのしく捨てたい
じめじめじゃなくうしろめたくなく
たのしくカノコを東京に捨てたい
おめでとうございます
滅ぼしておめでとうございます

滅ぼしておめでとうございます
てる子ちゃん
中絶しておめでとう
みほ子ちゃん
たけちゃんをすてておめでとう
くみ子さん
ともくんをころしておめでとう
まりさん
ののほちゃんもすてれば？
まゆみさん
胎児は女でしたか？男でしたか？
りこちゃん
こうたくんもそろそろすてごろ
みんなですてよう
乳首を嚙み切りたくて歯を鳴らしている

娘たち
息子たち
いろいろなことがある

高橋　いやあ、久しぶりに聞きました。やはり、いい詩だなあ、ほんとに。じゃあ、お座りください。
伊藤　源一郎さんと話すんだっけ。
高橋　そうだよ。いや、話したくない?
伊藤　いや、どうぞ先生。

高橋　伊藤さんの自己紹介と朗読をしていただきました。ちょっとここから僕と伊藤さんのお話タイムになるはずで、実際にも対談をしているのですが、頁数の都合で削ります。残念。

伊藤　あ、これだけは残しておきたい。この対話で感動したのが、出会った頃、とっても惹かれあってたから結婚してもよかったんだけど、しなかったよねえという話。でももし結婚してたら九年くらいで絶対離婚して、私はアメリカに行って結局同じようになってるだろうという、三〇秒くらいで人生総括する結論が出た(笑)。

高橋 というわけで、ぼちぼち、伊藤比呂美の人生相談を始めましょうか。何でもOKなのでざっくばらんに。とりあえず聞きたい人は？

学生 こんにちは。国際学科三年のY＊＊カナコといいます。伊藤さんの『おなか ほっぺおしり〔完全版〕』(中公文庫)を読んでいると、娘さんのことを書いているじゃないですか。そして、私と名前が似ているじゃないですか。詩を朗読されている時、私が殺されているみたいな気がしました(笑)。

伊藤 すいません。殺すしか能がなくて。

学生 質問です。さっき高橋先生が、この『女の一生』についている伊藤さんの年譜のことを話したと思うんですが、ほんとに最初から最後まで細かくいろいろなことが書いてあったんですね。いついつこうして月経が来たとか。けれども、一九九一年にNさんと離婚する前後、「いろいろある。ほんとにいろんなことが人生にはある」って書いてあったり、離婚した後にも、いろいろなことが人生にはあるって強調している感じがして、何があったんだろうと思ったんです。もしかしていまはまだ言えないようなことがあったのかな、と。

伊藤 そうですよ。まさにその通り。エグザクトリーです、英語で言えば(笑)。言いたくないのね。まあ男なんですよ(笑)。で、男ともう、死にそうになるぐらい、ぐちゃぐちゃあって。

それはね、ちょっと、書きたくない。相手のあることだし。でも、本当にその後、どれだけ影響を受けたか、そのことに。それから何回も何回もそのことをいろんな形で書いてきた。だから自分にとっては大切なことなんですけど、人に言ってどうする？ みたいな感じですね。それでちょっと省略いたしました。自分だけ分かればいいみたいな感じで。

高橋　あまり言えないというわけですね。

伊藤　そう。

高橋　いろいろあるはずだよね。書けないことが。

伊藤　やっぱり私の人生だしね。私、あからさまに書いているように見えて、書いてないこといっぱいあるし、書きたくないことは書かないし、嘘を書いた方が面白ければ嘘を書くし、そしてそれがまさに文学という行為なんではないかと。

高橋　よろしいでしょうか。それでは他に。

母の呪い

学生　国際学科四年のM＊＊です。本の感想は、結構、他にもたくさん読ませていただいたのですが、嵐のような人だな(笑)、って思いました。私の母の家系の人たちが結構激しい人たちなので、何となく勝手に親近感を覚えていました。

相談というか、親子の話を聞きたいと思いました。私のひいおばあちゃんがこの間一〇〇歳になって、まだ生きているんですが、祖母はひいおばあちゃんのことをお母さんと呼べなくて、そこで親子の確執があるんです。私の母もおばあちゃんとあまりまだうまく付き合えなくて。私もちょっと母とはあまりうまくいっていません。いろいろあって、ですね。今でも、そんな一〇〇歳になっても、まだ親子の確執があるんだって、思いました。比呂美さんの本の中で、「母の呪い」っていう言葉がたくさん出てきたと思うんです。その呪いが解けたのが、お母さんが死ぬ直前に、あんたがいて楽しかったよって言ってくれた時だということなんですが、その呪いが解けるまでは、どういう苦しみがあったんでしょうか。あとは娘さんのこともたくさん書いているじゃないですか。さっきの「カノコ殺し」とか、娘を殺したいっていうことを書いていて、その娘さんがそれを読んでどんなふうに思うんだろうって、そういうことを聞けたらいいなって。

伊藤　ちょっと立っていいですか。向こうの、奥にいる人たちの顔が見えないので。最初の質問、なんだっけ。あ、呪いね。うちの場合は、そんな大きな呪いじゃなかったんですよね。私がこういう人間なので、私の方が多分一五倍ぐらいエネルギーがあるんです。母はそれが分からなかったっていう、そういう呪いなんです。一応ね、私を当てはめようとしたんです、普通の女に。ちゃんと結婚した普通の女になれ〜っていう呪い。

　不思議なことに、母はやっぱり苦労をして、貧乏な家で苦労して育ってきた女だったから、私はいつも手に職って言われていたんですよ。何か手に職を、って。だから大学に行って先生の職でも手につけろと。でも、手に職と言っておきながら、結婚して妻になれ子を産めってことも言う。そう言っておきながらも、セックスは嫌いっていうのもはっきり打ち出してくる。セックスなんて汚いって。経血を漏らすと、粗相って言われたんですよ。粗相って辞書を引いてみると「過ちを犯すこと」。粗相って言うかって思うわよね。経血って出しちゃいけないのかって。何かそういうふうにね、矛盾したことを、ごちゃごちゃにミックスされたメッセージを出す女だったのね。

　本人はヒステリックで、更年期も、つわりも、お産も、つらくてたまらないと思ってたんですよ。ぜんぜん自分の体や生理を楽しめないタイプ。母に対抗するには、いちいちを、オフにして、無視していかなくちゃ駄目だったんですけどね。あと、この人が女としての体を楽しまないんなら、私は精いっぱい楽しんでやろうとも思いましたけどね。でもそれだけ。ああ、この人、分からないんだな、きっと、っていうのが分かったのが四〇ぐらいの時。それまではまあ、一応むかついて、でもそのうち戻って、またむかついて戻ってっていう感じだった。でも、ある時、あ、この人は分かろうとしないんじゃなくて、分からないんだなって思った。まあそんな感じですね。

最後の言葉についてM＊＊さんが今言ってくれたんだけど、そうなの、最後に、死ぬ前にね、あんたがいて楽しかったよって言われたの。こういう子だから大変だったけどさって。あれで呪いが解けたと思ったんだけど、あれで呪いが解けなくても、死んじゃっても、さっき源一郎さんが鏡って言ってたでしょ。お父さんが映ってると思ったら、自分だったたっていう鏡の話。

私、母が使っていた古い鏡台をね、友だちが、あ、いいわねって言うから、簡単にあげちゃったんです。それっきり忘れていたんだけど。少しして友だちの家に行ったら、その鏡があったんですよ。あ、お母さんの鏡台だって思って開けてみたらお母さんがいた。あらあ、お母さんだって思って、ほんとうは自分なんだけど。ものすごくなつかしかった。そんな形で、呪いが解けることもあるんだなと思った。

だから、今よく毒親とかって言っているじゃないですか。あれ、すごく分かる。毒親って口に出して言うとずいぶん楽になる。毒親って批判して、その毒親から逃げるっていうこと、一つの方法としてあると思うんだけど、そればかりじゃなくて、許すことを考えないと、自分が自立しないと思うんですよ。どこかで自分は自分、あの人はあの人、この人はこの人って考えていくと、いつの間にか呪いも解ける。だって、まさにお母さんが自分なんだから。

うちの場合、孫がいるでしょ。カノコが子どもを産んで、その新生児を抱いた時に感じたの。新生児って白くてピカピカしていて、それを抱いているこの手が、私の母の手だった。嘘、これ私の手？　みたいな。お母さんの手がニョキッと私から生えて、そこで赤ん坊を抱いているように感じたわけですよね。すごく感じた。あ、こうやってつながっているんだなって。さっき源一郎さんが言ったように。

あとは子どものことを書いてどうかということなんですけど、私、子どもが三人いるんですよ。子どもってね、本当に違うの、一人ひとり。一番上のカノコは、私に似ている。適当で、ドーンとしていて、ものを作りたい意欲がある。『読み解き「般若心経」』（朝日文庫）っていう本にまたカノコが出てくるんですね。すごく面白い感じで自分が書かれたっていうことを利用していますね。カノコが大学に行くので家を出ていく時に、やっぱり親として何か言わなきゃいけないなと思って、与えた言葉が「カノコ、人生ちょろいから」（笑）。しばらくして電話が掛かってきて、「お母さん、ちょろかったよ」（笑）っていう子どもだったのね。

一番下はトメ。これがまた強い。子育てって二、三回やっていると、三回目って超どうでも良くなっちゃうんですよ。勝手に育っていくわっていう感じ。食べさせておけばいいだろうみたいな。で、すごく強くなって、悪たれになった。ある時こんなことがあったんです。その父というのが、私よりすごく年上のユダヤ系イギリス人のインテレクチュアルで、何でも理詰めで行く人でね。で、四歳ぐらいだったトメに、自分が幸せになるのと、お友だちが幸せになるのとどっちが大切だって聞くの。四歳児に何を聞くか、って私は呆れてね。ほんとに、西洋人のインテリは困るなあ、て思ってたら、トメがね、しらーっとして、自分が幸せになるって答えたの。私は内心、大喝采で、よし！って。トメはそのまま悪たれ人生を生きています。

そして真ん中の娘、これが難しかった。この子のことは書けなかったんです。で、全く書けないで来て、ちょっと書いたんだけど、やっぱりバランスが取れなくて。『伊藤ふきげん製作所』(新潮文庫)っていう、思春期を書いた話があって、その子はここくらいしか出てこない。しかもあれ、書く前に子どもたちに検閲させているから、OKが出るところしか書いていないのね。ところが、それでね、何て言うんだろう。もともと難しい子が、特にこういう母親で、いろいろな経験があって、トラウマが重なって、トラ・ウマどころじゃなくなってライオン・シマウマみたいな関係になっちゃって、もうどうしようもなくなった。ところが、あれは『とげ抜き』(『とげ抜き 新巣鴨地蔵縁起』講談社文庫)の時ですか、もう超書きたくて書きたくてどうしようもなくなった。その時だけはね、まじめな顔をして、悪いけど、今あんたのことを書かなかったら、私は詩人として駄目だからって言った。そうしたら、向こうも私の迫力に押され（笑）、いいよって言ったのね。

ところが、不思議なことで、これがね、私が親子関係乱反射と呼ぶシンプトムなんですけど、その子が、ふと言うのよ。お母さんは姉のことは書いてる、妹のことも書いてる、でも自分のことは書かない、自分はお母さんにとってインビジブルなんだって。見えないってことね。何言ってんのよ、私あんたのことを心配して、あんたがセンシティブでフラジャイルだから、繊細で壊れやすいから、書かなかったのに、何それ？　って思ったのね。つまり、彼女としては書かれたっていうことで、ちゃんと、私はお母さんの子どもとして認められているっていう感じを欲しかったみたいなんですよ。で、それを、言われてからね。

高橋　どんどん書いてる？

伊藤　やっぱりちょっとずつしか書けないけど。で、私、翻訳をやっているんですけど、理論社で『ビリー・ジョーの大地』（カレン・ヘス、二〇〇一年）っていうのを出した。『ビリー・ジョーの大地』は、一四歳の子が苦労しながら生きているっていうそういう話なんですけど、最初にその本を本屋で見た時に、うちの子みたいって思ったの。うちの子、アメリカに連れていった後、三年間家の外でしゃべらなかった。学校にもぜんぜん適応しなかった。その子にこれ読む？って言ったら、読むって。で、読ませて、面白かった？って言ったら、面白かったって言うのね。じゃあ翻訳しようよっていうので、私、仕事を取ってきたんですよ。で、彼女に下訳をやらせた。

その頃はもう本当にね、(娘は)ボコボコでいつ自殺するか分からないような状態だった。怖かったんですよ、私もね。ところがね、翻訳した日本語を持ってこさせて私が見るでしょ。プロだから、文章を読めばその人の状態が分かるわけですよ。そんな感じでやりとりをしているうちに、あ、これは死なないなっていうのが分かってきた。その子が本当にカチコチの固い日本語を書いてくるから、これは大変だなっていうことも分かってきた。これだったら生きづらいだろうって。そのことはね、岩波新書の『翻訳家の仕事』(岩波書店編集部編、二〇〇六年)っていうやつに実は書いていています。その時には、もう書いてもいいやって感じになっていた。つまりすごく立ち直っていた。

私たちは、八百屋がダイコンを売っているようなものなんですよ。ダイコンをまず仕入れてこなきゃ商売にならない。八百屋に子どもがいたら手伝うでしょ。農家に子どもがいたら、農作業、手伝うでしょ。

高橋　家業だからね。

伊藤　そう、家業だから。お母さん、これやってあんたたちを養っているんだと。家業として、モデルになるのは当たり前じゃんっていうので言いくるめたところもあります。

高橋　ということで、もう昼休みの時間になりました。ちょっと休んでまた三限から開始です。比呂美さん、どうもありがとうございました。お昼ご飯はこっちです。

白い木綿のパンツ

高橋　特別教室の三回目でついにアルコールが登場しました。アルコール禁止っていう規則あったっけ？　どっちにせよ、生徒は駄目だけど、先生はいいんだよ（笑）。

伊藤　何やったってね。

高橋　比呂美さんはゲストだしね。すいません、じゃあ先生と伊藤さんは一杯飲みながらやらせてください、授業中なんだけど。それでは三限の人生相談教室を開始します。

伊藤　立たなくていいから、座ったまま話してください。私、アメリカでよくやっているんですよ、こういうの。やっぱり詩人って、いろいろなところに呼ばれるっていうのが仕事の一つです、アメリカ国内もヨーロッパもいろいろ行った。アメリカ人って、もう本当に、聞けばいいだろみたいな感じでどんどん聞いてくるのね。ところが、聞いているうちにね、本当に、本質にふと行ったりするんですよ。つまらない質問をするんだけど、誰もそれがつまらないと思わないんだよね。で、こっちも思わないわけ。つまらない質問だと思ったことがないわけですよ。かえって日本に来て、大学にこうやって呼ばれると、あまりの皆さんの行儀の良さに(笑)、う、となっちゃう時がありますね。ちょっとやっぱり違和感があるんです、まだ。

昔、日本の某大学でやった時、すごく面白い話をしてたのに、学生の顔が一人もぴくりとも変わらなくて。私の普通のお客さんたちはおばさんたちで、おばさんたちなら大笑いしてくれるようなところにも、ぜんぜん笑わない。聞いてもないかもしれない。後で先生に聞いたら、ちょっとロボット化してますって(笑)。人間化する方法もあるんです(笑)みたいなことを言われて。よく知らないことについては価値が自分で決められない。伊藤比呂美ではちょっと無理かも、夏目漱石ならOKかもって(笑)。有名だから、価値がもうちゃんと決まってるから、安心して人間にもどって笑ったりできるんですって。

高橋 ロボット化しているんだ。

伊藤 だからその辺がね、難しいところですね。

高橋 ここにいる子たちは、たぶん、まだ人間だと思います。では、何でも、どうぞ。

学生　E＊＊です。取りあえず感想として、さっきの朗読を聞いていた時、それまでがすごく面白い感じの人なんだと思って聞いていたのに、何かその時だけ、憑かれたみたいに人が変わっていて、悪い意味じゃなくて怖いっていうか、すごい気迫っていうか、そういうものを感じました。

聞きたいことなんですけど、全然人生相談じゃないんです。ろくでなし子さんの問題ってご存じですか？　自分の性器を型取りして、それをアート作品として発表して、逮捕されたんです。それについて質問なんですが。日本って、男性器は笑いになるじゃないですか。バラエティとかで出てきた時でも。芸術的に見ても、例えば海外でも裸像とかで普通に男性器が描かれていたり出ていたりするんですけど、女性器って日本では特にタブーなの？　っていうか。それは絶対触れちゃいけないもの。隠しておかないといけないものみたいに思われている。そんな感じがしてるんです。

以前にも、モデルさんがインスタグラムって写真投稿のSNSがあるんですけど、それに上げた写真が女性器を想像させるからどうだこうだと言われて炎上したり、ろくでなし子さんの問題とかも、それは芸術・ポルノの境目がどっちかという論争もあるんですけど、それは置いておいて、女性器というものが何でこんなに日本でタブー視されているのか、を疑問に思っているっていうのと、それに対して伊藤さんはどう思っているのかなと。

伊藤　私、日本に住んでないから問題がよく分かってない。本当にタブーなの？

学生　本当に胸とかだったらバラエティでも、女性の芸人さんが出ていても、それが笑いになっていたりするし、男性器も同じです。でも女性器だけはそういう扱いをされているところは見たことがないっていうか、してはいけない扱いになっているんだなって思うんです。

伊藤　昔も、あえて見せるものじゃなかったけど、そういうものこそ見せると面白いのよ。

学生　ろくでなし子さんの問題もありましたけど、こういう話は友だちとはゼミ以外ではあまりしません。ゼミの子たちはこんな話をすると、あ、分かるみたいに言ってくれるんですけど。そういう話がしてみたくて。日本でそういう感じになっていると思うんです。

伊藤　そりゃどんどんそういう話をしなくちゃ。わざわざおまんこと言う必要はないと思うけどね。女性器でいいのよ。でもよく見るように変に気を使って必要もないのに伏せ字にしたりしないで、はっきり、女性器、セックスって言えばいい。女性器を出すのが必要と思ったら、どんどん出していけばいいじゃん。私としては、それだけのような気がします。

高橋　それでおしまい？（笑）

伊藤　うん。だってね、ろくでなし子のアートが、面白いか面白くないかはまた別問題ですよね。それはともかくとして、それを取り締まるというのは一〇〇パーセントおかしい。だからもうそれだけ。感想としては。

高橋 伊藤さんは、そういうものを逆に出してきたでしょっていう話だよね、詩の中に。抵抗はなかったのかってことですね。

伊藤 ないっすよ(笑)。で、また抵抗があるところが面白いわけで、摩擦があるから面白いわけでしょ。抵抗も何もないものを出して、それで詩になるかっていうと、ならないでしょ。恥ずかしいとか嫌とか汚いとか、そういうのを出していくのが詩なので。だからそれは抵抗はなかったですね。先人たちもいっぱいいるしね。

私、若い時に、七〇年代の終わりくらい、写真家の荒木経惟さんに会ったんです。アラーキーね。でね、彼の事務所に行ったら、壁から天井から、ヴァジャイナの大写しの写真がダーッと貼ってあって、息を呑んだ。ああいうのが当たり前と思って生きてきちゃったから。普通出して歩かないから、撮るわけでしょ。書くわけでしょ。作りたくなるわけでしょ。ああいうことをやった人を規制するとか何とかって、絶対おかしい。窮屈ですよ。

最近、新聞読んでいると、不倫した芸能人がいろいろと問題になっているじゃないですか。あれもさあ。ほんとに日本人、あんなにみんな一夫一婦制を信じてるの？ 日本の文化ってやっぱり息苦しい。何かみんな、何て言うんだろう。見えない制服を着ているみたい。みんな内向きになっている感じ。そう思って、こういうところにやって来て、若い人たちと話すと、あれ、一人ひとり違うんだなって分かるんだけど、外国にいて、そこから見ている日本文化は、本当に内向きになっている気がするんですよ。

高橋 日本がね。

伊藤 日本が。自分の周りのことしか価値観を認めないみたいな。それはね、悲しいですね。

高橋 アメリカは違うの？

伊藤 アメリカはまたちょっと違うの。それはね、日本のリベラルから見たらアメリカってくそなんだろうけど。

高橋 僕はそんなこと言ってないけど(笑)。

伊藤 言いたいでしょ(笑)。でもね、どこかにやっぱり、どれだけ道からはみ出しても戻れるところがあるのね。いろんな道が選べるの。うちの娘なんか、大学をドロップアウトしたのね。休学しますって言いに行った時に、カウンセラーの人がね、いつでも帰ってきていいんですよって言ったわけ。この間六〇年代に休学した人が帰ってきたのよって。

高橋 すごいね。

伊藤　うん。高校出て、学費の安い短大に行って、単位を稼いで、大きな大学にトランスファーすることもごく当たり前だし。学校離れて、何年かしてからやっぱり勉強しようって帰ってくる人も多いし。どんな格好をしていようが、何をやっていようが、誰にも何も言われない。

私、一番むかつくのがね、日本に帰ってくると、太ったって言われるのよ、日本の人々に(笑)。近所の人にしても、編集者にしても、私の顔を見て、伊藤さん、太った？って。口に出したらさすがに悪いと思って、あら？って言って手をこう横に広げたり。私、もうむかついてむかついて。で、なぜなのか分からない、なぜ言うのか。だってね、太ったと言われてすごくうれしいと思う中年の女はいますか？いないでしょ。それをなぜ言うのか。やっぱりね、それで分かるのは、日本の文化って、我と人との間に線を引けないってこと。で、あ、あなたの変化に気がついていますよってていうことをわざわざ言うことで、自分と人をつなげて連帯感を感じさせようと思っているんじゃないか、無意識に。大きな間違いですよね。

この間、私ね、言われた時に、「それ言われて、私はちっともうれしくないし、言われても私がやせるならいくらでも言ってほしいけど。言われても私やせないし、マジで、何でそれを言うのか分からない」って言ったら、サーッと青ざめてどこか行っちゃった(笑)。熊本で私が住んでいる集合住宅でも、帰るたびによく言われる。だからある時、掲示板に、「伊藤です。

太ったのは分かっていますから言わないでください。特に何号室の何さん」って書いたわけです。それからは怖がられてて何も言われませんよ(笑)。
私、ああいう日本人性が、一番嫌なんですよね。自立、自立とか言っておきながら、本当に線を引けないで生きているのが日本文化に住む人々ですよ。

高橋　なるほどね。そういうことは普段気が付かないもんね。僕も見えない制服を着ているって話はよく分かります。よく考えるとおかしいんだけど、その典型が大学なんだよね。大学って普通四年で卒業して、就職するっていう以外は、全部ドロップアウトみたいなものだから。っていうか、いったん出たら戻ってこられない。そうなってますね。

伊藤　就職するのだって、あのほら、変な服着るじゃないですか。髪の毛こうして、後ろでまとめて。あれ、何て言うの？

高橋　リクルートスーツ。

伊藤　あれを見た時はびっくりしたなあ。私たちの時にはなかったもんね。私ね、だいぶ前に、初めてあれを某私立の女子大で見たんですよ。この大学、制服あるんですかって聞いちゃった。でもそれ以上に着てる子たちの態度がふしぎだった。ちょうど、アメリカの女子大二か所で立て続けに話をして、直後に日本に来て某女子大に行ったんですよ。そしたら、学生がみんなあれを着て、話しかけてもあーとかうーとか言ってて、まともに返事もできないわけ。それで、尻子玉って知ってる？　カッパがよく取るやつ。

高橋　え？　何？　尻子玉って？

伊藤　カッパって昔いたでしょ。尻子玉って、肛門の辺にあるんだけど、みんなあれ取られちゃってるみたいな感じで、膣をすぼめて立っているわけですよ。何で膣を隠す？　こんな感じで。みんなそうやって尻子玉取られて、膣を隠して、ボーッとしてる。アメリカの女子大の学生って、共学の女の子よりずっとフェミニズムの意識が強いんです。ＬＧＢＴの意識もすごくあって、レズビアンは多いし、トランスジェンダーも多いし。はっきりしゃべるし。そういうところから日本に来ちゃうと、びっくりするだけね。あまりの差に。

高橋　そっちの方が問題なんだよね。性器を隠すというよりも、こうするなって言われて、唯々諾々と従っているということでしょ、日本の文化は。

伊藤　私さ、すごく行儀が悪いじゃない？　股は開くし、脚は開くし。で、この間、日本近代文学館の「声のライブラリー」で源一郎さんと上野千鶴子さんに来てもらったでしょう。そうしたら言われたの、初めてじゃないのよ。

高橋　誰に？

伊藤 お客さんに。足癖が悪いって。

高橋 アンケートに書かれたのね。

伊藤 うん。子どもの頃からお行儀よくしなって言われて、そのたびに反発してたのね。その結果こうなった。でも、何でこうじゃや駄目なの、みたいに思わない？ だってズボンはいているんだしさ。パンツ見せてるわけじゃないしさ(笑)。話してる内容には関係ないしさ。分からないの、私そういうのが。

高橋 比呂美ちゃんの『女の一生』の中に、その話が出てくるでしょ。僕、結構好きなんだよね、あのエピソード。中学の先生で、沖田先生だっけ。

伊藤 これはですね、あの頃、そういう先生がいたってことをじっくり書いたんです。中二の時に、ミニスカートをはいていて、大根足とかって言われている先生がいたんです。お化粧をいっぱいしていたから、お面とかも言われていたんですね、社会科の先生でした。その先生がね、みんなと掃除をしていた時の話。で、しゃがんで、こうやって床を磨いていたんですよ。そうしたらパンツが見えるわけよね。で、女の子たちが、先生、見える、見えるとかって言って。それも、先生に直接言わないで、クスクス笑うの。そして私はいつも何か、あまりみんなの中に入れなかった女の子だから、友だちいなかったしね。で、何か意地悪だなと思ったの。

見える、見えるって言うんじゃなくて、先生見えますよって言ってあげればいいのにと思いながらこっちで掃除してたら、先生がね、その子たちの方をパッと見て、しゃがんだままパッと脚を広げたの。「何よ！　減るもんじゃなし」って言って。デカパンの白い木綿のパンツだったんですけど（笑）、ああ、かっこいいなって思った。こういう女に私はなりたいって。

高橋　なったじゃない（笑）。

伊藤　沖田先生のおかげです。

高橋　いい先生だよね。それ僕は、教育だと思うよ。本当の。

伊藤　本当にこういう教師がね、一人いただけで全然違うもん。

高橋　その先生、体張ってるよね。

伊藤　そう。あの木綿のパンツ、いまだに忘れられない。今誰もはいていないよ、あんなの。

沖田先生、どうしたかなあ。

高橋　ということで（笑）。次の相談です。

学生　僕は、伊藤さんの『父の生きる』（光文社文庫）をまず読んで、感動したんです。さつき伊藤さんは、私が私たちになった感じが、五〇歳になったぐらいからあったたっておっしゃっていたんですが、僕はやっぱり『父の生きる』を読み始める時に、伊藤さんがお父さんを看取る話にちょっと共感できるとは思わないで読み始めたんですね。全然自分と違うし、年齢も離れているし。でも読んでいたら、やっぱり何かその、自分の感情の中で、今までこういう感情になったことがあるなって思って読んでいたところがあって、僕はあれ、すごく好きです。

伊藤 ありがとうございます。

学生 関係ないんですけど、僕は、すごく良くしてもらった受験時代の先生を思い出しちゃいました。

もう一個読んで面白かったのは、伊藤さんも現代語訳に参加している、河出書房の「日本霊異記」と「発心集」(『日本霊異記／今昔物語／宇治拾遺物語／発心集(池澤夏樹＝個人編集 日本文学全集08)』河出書房新社、二〇一五年)です。日本の古典みたいなものをあまり読んだことがなかったので、突拍子もないところ、例えば、坊さんが突然死んだり、突然いなくなったりっていうところがすごく面白かったです。

で、相談というか質問なんですけど、僕はフランス文学を学んでいて、ヨーロッパのものを学んできました。伊藤さんは、本の中でも書いていたと思うんですが、旦那さんがインテレクチュアルなユダヤ人で、自分は自分であるっていうところが強くて、けんかの時も情け容赦なく論破しようとしてくるって。で、伊藤さんはアメリカに住んでいて、そういうインテレクチュアルな西洋の人たちの嫌なところも見てきたし、いいところも見てきたと思うんですけど、西洋に行ったことは、日本の翻訳をやり始めることに関係があったのですか。行ってみて、日本はここが良かったなとか、日本のことについて思うことはありますか。

伊藤 日本はここが病気だなとか、気持ち悪いなとか思うことはありますよ(笑)。いやマジで。さっき言ったみたいに、人との間に線を引けないとか、学生がロボット化してるとかね。成田に降り立った瞬間にね、感じるの、ああ日本なんだ、知らない人と目が合ったら嫌そうに無視される日本なんだって。とか言いながら西洋の知識人たちの強引な考え方や、テニスの試合みたいな対話のしかたには日々むかついてるし、日本人のあの、なんとなく輪になって、ぽーんとボールをよそに放って「あ〜」とみんなで見て、少したったら一人の人がそれを拾ってきて、またぽーんと投げてみんなで「あ〜」と見てるような会話のしかたにもイライラする。あ、これ、数人の日本人の会話のメタファです(笑)。

でもまあ、日本を離れたからこそ、日本の自然について考えることになったし、日本の古典にはまりこむきっかけにもなったと思いますね。なにしろカリフォルニアは砂漠地帯でものすごく乾いていて、そこにふだん住んでいて、夏に子ども連れて戻ってくると、こっちは梅雨で蒸し上がってるでしょう。あたりいちめん植物が繁っている。真夏なんて植物として生きた方が人間でいるより住みやすそうな感じで。そしたら、その植生がまるで自分の生と重なってるみたいに感じる。しかも私は昔から帰化植物が好きだったんですけど、こうして移民として暮らしてみると、それはまさに自分だ、みたいな。そしたら世界のリアルと自分のリアルが、植生みたいなところでつながったというかね。

もともと東京で生まれて育って、詩人としてのキャリアを始めた。それから熊本に行ったんですよ。で、熊本ってかなり遠いところで、東京に出てくるのに一時間半ぐらいかかるんです。それからアメリカに行ったんですけど、さらに遠くて、十数時間かかる。どんどん人里離れたところに行っちゃって、同時代の作家や詩人から遠くなっちゃった。自分が高橋源一郎さんと同時代なんだなっていうのはかろうじて感じますけどね。で、実は本もろくに読まない人間なんで、ますます遠くなっちゃう。漫画は読むから、私は同時代性っていうのは漫画から取っている(笑)。

自分の同時代を同時代と感じられなくなったっていうことは、五〇〇年前、一〇〇〇年前の人たちをむしろ同時代と感じてしまう。翻訳さえしてあれば、古代の日本でも、古代のローマやギリシアでも、どこでも同じなんですよ。そんな感じで私は古典にはまっていったような気がしますね。そうした時に、確実に生き延びた人の言葉の方が確実に面白い。我々は今ここで生きているけど、一〇〇年、二〇〇年して、私たちが残っているかどうか分からないでしょ。でも、あの人たちは確実に残ってきたんだもん。その人たちの同時代の書き手はもっとたくさんいた。みんな必死で書いて、読まれたのに、どんどん忘れられて、何百年何千年を生き延びた人たちだけが、私たちが読める人なわけですよ。もう言葉のクオリティがぜんぜん違う。日本語で言えば、「発心集」の長明とかね。「日本霊異記」の景戒とかね。これは外国にぽつんと住んでいることのありがたみと思ってますよ。

高橋 確かに。伊藤さん、どうもありがとうございました。では、次。

学生 四年生のKO＊＊と申します。感想は、私も一番印象に残ったのはさっきの朗読です。それまで朗読って、別に、紙に印刷してあるんだから自分で読めばいいじゃんって思っていたんですけど、初めて聞いてみて、あ、こんなに印象って変わるものなんだっていうのが今の感想です。

本当に人生相談になってしまうんですけど、私は昔本当にコンプレックスの塊で、今よりずっと太っていたし、人見知りだし、話もうまくないしっていうのがあって。そういうのを一個一個嫌いになって、じゃあ克服するにはどうしたらいいかっていうので、なんとか全部克服してきたつもりなんです。そうやって克服してきたのに、今就職活動を始めてみて、いろんな人からいろんな面を全部否定されてしまって。本当につらくなってきてしまったんですね。伊藤比呂美さんの本を読んでいると、全部自分は自分って認めてあげているし、人からの視線もそんなに気にしていないし。そういう生き方ができたらすごく楽だと思って、楽しく生きられると思うんです。そうなるにはどうしたらいいんでしょう。

伊藤　だから普通に生きようとか思うと駄目なので、初めから変人として生きるとずいぶん楽なんです。だから変人の勧めなんです。就職活動ってやっぱりすごくつらいと思うのね。否定されるのが基本でしょ。だから否定されたら人間って誰でもみんないじけるし、おかしくなっちゃいますよね。で、本当を言うと私のお勧めは、どこか行っちゃって、二、三年どこかでね、何とか協力隊をやるとか、二、三年バックパックで動き回るとか、どこかでボランティアやるとかやって、ハッと気が付いた時に、おっと、ちゃんとした就職をしないときちんとお金にならないなと思ったら、もうとにかく手当たり次第に探して、就職していくっていうやり方。

あるいは、就職しないでも貧乏で一生暮らすっていうところに価値観を変えるといいんじゃないかなと思うんですよね。

あの中に入って生き延びられる気力、私もないです。あの就職活動みたいなのを今聞いていると、ほんとに。とにかく目指すのは、変人だと思いますね。どれだけ変人になれるか。どれだけ人と違えるか。実際にそれは楽かっていったら、楽じゃないのね。やっぱり日本人って本当に枠があるから楽なの。枠の外に住もうと思うと、それなりに自分で自分の何か、自分っていうものを信じなくちゃいけないし、自分が信じられないし、そこでゆがむんですけど。まあ五〇になってごらんなさい。苦労して五〇になってみたら、私はね、そうやって生きた方が自分らしいっていうふうにね、生きていられると思うんですよ。五〇になったら七〇はすぐですからね。七〇になったら八〇はすぐだし。

高橋　大丈夫、あとは死ぬだけだから(笑)。

伊藤　ほんと。人間って死ぬために生きているんだなって思うんですよ、この年になると。多分皆さんは感じられないと思うんだけど。だからいかに自分らしく、変人として生きるかっていうことを主眼にして生きていって、一刻一刻を大切にしていったらその方がいいと思います。何だろうね。逃げろ、ってことね。嫌なところから逃げるっていうのは一つ大きいと思う。

そして、変人。この二つですね。

高橋 伊藤さん、確か、就活してますよね。

伊藤 就活ね。したけど全部落ちてます(笑)。私、普通の会社に就活しなくて、教師になろうと思っていくつか受けたけど、全部落っこちたのね。全部落っこちて、唯一引っ掛かったのが埼玉県。で、臨時採用で入って一年間やっていたけど、一年で辞めちゃいました。

高橋 就職してないようなものだ。

伊藤 ろくにしてない。源一郎さんは、した?

高橋 ここが初めての就職先です(笑)。五五歳にして初めて就職しました。

伊藤 私、人との口の利き方が分からないし。お行儀よくないし。いまだにこんな感じでしょ。でも、詩人っていいですよ。うちの集合住宅、熊本の。ごみ出しを間違えても、ああ、伊藤さん、詩人だしって(笑)。

高橋 いいね(笑)。

伊藤 小学校の保護者会でもね、私眉毛を間違って紫色で描いて気が付かなかったの。子どもが、お母さん、今日紫だったって。でもその時も、ああ、伊藤さん、詩人だしって(笑)。

高橋 認めてもらっているわけだ。

伊藤　変人です。

学生　変人になるのに勇気はいりませんでしたか？

伊藤　いりますよ。でも、ほら、私、初めからわりと落ちこぼれていて、初めから変だったから、人と同じになろうという努力をむしろしてこなかったんですよね。それでだんだんだんだん普通の人と接点ができてきて、あれ、ずいぶん違うじゃんっていうのが分かったので。初めからわりと平気でした。そうでしょ。

高橋　変人でも大丈夫。

伊藤　世の中にいっぱい先達の変人がいるし。

高橋　そうそう。変人がいる。変人は変人を知るっていうことだよね。そういうこともある。

伊藤　ここの高橋先生のゼミを取っている時点で普通じゃないわけだから（笑）。

高橋　確かに（笑）。

伊藤　それをちゃんと意識して、こういう変人を社会で探して、頼っていけばいいんだろうなっていうこと。

高橋　なるほど。それはいいですね。じゃあ、次の相談です。

のし上がる

学生　僕はこの大学を辞めたばかりで。辞めて、レールを外れる時に、考えているだけでつらいみたいなことを言っていたんですけど、本当にそうでした。辞めるのを二年間ぐらい悩んで。

伊藤　何を辞めたの？

学生　この大学を辞めたんです。

伊藤　いま、ここにいるけど（笑）。

学生　すぐ近くに住んでいて、面白いから来ちゃいなよって先生が言うから、来たんです。

高橋　大学は辞めたけど、ゼミには来てねって言ってるんです。

学生　大学は辞めて朝から働いているんですけど、レールを外れてみたらそうでもなくて、でも何かいろいろな就活のセミナーみたいなところから電話が掛かってくるんです。就活どうですか？　って聞かれて、あ、僕、大学は辞めたんですって言ったら、すいませんとか言われて。聞いちゃってごめんなさい、すいませんって言われて。ちょっとイラッとしたんですけど。外れてみたら、とにかくお金も掛かってきたりして、働いたりとかしているんです。それで、質問なんですが、伊藤さんが、若い頃はかわいくて、やせていて。

伊藤　もう一つなんだっけ。

学生　若くて（笑）。

高橋　若くてかわいくてやせてて（笑）。

学生　それを武器にして、何でも武器にしてやっていたって聞いていて、あ、じゃあ男って何を武器にすればいいんだろうって思ったんです。男の武器って何なんでしょうか。

伊藤　あなたの武器？

学生　はい。男の武器。

伊藤　武器としては、やっぱり若くてかわいいってまずあるじゃない？　いまあなた持っているじゃない？　それがまずあるんだけど。あとは高橋さんのところに来るような変人性っていうのがあるわけでしょ。ここで人前で話せるような積極性も。まだら積極性かもしれないけど、少なくともあるわけでしょ。あと人前で表現するだけの表現力っていうのがあるわけでしょ。で、あともう一つ。すごく大切なのは、ここでまじめに聞こうというまじめさがある。何か目の前にあるものに真剣に向かっていこうとするまじめさ、真剣さ、真摯さって言ってもいいんだけど、それがあるでしょ。今勘定しただけでもずいぶんあるじゃないですか。それだけ人に向かった時に、パンと出せれば、向こうが誠実な人であれば、必ず伝わる。

ただ怖いのは、世の中には誠実じゃない人がいっぱいいて、そういう人たちに巻き込まれちゃうと、相手の負の何かに負けちゃうのね、やっぱり誠実な人間の方が。だから本当にそこだけは、本当にかぎ分けていって、こういう誠実で、あるいはクラムジーでもいいから、不器用でもいいから、誠実に生きている大人を見つけて、そこにつながっていけばいいと思うんですよ。誠実、あるいは何だろう。何かもっと他の言葉で言えると思う。向かい合う時に、何かど真ん中みたいな。ど真ん中・剛速球みたいな人間が、一番いいですよね。

高橋　きちんと向かい合ってくれる人。あとは、本当のことを言ってくれる人だよね。みんな形式的なことしか言わないから。

伊藤　そうそう。形式的。で、向かい合えない人も多いのね。親だってそう。みんな、親いるじゃない？　親って、私も、自分も含めていろいろ見てきて、すごいね、何これ？って思うのは、親が子どもたちをやっぱり好きなわけよ。親ってみんな。すごく心配しているわけ。でもね、本当に多くの親が、子どもを見ているつもりで実は見ていないの。なぜかというと、自分が見たいのは、自分が見たい子どもだから。そこで行き違いが起こって、子どもが難しくなっていくわけですよね。子どものありのままの姿を見ている親がいたら、それはどんな親でもすばらしいと思うの。そういう大人を探すと、いいと思うんですよ。あまりいなさそうに思えるけど、これが結構いるのよね。

高橋 うん、いるいる。

伊藤 だから、何か私から見たら、いいところいっぱいあると思える。その着ているものもかっこいいし(笑)。そう。だから何が問題なんだろうって、思っちゃうよ。

学生 僕は奨学金を、三〇〇〜四〇〇万ぐらい借りちゃったんですよ。僕、就職が今できない状態なので、まずお金が必要なんですね。

伊藤 ああ、そうなの。アメリカも、今、奨学金の借金して苦しんでる学生が超多い。

学生 そうなんです。うちの家族には全然頼れないし。まあ、でもそんな暗い感じじゃなくてお金がないだけなんですけど。とにかく、お金が必要なんです、すごく。それで借金もある。そういう時に、友だちにワープア(ワーキングプア)っていうか、ドロップアウトしてワープアしている人が何人かいて、キャッチやりなよって言われるんですよ。キャバクラとかのキャッチやりなよ、儲かるからって。それでのし上がっていきなよって。僕はそういうことをしてのし上がっていきたいなって思ったりするんですけど、なかなかそこまで行けなくて。一年ぐらい前は本当にどうしようって思った時、いろいろ調べて、男が男に体を売るみたいな仕事があって。僕、ゲイにもてるので(笑)。行こうとして、応募要項まで書いたことがあるんです。だけど、送信が押せなくて、応募できなくてすごく悔しかったんです。何で悔しかったのか分からないんですけど。俺はそれができないやつなのかって思ったので。

今も、だからキャッチやりなよって言われている人に、俺行けないわって思ってしまって、本屋とかで働いちゃうんです。そして、いらっしゃいませって言ってるわけです。何かすごくまじめに働いていて、おまえはいいねって言われるんですけど。僕、このままだとすごい安月給でやばいなって思ってるんです。

のし上がっていくためにちょっと危険なところにも行きたいんですけど、どうやって勇気を出せばいいかなって。

伊藤 のし上がりたいの?

学生 勉強したいっていう気持ちはあるので、取りあえず何とかして時間を作りたいなと。

伊藤 のし上がりたかったら、何かを犠牲にしないと駄目でしょ。それって多分、自分らしさとか、自分の自由さとか、そういうものをある程度犠牲にしないと。のし上がるためには、まあ一番簡単なのは人のルールにはまることだから、それが就職っていうことだと思いますけど。そこで何か柔軟に対応していくっていう、柔軟性が大きいような気がするんですけどね。でも、多分それじゃないわよね。一発バンと儲けたいのね。

学生　いや、そうじゃなくて、取りあえず、奨学金を返して、生活費が出て家賃が払えればいいっていう感じです。ひと月一〇〇万稼がなくてよくて、本当にただ生きていければいいので。でも、僕の今の月給、一〇万とかなので、家賃・食費とかで終わっちゃうんですね。で、奨学金の返済まで行かなくて、親に頭を下げているので。そろそろ自分で稼ぎたいって思うんです。それぐらいでいいんです、本当に。一攫千金とかじゃなくて。

伊藤　どうしたらいいんだろう。

高橋　じゃあ、のし上がったらどうかな。お金の問題はね、僕も苦労していたので。

伊藤　してた、私も。

高橋　僕は、君たちぐらいの頃、ずっと肉体労働をやっていたし。あとはあまり人に言えないようなこともやってた。自分の中でまあ割り切ってね。抵抗があるって言ったでしょ。確かにそうなんだよね。先生なのに、こんなこと言っていいのかどうか分からないけど、やる時はやればいいんじゃないの？　さっきの、就活をして、普通の会社に勤めるのとあまり変わらないと思うんだよね。本当はやりたくないけど、やっぱりお金とか、世間の目とか、親の目とか、周りの目っていうのも入れてくると就活になるけど、でもそういう意味で、望まないけどそういうところでやらないとお金にならないっていうことはいっぱいあるよね。

僕たちは、基本的に自由業だけど、全部自由かというと、本当はやりたくないけど、やらなきゃいけないこともあるわけですよ。でも、そんなこと、どうってことはないと思ってますね。

伊藤 私たちの商売は、一見すごく儲かっているように見える商売なんですけど、私ぐらいだとそんなことはなくて。時給で考えたら最低賃金以下だと思うんですよ(笑)。でも、こうやって自由だし、あちこち人前で変人性を平気で振りまいていける。で、好きなことをいくらでも追求していかれる。それを考えると、やっぱりいい仕事だと思う。でも、ちゃんと働いている人に比べたら、本当に得るお金は少ないと思うんだよね。いつもお金がない。それをよしとするかよしとしないか。

私、だって服なんて何にも買わないもん。お金を、このくらいの年の女が普通必要と思っているところに払っていないと思うの、私。でも、自分が必要とするところだけは払っている。本とか。飛行機とか。そういうところ。で、貧乏なまま、生きちゃってるのね。だから、のし上がるって言った時に、何をモデルにしているのかがよく分からないけど、人並みの生活ではない何か、それを自分で見つけていけばいいのかなと思う。今、そして先生が言ったように、何でもやってみたらいい。私だって必要となれば売春だってやったと思う。ある意味、ストリップしてる感じはたしかにあったよ。売れるものは何でも売りますよ、みたいな。物書きってある意味そうなんですよね。
高橋　全てを売る仕事だからね。
伊藤　うん。
高橋　って考えると、だからね、まあ一番大切なものは何かっていうことですよ。だからそれさえ守れれば、あとは何でもいい。
伊藤　そうそう。一番大切なものは何ですか。
学生　一番大切なもの……。一番大切なものっていうのは、一言で言えるようなものっていうことですか。
高橋　いや、そうじゃなくてもいいよ。
伊藤　言えなきゃいいのよ。じゃあね、今、一番何をしたい？
学生　小説を書きたくて。
高橋　小説を書きたいのか(笑)。
伊藤　あ、じゃあもうそれしかないじゃん。書いて書いて書いて書いて書きまくって。で、どこかの文学賞に応募して、手当たり次第に読んでくださいみたいに言って嫌がられ。でも書いて書いて書いて書いて書く。で、また読んでくださいって嫌がられ。それしかないですよ。で、図書館に入り浸って本を読む。でも、今の小説は読んじゃだめ。スケールが小さくなるから。これ、現代小説の書き手を前にしてすいません。

高橋 いえいえ。

伊藤 私はそう思っています。

高橋 いや、比呂美さんの言う通りです(笑)。

伊藤 ほんと? 日本語で詩を書く人たちに、小説でもいいけど、本当に言いたいのはね、現代の同世代の、日本語のものは、あまり読みすぎるなってこと。そうすると、今やっている表現をスタンダードにしちゃうんですよ。私たちが見ているのは違うの。小説だったら、誰だろう。マルケスとかさ、ギュンター・グラスとかさ、フローベルとかさ、ドストエフスキーが同世代だと思って、それを読みながら、今の時代を感じてそれを表現する。もし才能があれば行けますよ、のし上がれる。才能がなければ駄目だよ。でもそういうものだから。

高橋 保証はないよね。でも、別に社会保障を求めてやっているわけじゃないから。どんな場合でもリスクがあるしね、一番大切なのは何かっていうと、平凡だけれど、自由ってことになるでしょう。自分のね。

伊藤 自由ですね。

高橋　全部さっきの質問にも関わるんだけど、自由が一番大事なんだよね、結局。就職という形だったり、働くという形だったり、家族という形だったりするけど、その渦中にいたとして、それでも、自分がどこかきちんと自由じゃないと絶対に不満が残るから。

伊藤　我々は多分それを優先したんだと思うね。

高橋　その結果、大変な目に遭ってもしかたがないと(笑)。

伊藤　で、実際に遭ってきたし、遭っている人たちを見てきたし、お金はいつもないし、買いたいものも買えないし、食べたいものも食べられないけど自由だわ。

高橋　僕はそこまで貧乏じゃありませんが(笑)。

伊藤　詩はもう本質的に貧乏ですから。

高橋　それで、何でやっているかというと、最終的には、自分が自由でないと、他人に対して何か書けないと思うんですよね。不自由な人間が何を言っても駄目なんだよね。伊藤さんも自由だから、伊藤さんが書いたものが届くわけ。それを保証するのが、作者である僕たちの責任だから。でも、自由であるっていうために何が必要かは人によって違う。お金が必要な人もいるし。時間が必要な人もいる。でも自分に対して自由を保証してあげなきゃならない。貧乏だけど自由な人もいるし、金持ちだけど自由じゃない人もいるでしょ。

伊藤 お金がなかったら自由だと思えない人もいるよね。

高橋 そうそう。だから、自分の自由を担保できるのが何かは、君が考えるしかないんだよね。では次。

死にたいぐらいつまらない

学生 僕も四年生なんですけど。S＊＊です。僕も大学を辞めてはいないんですけど、今年休学しています、一年間。それはまあ、別にいいんですけど、伊藤さんの本を一応読んだんです。でも、本よりも生の比呂美さんの印象が強烈で。先ほど、お年が六〇歳っておっしゃっていたんですけど、ぜんぜん見えないねって思いました。さっき自分でイメージと違うっておっしゃいましたけど、僕らからするとすごく魅力的に見えて。

伊藤 まあ！(笑) みんな、聞いた？

学生 そういう六〇歳になりたいなと思いました。それで、相談なんですが、僕、最近すごくつまらなくて。まあ今休学して、今年一応海外にちょっとだけ行こうと思って。九か月ぐらい。それで今はお金を貯めるために、毎日フリーターみたいな感じで働いているんです。就活したくなかったということもあるんですが、三年生の時に僕の周りの友だちが、そもそも就活していなかったんですね、結構。就活しないで、でも何するか分からないけどみたいな人が多くて。それもあって、それから、多分就活をまだしたくないからっていうのもあったんですが、その頃は、いろいろなことに頑張っているのが楽しかったんです。

話が戻るんですが、今つまらないんですが、高校の頃も、僕はすごくつまらないっていうか、嫌で。自分が嫌いで、ちゃんとまじめにものをやったことがなくて。サッカー部だったんですが、試合は何もしなくても出られたし、努力しないし。最後の試合で負けたのに、全く泣かなくて。何か泣いたふりしたんですね。みんな超泣いていたので。高校時代は頑張ったことがなくて、毎日ボーッとして過ごしていてつまらなかったんです。で、大学生になったらいろいろなことに絶対挑戦して、毎日忙しくしようと思っていました。最初はアカペラ始めたんですけど、その後格闘技とかいろいろやって。例えばムエタイをやって、今もちょっと続けていて、いろいろやっていたんです。

三年生の時までそれがすごく楽しくて、フリーターになっても、一応音楽はずっとやっていて、格闘技もやって、お酒もすごく好きで。そうやって楽しかったはずなんですけど、何かたまに一週間ぐらい、死にたいぐらいつまらないっていうか、そうなるんです。今は普通なんですけど。そういう時ってどういうふうに対処していったらいいのか。本当につらい時にどうすればいいか分からなくなるんです。仕事で、毎日スーツ着て、現場に行って、高校生の進路ガイダンスみたいなことをするんですけど、やっていても何も面白くない。時給はいいからっていうのでやっているんですけど。音楽もすごく好きなのに、ライブに出ているわけじゃなくて。やっているだけみたいな自分がいたりして。それじゃあ駄目だなと思って頑張るんですけど、それの繰り返しが正直つまらないっていうか。何をもって幸せっていう感じになれるのかなって。

伊藤 私は鬱の既往症がいろいろとあって、何をしたかというと、若い時はもうとにかく詩をずっと書いていたんですね。とにかく表現する、表現する、表現するっていうので鬱を何か吹き飛ばしたような気もするんです。三五ぐらいの時の鬱の時は、動いていたんですよ。もうとにかく動いていたの。いつも旅の空、朗読や講演でどこかから呼ばれたらすぐに行く。どこにでも行く。いつも体を動かしていく。いつも乗り物に乗っている状態を続けていたんです。で、どんどん新しいところに行って新しい人と会う。普通、鬱の人はこれできないわよって言われるんだけど、うちに鬱の素があったせいもあるから、家を出る、離れる。何かちょっとADHD入っているのかなあ、とにかく動いていないといけないみたいな感じ。

それが良かったと思うんですよね。で、いろんな人に会うでしょ。そのうちにだんだん、自分が、あ、面白いな、ってちょっとでも思ったら、それをどんどん突き詰めていく。で、また、あ、つまらないなと思ったら、また動き始める。また面白いって。名犬ロンドンみたいな生活ですよ。

日本の文学ってそれが基本なんですよね。能でも、説経節でも浄瑠璃でも。道行きっていうのがあって、道行きっていうのは、「道」「行く」って書くんですけど、何かっていうとね、例えば浄瑠璃だったら、ここからあそこまで死ぬために行くんです。女と男がこうやって歩いていくのね。でね、若い時って、死ぬ描写が大好きだったから、何でこんな道行きなんかしているんだろうって思ったの。早く死にやがれと思って(笑)。その部分はもうすっ飛ばして読んでいたんだけど、この年になって、この道行きっていうのが書きたくて昔の人は書いたんだと分かったの。なぜかというと、みんな感じていた、このつまらない、生きていられない、苦しくてやるせない、情けない、人生。でもやっぱり死ぬまで生きていかなければいけないから、それでみんな動いたんだろうと思ったのね。この町からこの町へ、この宿からこの宿へってどんどん動いていくと、少なくとも風景は変わり、人が変わり、リアリティも変わっていく。自分はそのままでも周りが変わるから、自分の悩みや苦しみの固まったやつがほぐれていくっていう、そういう効果があると思うんですよ。

で、今ほら、あなた、外国に行くって言ってたでしょ。どこに行くんですか。

学生 シドニーです。

伊藤 行くっていうだけで、また違う環境になるじゃないですか。で、いろいろな人に会うじゃないですか。そうすると、自分が変わっていなくても周りが変わるから、だんだん何をしなくちゃいけないかっていうことが分かってくると思うんですよ。だから、生きるのがつまらないのは当たり前だから、そんなにそれが自分にとって致命的なことだと思わずに、まあつまらないのは基本かなと、当たり前だなと思って、少しでも面白いものがあったら食い付こうという気持ちで行ったらいいと思うんですよ。

外国に行ったら、あまり日本人とつるまないで、いろんなもの食べて、どんどんしゃべって、外国語を。女か男か分からないけど、相手を見つけて、ファックの二、三個やってっていう感じで帰ってくるのがいいと思いますね。あそこにはいろんな文化があるはず。先住民の文化も、移民の文化も。辺境の文化を知るのもいいと思うんですよ。

もう一つは、やっぱりね、社会の辺境にいる人、弱い立場にいる人、人じゃなくてもいいの、動物でも、なんでも、そういう存在に、向かい合ってみるっていうのが大切だと思います。そうするとね、ばきゅんと胸のどまん中に来る。本当に来るの。私、前に知っていた子がいて、摂食障害で苦しんでいた子だったんですけどね。その子が老人ホームに手伝いに行き始めて、おばあさんのやせたお尻が自分のやせたお尻と同じ形だったたって言ってね。で、自分は食べられないのに、おばあさんがいくらでも食べるって言うの。そういうのをリアルに見て、ずいぶん変わっていった子がいた。どんな形でもいい、外へ出て行って、かといって、あなた、ちゃんと国際情勢は見きわめてね。無謀なことはしないのよ。矛盾してるように聞こえるけど、老婆心ってやつだから。とにかくそういう、まあとりあえず、そういう、自分より弱い立場、状態の、やっと生きてるような人たちや、ものたちや、動物たちに向かい合う。それで、ずいぶん生きる力が取り戻せると思うのよ。

学生　立ち止まらないで。

伊藤　歩く。

学生　歩き続ける。

伊藤　でね、初めからつまらないんだっていう感想を持っちゃ駄目。そうすると、捨てちゃって、それっきりだからね。貪欲になって、面白いものを探してやろうっていう気持ちがないと駄目なんですよ。若い人たちって、本を読んでいても、つまらないの一言でもう閉じちゃうのね。読むコツは違う。読むコツっていうのは、この本の中に、一言でいいから、自分の、あれ？ って思う言葉を見つけて、そこから入り込んでいくことなのね。全体を読んでも、もちろんつまらない。つまらなくていい。だいたい、あなた方は何も考えていないし、教養もないし、そんな人たちが、我々が一所懸命作ったものを分かるわけがないの、初めから。でも、つまらないっていうので閉じない。つまらないところから見つけていくっていうその努力は、人生の上でも有効だと思う。これもつまらない。あれもつまらない。あいつもつまらない。こいつもつまらない。でもその中の何かはきっと心にひっかかる。あ、もう少し知りたいなって思う。それで近づく。人ならしゃべる。そのバックグラウンドの文化はどうかなと。バックグラウンドのヒストリーはどうかなって知ってみる。これだと思いますね。
あなた、面白い格好しているし、これだけ個性があったら、シドニーでもいきいきと生きていかれるんじゃないかと思うんだけど。

学生 いきいきと生きるつもりで行きます。

伊藤 ぜひぜひ。

学生 それ、褒め殺しかもしれないですね。

高橋 そんなことはないよ。伊藤さんが言っているように、こういう世界に生きていたら鬱になるのがまともだよ。まともな人間は鬱になるんだよね、そもそも。

伊藤　今の若い人たちで、摂食障害にならずに鬱にならずに手首も切らずにね、ちゃんと性交して、明るく生きて、普通に食べて、ちゃんと寝て、勉強したいだけして、ストレスためずに就職できるやつがいたらおかしいよね。まともだったらできないと思う。

高橋　だから、鬱っていうか、つまらないとかさ、何のために生きているのかって思うのが普通ですよね。

伊藤　そのとおり。あのね、いいことを一つ教えてあげるね。アメリカの大学入試なんかでは面接って大切なのね。それのコツは何かっていうと、自分の挫折を語ることなんです。挫折したけどこうやって自分は乗り越えてきた、っていうことを語るのがコツなんですね。っていうことは、挫折することは悪いことじゃない。当たり前のことなわけ。だから、いまみたいに、ずっとつまらなかったんです、みたいに話して、だけど僕はシドニーに来てこれを見つけましたっていうのはものすごくアピールになるんですよね。

高橋　大丈夫ですよ、みんなその点は。きちんと挫折してるから。では次の相談をどうぞ。

伊藤　後ろの方で男の子が手を挙げていましたよ。

学生　三年のN＊＊です。この本を読んで思ったんです。僕は女の人と友だちで終わっちゃうんですよ。それ以上の関係にならなくて。この本を読んでちょっと女の人が理解できたなと思いました。どうやったら女の人と友だち以上の関係になれるでしょうか。

伊藤 それは女にも言えることなんですね。これはある人から聞いたんです、昔。あのね、顔全体に、あるいは体全体に、セックスしたいわっていうのを思ってですね、それを表現する感じで相手と向かい合えば、もう確実に落ちる(笑)。やってみたらどうですか。

学生 そういう行為をしたことがないから分からないんです。

伊藤 でもやってみたいでしょ。だからセックスって何だろうなみたいな顔をしたら、きっと顔全体がペニスになっているよね、そのときには。超簡単。

学生 今の相談に関連して、都合のいい女になってしまうのか、それとも本命になれるのかって、その違いってどこですか。

伊藤 それは難しいね(爆笑)。私も分かりません。そういう意味じゃ私も都合のいい女にずっとなってきたような気がする、やっぱりね。いま、反省しかけた。自分自身で生きようと思うから、男に経済的にも寄り掛からないようにしてきたしね。結婚とかも別にどうでもいいと言っていたしね。いや、本心は結婚大好きなのにね。これは駄目よね、男から見たら都合のいい女になっちゃう。でも、またこっちも男を利用しているわけだから、相手の男も私にとっては都合のいい男。だから、いいんじゃないの？ 都合のいい女とか本命とかって考え方そのものが、どうも女を、私が考えたいのとは違った感じで規定する言葉のような気がする。だから、もうそんなこと考えずに、自分の生きたいように生きればいいと思うんですよね。

で、たまたま好きになった人が結婚していたりしたら、奪い取ったっていいわけだし(笑)。セックスはしたいだけする、とかさ。どんな形でも取れるじゃない？　結婚して一対一で生きるっていうのが、ほんとに、そんなにイイかという問題が次に来る。そこの問題もまだ解決してませんよ、私には。だから分かりません。自分の生きたい生き方を考えていったら、都合のいい本命の女っていうのになるだけかも。

高橋　分かった？(笑)

学生　あと何十年かしたら、その考えが自分の中にも入ってくるかなと。

伊藤　更年期になればね(笑)。

高橋　いや、今でしょ、分かるべきなのは(笑)。では、他に。

正義は駄目

学生　三年生のＴＤ＊＊です。今、僕の祖母ががんの末期で、ほぼ看取りみたいな感じで、昨日も病院に行ってきて、あと残り少ないですねっていうところです。僕は、最近学科を変えて、今一年生とかとも授業を受けなきゃいけなくて、すごく忙しいんですね。レポートとか課題とか小テストとか、そういう勉強もやらなきゃいけなくて、そのおばあちゃんのお見舞いになかなか行けなかったりするのがたまってくると、申し訳ないなっていう気持ちに入り込んで、つらい気持ちになっていっちゃうんですね。伊藤さんは、ずいぶん介護とかやって、介護をしつつも動いたりとかする状況があったと思うんですけど、そういった時ってどんな心構えでいましたか。自分の仕事を……。

伊藤 優先する。

学生 本の中では、まず自分を大切にしているっておっしゃっていたと思うんですけど。そのバランスって、どうなっているんですか。

伊藤 まず一番大切なのは、自分のできることをすることですね。自分のできないことはしない。で、おばあちゃんも親も、みんな、あなたのことをかわいがっているのね。こんな孫が来てくれたらうれしいと思うの、やっぱりね。でも、おばあちゃんが一番望んでいないのは、孫が自分を犠牲にすることだと思う。それはもう絶対そう。だから私は自分の親の時も考えた。うちのお父さんは私のことをもう本当に超かわいがってくれたので、きっと私が自分を犠牲にしてまで自分の世話をすることを望んでいないだろうと。実は望んでいたんですけど、そう思わないことにしたわけ、私は。で、父も父親としての建前があるから、望んでいないよみたいなことを言っていたので、それをそのまま受け取ることにしたんです。

おばあちゃんは絶対に、あなたが自分を犠牲にして来ることを望んでいないと思う。来てくれればそれでうれしい。そういうものだと思う。基本的に親の善意っていうのは信じていい。おばあちゃんの善意、おじいちゃんの善意も信じていい。で、その時に、一番大切なのは、自分ができることをするってこと。その量じゃないと思うんですよ。いろんな介護の形がある。おむつ替えてる人もいれば、認知症の親を四六時中見てる人もいる。私みたいに遠くから通う人もいる。私がやった介護なんてね、飛行機に乗って遠くから行って、父と一緒に座って、相撲と野球と時代劇を見る、それだけなんですよ。あとは全部ヘルパーさんがやってくれたの。それでもね、お父さんのところに帰らなくちゃっていつも思ってるじゃない？　カリフォルニアにいる時は毎日電話するじゃない、どうしてる？って。これでも介護だと思うの、私がやれるだけの。

私はしょっちゅう帰っていたんですけど、半年にいっぺんぐらいしか帰らなくても、一年にいっぺんでも、それはその人の理由があるから、その人の生き方があるので、そういう形を取ればいい。それがその人の介護。で、認知症の親がいて、一緒に暮らして大変な思いをしているのもやっぱり介護。どっちがちゃんとやってて、どっちがやってない、なんてことはない。一人ひとりが一人ひとりのやり方で、一人ひとりの親なりおばあちゃんなりと関われば、彼らもいろいろな人がいるから、いろいろな形の介護があり得ると思うのね。

だから、今、TD＊＊君が、例えば一週間にいっぺんしか行かれないとしたら、自分はもっと、二回行きたいけどいっぺんしか行かれない。で、それは自分では残念だなと思っていても、それがTD＊＊君の持っている形だから、残念だなって思うだけでいいと思うんですよ。そうやって、自分を受け入れていくといいと思うのね。

もう一つは、介護っていうことにはよくあるんですけど、育児もそうなんですけどね、自分はやった。一〇〇パーセントやった。もういい。これで完璧なんていうのは駄目です。そうすると、自分が正義になっちゃうから。正義になっちゃいけないんですよ。正義は駄目よね。

高橋 いや、ほんとうに正義だけは駄目だよね。

伊藤 とにかく、自分が正義になっちゃうと、人を見下しちゃうのね。あるいは、これだけやってやってやってるんだから、見返りをみたいなことも考えないではないの。ちゃんとしろよみたいに思うし。じゃなくて、ごめんね、自分は何もできないけどっていう、このスタンスが、いいのかなって思うんです。特に介護にはこれが必要です。だから今の形でもう十分。喜んでいると思うわ。こういう孫が私も欲しいわ（笑）。

高橋 孫ならいるでしょ（笑）。

伊藤 カノコの子どもが二人もいる。

高橋 とてもいい話だと思ったんだよね。比呂美ちゃんが、正義が駄目だって言ったでしょ。文学や詩っていうのは、そもそも一般的な水準より弱いところから考えて書いている。ずっと下からの視線がなきゃダメなんだよね。文学や詩を書く人が一般の人より偉かったら駄目でしょ。まあそういう人もいるけどね（笑）。弱いと何が見えるかっていうと、上が見える。強い人は下を見ない。自分と同じぐらいのものは見える。ということは、最弱にならないと、すべては見えないっていうことなんだよね。だからできるだけ弱くなろうとするけど、それは難しいね。上にいる人はもっと上しか見ようとしない。人間の視線は、そういうものなんですよね。

でもたまにね、介護とかして、死のうとしている人を見ると、自分より弱いでしょ。これ珍しいんだよね。そういうものに遭うっていうのは。もしかしたら、初めて。普段は自分か自分より強いものしか見えないけど、自分より弱いものに触れる、そして見るっていうのはすごいことだよね。そういう存在に初めて出会うんだ。それはね、とてもとてもいいことだと思う。

伊藤 でもまた死のうとしている人って、自分が死にたくないから、すごい今度は渦巻きみたいなマイナスのエネルギーを出してくるの。それにスッと引き込まれそうになって、頑張って、放っておいてくれよって感じで抗わないと、引き込まれそうになるの。それはいけないのよね。本当に大変ですよ。でもそれを見ることってすごくいいと思うなあ。

高橋　頑張って行ける範囲で、そこまで行ってください。では、他に。

死ぬことはどういうものでしたか

学生　三年のＹＤ＊＊と申します。ＴＤ＊＊君とかぶる部分があるんですが、伊藤さんの本を読んでも、死ということが書いてある箇所があって、ちょっと考える機会が最近増えているんです。僕の祖父母は、両方健在で、今まで身内の死っていうと、ひいおばあちゃんが亡くなった時なんですが、でもその時はまだ僕も物心ついていなかったので、死というものを身近に体験したことがなくて。ペットの死はあったんですけど、その時は本当に分からなかったんです。僕は自分の好きなものに囲まれていたりとか、大切なものを周りに置いておきたいって思うタイプなんですね。そして、おじいちゃん・おばあちゃん子だったので、本当に大好きで。今はピンピンしているんですけど、その人たちが死ぬっていうことは、もう二度と会えなくなるっていうことだし、いるものがいなくなっちゃうっていうことを考えると、耐えられない。

伊藤さんは死について結構ポジティブに捉えているように見受けられたのですが、僕は個人的に死というものに向かい合ったことがないので、本当に怖くて。
先ほど父親の死を看取って、死についてのイメージも、ファンタジーとはまたちょっと違ったっておっしゃったんですが、死ぬことはどういうことでしたか。

伊藤 人が死ぬ時？ あ、死んだって感じ。だから父の時はあまり感じなかったんですよ。あれっと思って、あ、息していないなって思って見ていて。そうしたら先生が入ってきて、伊藤さん、息してませんって言って。で、枕もとの機械のグラフみたいなものが平らに、ピーッてなっていて、あ、死んだって。そういう感じでした。でも連れ合いとか犬なんかは、あ、死んだって、本当にね。あ、死んだ、っていうのが本当に私の印象でした。
私は死骸は怖いんです。金魚とか、動物の死骸が道のところにあると、ワッて避けて、こんな感じなのね。触りたくないわけですよ。で、死んだら、親が死んで触れられなかったらどうしようって、すごく気になっていたの。そうしたら触れるのよね、これが。

高橋 金魚とは違ったんだね。それはそうだろうと思うんだけど。

伊藤 違ったの。何かね、犬も触れたの。でも、ネズミ取りで殺したネズミとかは嫌なの、触るのが。すごく怖いの。動物が死んでいても嫌なの。ところが、自分がじっくり死ぬまでのことを看取っていったものっていうのは、生きていた時から死んだ形になるまで、もうスッというだけの違いなのね。ほとんど違いはないかもしれない。そうしたら、死っていうのは、何か全然不思議じゃなくて、ああ、生きているものがこういうふうになっていって、こうなるんだなっていうものなんです。

で、うちの連れ合いが死ぬ二日前くらい、うまくしゃべれなくなったんですよ。その時はホスピスケアだったから、時々看護師さんが来て、いろいろと助言してくれるんだけど。連れ合いがね、どうも今朝からうまくしゃべれないって言ったのね。そうしたらね、その看護師さんが、若いアジア人の女の看護師だったんだけど、ああ、それはねって、丁寧に教えてくれるの。プログレッションなんですよって言うのね。プログレッション？とか思って。思い浮かんだのは「進化」っていう訳語。「前進」とかさ。で、分からなくなって辞書を引いてみたら、「進行」ってあった。だから、ああ、これを言っていたんだなって。つまりこれは死に向かっての進行の一つなんですよって、看護師さんは死んでいく本人に説明したんですよ。

でも、日本人の感覚としたら、言わないよね、普通。あなたもうすぐ死にますよなんて言わないと思うんだけど、アメリカ人ははっきりしてる。もうね、はっきり言うわけですよ。で、それを私は見ていた。つまり、死をゴールとして、彼はそれに向かって進行していた。で、すっとゴールを越えた、それだけのことのような気がしたのね。

私、涙も出ないの。人が死んでね、泣くっていうことがほとんどないんですよ、誰が死んでも。ところが、父の時だけは泣けて泣けて泣けて。何だろうと思ったのね。だってさ、あのまま生きていられたら困りますよね。あんな何もできないおじいさんが、あのままあと一〇年生きていたら、こっちは息も絶え絶えですよ。本人も退屈しきっていて、寂しくて、生きてるのが辛かったから、あ、死んで良かったなって。もうあの苦しみはないんだなと思ったし。だから頭で考えたら、父が死んだっていうことに対して、何も悲しく思う必要はないんだけど、何だかね、大きな、こう、何かがあって、そこがポコンと何もなくなって、涙がそこからダーッとあふれ出してくる感じで。それを英語で言ったらロスっていうことになると思うんです。

連れ合いの時も、くそ親父、死んじまえっていつも思ってるような関係だったのに、死んじゃった後、一日、二日ぐらい、自分の部屋で仕事をしていると声が聞こえるんですよ。比呂美、比呂美って。呼んでるから行かなくちゃって思って、あ、死んだって思う。その時の感じは、やっぱりロス、喪失感、ぽっかりと穴があいた感じの。

誰でも自分の生活から大きな存在のあったものがいなくなる時には、それを感じる。それは悲しいかもしれない。でも、長い目で見た時に、死というのは、プログレッションの一つだから、生きているところからつながっていくもので、悲しむべきものじゃないと思うんです。うちの母が死んだ時なんて、ああ、よく生きたって思ったもん。女が一人死んだのを見届けた。次は私だって。

高橋 既に三限も終わりました。早かったなあ。あっという間でした。まあこういう公開の場なので、なかなかしゃべりにくいこともあったと思いますが、面白い、いい質問ばかりだったような気がします。

伊藤 みんなどの質問も、とても良かったですよ。

高橋 二限、三限は終わりました。非正規の、延長戦は、これから、夜飲みながらやりましょう。えっと、六時半頃から店には入れるよね？ 来られる人は「上海広場」に集まって、今度は直接、比呂美さんに飲みながら相談してください。

伊藤 なんでも聞いてください。英語で言ったら、ファイア・アウェイ！

高橋 もしかすると、そっちの方が本番になるかもしれませんね。いまのセッションは公開用で、これからは非公開ということです。伊藤比呂美さんの人生相談教室はこれにて終了。どうもありがとうございました。これで特別教室シリーズは全て終了しました。みんな、ご苦労さま！

私たちは好奇心の強い女(男)

わたしは大学で教えた経験がないから、若者に向かい合うのはとっても新鮮だった。歯を食いしばって生きてるような若者たちがいた。わたしが普段人生相談で答えている悩みより、ずっと激しく、自分はだれだ、どう生きるかという悩みを持って生きていた。潔い。勇ましい。自分じゃ気がつかないうちに、生きる死ぬるの根本に突き当たって戦っているのである。

中には心ここにあらずという若者たちもいた。自由と無礼をはきちがえておるなあと思いながら見ていた。文句を言ってやろうと思ったが、自分にそれを批判するだけの大義がなかった。その上、わたしの常日頃言っているのは「あたしはあたし」「人は人」である。ホットケと自分に言い聞かせた。ところが質問が始まったとたんにその連中が楽しそうに質問をし始めたので驚いた。聞いていたのである。なんて解りにくい、もっと素直になれやと思ったが、それが若さかもしれない。虚勢かもしれない。防御かもしれない。そう思うと、あれはあれで、愛おしくなった。

高校生だった頃「私は好奇心の強い女」という映画が公開された。ポルノのようだった。もちろん見てない。ただタイトルにひどく動揺した。自分のことだと思った。それがこんなふうにポルノとして、面白おかしく世間に扱われているということは、自分の生き方は悪いことかもしれないと考えたのである。人生経験を経た今は、一〇〇パーセント肯定の励ましだと思っている(まだ見てない)。……それを伝え忘れた。

飲み会は、楽しいという以前にやかましかった。人の話が何も聞こえなかった。人とコミュニケートすることなんぞ脇へ押しのけて、てんでに思い思いの声をてっぺんまで張り上げて、自分はここにいる、と主張してるだけのような集まりだな、と思いながら見ていた。でも、一人一人がわたしに向き合い、ねーねー伊藤さん相談がありますと言い始めるや、高い声の女もやかましい声の男も、ただの若者に戻るのである。かれらの悩みは普遍的で、かれらはわたしで、わたしはかれらだった。

悩みながら、みんな、いつか五〇になる、六〇になる。八〇になり、九〇になって死ぬ。それまで、好奇心の強い女(男)として、精いっぱい生きろと思った。

(伊藤比呂美)

あとがきたち

読んではいけない

はじめてタイトルを聞いたときは耳を疑った。

「岩波新書を使って勉強している様子を本にする」という話だったから、たとえば、『岩波新書の使い方』だとか、あるいは、せいぜい『岩波新書を読んでみた』だとか、そのあたりで落ち着くのだろうと、正直言って、たかをくくっていた。

と思ったら、いろいろと複雑な経過をたどり、最終的に決まったタイトルはなんと『読んじゃいなよ！』。なんだそれ？　そんなんでいいの？　ほんとうに？　あの、マジメな岩波新書から出す本なのに……。

「お高くとまった、古めかしくて権威的な教養書」。それが、ぼくが岩波新書に抱いていたイメージだった。

そもそも、「読書する」という言い方自体、なんだか偉そうな雰囲気を漂わせる。意味としては、「書《しょ》を読む」ということだと思うのだが、この時点で、すでに固い印象を受けるという向きもあるかもしれない。「書」なんて言うからには、少なくともライトノベルではないことは間違いない。

実際、日常的な感覚として、読書が立派なものだと思われているのは事実であるはずだ。それもこれも、世間の「まともな大人たち」が読書を推奨してくださるせいである。

でも、本を読むのって、ほんとうにそんなに立派なことなのか。


小学生の頃、よく、仮病を使って学校を休み、病院に行くふりをして、日がな一日、近所の本屋で立ち読みをしたものだった。

本屋のおじさんはいい人で、ぼくが二時間くらい立ち読みしていても、なにも文句を言ってこなかった。おじさん自身がなにかの雑誌に夢中だったようだから、他人のことは、どうでもよかったのかもしれない。書店員の鑑である。

『にゃんたん』や『かいけつゾロリ』の物語を読んでいくなかで、ぼくは、未読の物語が減ってゆくさびしさを知った。

本を読むことは、ぼくにとっては「ずるをすること」で、「まともで立派な大人たち」には教えてあげない、自分だけの秘密の遊びのひとつだった。


本を読むことのすばらしさから、いま、多くの学生が隔てられているとよく言われる。スマホが普及しきったこの時代、ぼくたちは、少なくとも、ちょっとした空き時間には、本を読むよりも、スマホをいじることのほうが多いかもしれない。

そういう逆風が吹いているときだからこそ、本を読むことのすばらしさを知っている人は、「読みなよ」「読んでね」と促したり、「読もうよ」「読めよ」と少し怒ってみたりする。

本を読むことは、ほんとうにすばらしい。だから、ひとりでも多くの人に、どうしてもそれを伝えたいと思う。「読みなよ」「読んでね」「読もうよ」「読めよ」。

ぼくは、誰よりも本を愛してきた。ぼくよりも本が好きな人間は存在しない。そう言って憚らないひとりの小説家が、学生たちに、なんとか本を読むことのすばらしさを伝えようとして、そのときに、口からすべり出たその言葉こそが、この岩波新書のタイトルである。

「読んじゃいなよ!」


（水落利亜）

本を読んで、生きる

高橋源一郎という人に初めて出会ったのは、本の中だった。開いた本の中には、わたしの中でくすぶっていたたくさんの正体不明の思いたちが、たしかな言葉として存在していた。「こんな小説を書く人がいるんだ！」ということが、思春期のわたしにとってはひどく衝撃的であり、また喜ばしく、そして希望だった。それから先生の本を読み漁った。わたしは本を読む楽しさを、そうして初めて知ったような気がする。

大学生になって、熱心に勉強に励んでいた頃も、大学をサボって家で寝てばかりいた頃も、先生の授業には出ていた。休学していた頃でさえ、先生に会うためだけに大学へ行った。わたしがまだ気づいてすらいないわたしの知りたいことを、先生ならきっと知っているはずだと、期待していたからだと思う。

人がだれかを「先生」と呼び、自ら進んでその「先生」の元へ集まったことが大学の起源だと、高橋先生がいつか言っていた。だとしたら、わたしのしていることが、これこそが学ぶということではないかと、そのとき思ったのだった。

本を読むとき、感じ方にも考え方にも正解はない。知らないことを知り、知っていたことと新しく知ったことがつながって、そうするとさらに知らないことが増える。そういう点と点のつながる快感を、この本を作る過程で味わってきた。

一冊の本には終わりがあるが、読むという行為にはまるで果てがないように思う。難しい本でも、わかりやすい本でも、好みの本でも、そうでない本でも、その中にはきっと何かがあって、わたしたちはそれに出会うことができる。そして出会うということは、始まりにすぎない。そうしてわたしたちは、読むことを通して、この本の軸になっている三冊の本を中心に、けれどその本たちの中だけに留まらず、さらに広いところへ進んで来たのである。それは、この本を読んで下さったみなさんになら、わかっていただけるのではないだろうか。

ここまで書いて感じるのは、本を読むことは、生きることに似ているということだ。先生に会うために大学へ行くことも、本を読むことも、もしかすると同じことなのかもしれない。そこに、わたしのまだ知らない景色が、それを先に知っている人が待っているという予感、そして期待。それを忘れずにいれば、きっとわたしは、ただ日々をこなすように、いつか来る死を待つだけかのように目の前の世界を生きるのではなくて、より豊かに生きることが、そして、より広い世界を見ることができるだろう。

最後に、これらのことをわたしに教えてくださった、鷲田清一さん、長谷部恭男さん、伊藤比呂美さん、そして高橋先生に、心からの感謝を述べたい。

それからここまで読んでくださったみなさんと、岩波書店の上田麻里さん、大矢一哉さんにも。

本当に、ありがとうございました。

(加藤萌々)

非正規だってありがとうを言いたい

「はやしくん」と呼んでくれてゼミの非正規メンバーにしてくれた高橋源一郎先生にありが

とうということばでは言い尽くせない感謝を言いたい。高橋源一郎ゼミ非正規メンバーはほとんど一度も欠席しないで授業に来る。必ず課題の本は読んでくる。文学や思想にたいして人並み以上に関心がつよかったためにたまたま高橋先生のゼミにまで来てしまった。非正規はそういった好奇心のかたまりのようなひとたちのことだ。ぼくは今年でゼミにやってきて四年目になる。あのとき、下北沢のB&Bという本屋の『ぼくらの文章教室』のイベントで高橋源一郎さんに話しかけなかったら、ぼくはいまこの文章を書いていない。大学四年生のときだった。卒業論文のために二〇世紀フランスを代表する文芸批評家モーリス・ブランショの『謎の男トマ』を選んだ。なんどもなんどもよんでいみがわからなかった。まだ、ブランショのフランス語がいうような思想に対応する日本語はじぶんのからだのなかにはないとおもった。

大学を卒業するころには文学研究者になるより現代アーティストのほうがおもしろそうだな、と感じていた。まいにちのように美術館やギャラリーをうろうろしていた。

イベント開始前に店内で歩いたり本をめくっている高橋源一郎さんをみた瞬間、「このひとはぼくの先生だ」と思った。まるで内田樹さんの『先生はえらい』の一場面みたいだった。

「はやしさん」と呼んでくれてゼミでいっしょに文章を書いたり、読んだり、それからたくさんたくさんディスカッションしてくれた正規のゼミ生のみなさん、とてもたのしかったです。

みなさんとの時間はぼくの血となり肉となっています。最初にゼミにやってきてから毎年一学年二〇名以上のたくさんの正規のゼミ生のひととゼミをやってきた。みなさんのとても寛容な心のおかげでぼくはゼミでたくさん発表のグループにまぜてもらった。「はやしさん」という役割をいつもぼくに与えてくれてありがとう。

最後に、今回の「あとがき」がなぜ非正規メンバー二人、正規メンバー二人によるものになったかを書いておきたい。

鶴見俊輔の『教育再定義への試み』(岩波現代文庫)のさいごに教育についての道しるべのことばがある。鶴見のことばをじぶんなりのことばで言いなおしてみると、それはどんなことばより、一人のにんげんのせいかつの細部のほうがいつも魅力的だし、偉大である、ということだ。この思想をすすめていけば、この新書に参加した全員のあとがきがここにのってもよかった。それはページの都合でかなわなかった。そこでゼミ生四人が参加者全員のかわりをすることになった。

それがこの「あとがきたち」のページだ。

高橋先生、上田さん、大矢さん、ありがとうございました。

(林靖英)

「言葉の限界が人間の限界だ。」


源ちゃんが前にこんなことを言っていた。

これを源ちゃんが言ったときは確か、ゼミ合宿で『哲学の使い方』を読んでいるときだった。

どんな文脈でこれを言ったのかは覚えていないが、この言葉だけははっきり覚えている。

でもこの言葉の意味は、分かるようで分からない、と思った。

私なりに、源ちゃんの発言を解釈しようとした。

何かを表現しようとしたとき、私たちはしばしばそれを表現するのに適当な言葉を知らず、閉じ込められてしまう。

これが、源ちゃんの言う「限界」かな、と思った。

この本のタイトルは『読んじゃいなよ！』だが、
本を読むことはそういう意味では「限界を広げること」だ。

本を読むと知っている語彙が増える。

私は小説を一冊読むと大体平均四、五個の「新しいことば」にであうということに気づいた。

この言葉たちがまた少し私の限界を広げてくれるのだと思うとワクワクする。


また、本を読み意見を交わすことは自分の価値観をぶち壊されるきっかけになる。

実際にゼミで、皆で本を読んだ結果、私は何度も自分の価値観をぶち壊された。

それはとても楽しかった。


高橋ゼミには「ことば」が大好きな人が多い。

私もそのうちの一人だ。

例えば「街で君に似てる人を見たよ。」は告白だと思うし、

「会いたい」と言われるよりも、「こっちの今日の夜ご飯はマグロ丼。」と言われる方が会いたくなったりする。不思議だなぁと思う。

私はそういう言葉の力のようなものが本当に好きだ。

そしてそんな風に言葉を使うことができれば、それは「よりよく生きる」ことに通ずるのでは、と思っている。

高橋ゼミのシラバスには、「成績評価の基準：よりよくいきようとしているかどうか……って、そんなの分かるかよ、と突っ込まれるかもしれないが、分かるんだよね、これが、意外に」

と書かれている。

「よりよく生きる」って何だろう。

ゼミに入った当初は「よりよく生きることなんてカンタン」と思っていた。

でも、案外そうではないことに最近気づき始めている。

源ちゃんはいい意味で先生っぽくない。

「～しなさい」と強制したり、怒ったりすることがほとんどない。

でも皆源ちゃんの言うことを聞く。

それは、少なくとも私は、源ちゃんのことを尊敬しているからで、源ちゃんのことを魅力的だと思うからだ。

私もああなりたいな、という気持ちがそうさせるのだ。

源ちゃんは前に「先生っていうのは、教わる側が「先生」と呼びたくなる人のことだよ」とも言っていた。

なるほど確かにそうである。

源ちゃん、と呼んでいるけど、皆確かに源ちゃんのことを「先生」だと思っている。

それは、源ちゃんが言葉を自由に扱える人で、先の言葉の限界云々に関しては私なんかからしたら「果てがあるの？」と思うくらい果てしないように見えるからだ。

とても「よりよく生きよう」としているように見えるからだ。

そんな源ちゃんが「誰よりも小説が好きな自信がある」と言うのだから私も皆も本を読まずにはいられない。

この本のタイトルは『読んじゃいなよ！』です。

どうか大人の皆さん、「本を読みなさい」と言わないでください。

「読んじゃいなよ！」と言いながらこの本をその誰かに贈ってほしいと思います。そして私と同年代の、「本を読まない〝最近の若者〟」「ゆとり世代」に分類される皆さんお互い本を読み、言葉の限界を広げ、よりよく生きていけたらと思います。この本を手に取ってくださって、ありがとうございました。

（小島夏水）

高橋源一郎

1951年広島県生まれ
横浜国立大学経済学部除籍
現在—作家
著書—『さようなら、ギャングたち』(講談社, 群像新人長篇小説賞優秀作), 『優雅で感傷的な日本野球』(河出書房新社, 三島由紀夫賞), 『日本文学盛衰史』(講談社, 伊藤整文学賞), 『官能小説家』(朝日新聞社), 『ミヤザワケンジ・グレーテストヒッツ』(集英社, 宮沢賢治賞), 『さよならクリストファー・ロビン』(新潮社, 谷崎潤一郎賞), 『101年目の孤独』(岩波書店), 『ゆっくりおやすみ、樹の下で』(朝日新聞出版), 『今夜はひとりぼっちかい? 日本文学盛衰史　戦後文学篇』(講談社), 『答えより問いを探して　17歳の特別教室』(講談社)ほか

読んじゃいなよ!
——明治学院大学国際学部
高橋源一郎ゼミで岩波新書をよむ　　岩波新書(新赤版)1627

編　者　高橋源一郎《たかはしげんいちろう》

発行者　坂本政謙

発行所　株式会社 岩波書店
〒101-8002 東京都千代田区一ツ橋2-5-5
案内 03-5210-4000　営業部 03-5210-4111
https://www.iwanami.co.jp/

新書編集部 03-5210-4054
https://www.iwanami.co.jp/sin/

印刷・理想社　カバー・半七印刷　製本・中永製本

ISBN 978-4-00-431627-5　　Printed in Japan

［おまけ］

『一億三千万人のための小説教室』（高橋源一郎、岩波新書、二〇〇二年）について
ゼミの非正規メンバーたちが語り合った座談会（のごく一部）

（二〇一六年六月六日）

『一億三千万人のための小説教室』

新赤版　786
2002 年 6 月 20 日刊行

小説は教わって書けるようになるのか？　小説はどう発展してきたのか？　小説にとって重要なのは，ストーリーか，キャラクターか，それとも，描写なのか？　こうした疑問に答える，刺激的で実践的な教室．さまざまな文体を比較して，練習問題も豊富.「先生」と「生徒」の対話を追ううちに，小説とは何か，が見えてくるだろう.

【目　次】

少し長いまえがき——一億三千万人のみなさんへ
基礎篇
レッスン 1　小学生のための小説教室
レッスン 2　小説の一行目に向かって
レッスン 3　小説はまだまだはじまらない
レッスン 4　小説をつかまえるために，暗闇の中で目を開き，沈黙の中で耳をすます
実践篇
レッスン 5　小説は世界でいちばん楽しいおもちゃ箱
レッスン 6　あかんぼうみたいにまねること，からはじめる，生まれた時，みんながそうしたように
レッスン 6・付録　小説家になるためのブックガイド
レッスン 7　小説の世界にもっと深く入ること，そうすれば，いつか
レッスン 8　自分の小説を書く
ぐっと短いあとがき—もう一度，一億三千万人のみなさんへ

*

男性　ＯＴ＊＊君なんか、普段自分の行っている大学で結構忙しいと思うし、でもわざわざここまで時間をかけて来ているよね。確か去年三年生のゼミの時に、ＯＴ＊＊君が自分の大学の授業はくそだみたいな話をしていて、ここの授業は比べものにならないぐらい価値があると思うみたいな話をしていたと思うんだけど。

男性　最近どう思う？

男性　最近どう思うのかって、普段僕が行っている大学の授業と高橋ゼミの授業を比べてっていうことですか。

男性　まあ典型的な大学の授業とかと比べて、一般論として。

男性　典型的な大学の授業っていうのは……そうですね、専門的な話をするのが一応大学だと思うんです。でも、「だから何？」って問われた時、たいていの人は答えられないんですよ。例えば、商学部とか社会学部なら社会につながりやすくて実用的に見える筋道が用意されているから、結構分かりやすいと思うんですけど。僕はＷ大学の文化＊＊学部ってところにいて、文学、広く考えると文化を考えるってところなんですね。でも、文化ってよく分からないものだし、文学って何ですかって聞かれた時には、なかなか答えづらいものでしょう。だからこういう文学があるのだと言われて、もちろんそれで知識が広がることはあるかもしれないけれども、その先が見えるっていうのは結構難しい。「だから何？」って言われた瞬間に答えられる先生は少ないと思うんです。

僕が何でこのゼミに来ているのかというと、この本(『一億三千万人のための小説教室』)が言っていることにほぼほぼ近いと思うんですよ。やっぱりこれを読んだら小説のことじゃないところも見えてくるんですよね。だから、いわゆる小説じゃなくて、カッコ付きの「小説」なんじゃないですかね。最後に宇宙の話をしていません？　急に宇宙に来たなと思ってすげえテンションが上がったんですけど。

男性　小説が二種類あるとされてるんだよね。

男性　だからこれ、『一億三千万人のための小説教室』は、僕にはカッコ付きの「小説」なんです。僕らが普通に読んでいる小説から、カッコ付きの「小説」に行くんです。小説って、ただ本を開くとかだけじゃなくて、もう少し、小説っていうのは広がって見られるんだよって。そこのバーッと広がっていく感覚。文学のことを高橋先生が語った瞬間に、何かカッコ付きの

「文学」も見えてくる。そこは僕はすごく気持ちがいい。単純な言い方なのですが、何か自分の頭の風通しが良くなるし、そういう意味で新たな問いも生まれてくるし、小説以外、文学以外のことにもこうつながってくる。だから、本当に世界の見え方が少し変わっていくというのがすごく楽しいと思って来ている感じですかね。

男性　なるほど。世界の見え方が変わってくると。

男性　変わってきますね。「世界の見え方」って大きい言い方が正しいかどうかは分からないですけどね。ふだんは気付いていないけど、僕らは多分紋切り型の考えで世界を歩いているんです。でも、ある時、少し立ち止まってみて、高橋ゼミで、先生の話とかをみんなで聞いていくと、ちょっと何て言うのかな、あ、そういう見方もあるんだなっていうか、いつもは、僕らが当たり前と思っている声とはまた違った声が聞こえてくる。その声を聞くことによって、ちょっと世界の見え方が変わるっていうのかな。

男性　ゼミそのものがいい小説みたいな？

男性　音楽にもちょっと近いですけどね。音楽を聞いている時って、それがうきうきした音楽だったら、ちょっと街が明るく見えません？　歩いている時に。逆に暗い音楽を聞いていると、どん底にまで突き進むみたいな感じになるでしょ。どっちもいいんですけどね。だから先生の授業を聞いて、何かちょっと見え方が変わって、もっと何か思考がバッと広がっていく――それが僕は学ぶことだと思っているので、そういう意味で来させていただいているっていう感じですかね。

男性 なるほど。

男性 逆に他の人がどういう理由でこのゼミに潜っているのか、興味がありますね。

女性 いや、OT＊＊さんは私なんかから見たら、全然紋切り型じゃないと思っているんですよ。私こそ紋切りどっぷりです。ニュースの原稿とか報道の原稿って、書く速さや〝分かりやすさ〟が重視され、結果的に紋切り型となってしまっている部分もあると思います。そうしたら、もう考え方も感じ方も紋切りになってくるんですよね。

自分でそれがすごく嫌だなと思っていた時、最初は取材でゼミにお邪魔したんですね。特定秘密保護法が成立した二〇一三年一二月六日でしたかね。あれ、夜中に成立するんだけど、ちょうど夜の七時か八時ぐらいの時点で、渋谷のどこかのホテルで、その時ある番組でキャスターと一緒に、高橋先生にインタビューをさせていただいたんです。

そこで、あるキャスターが、特定秘密保護法が成立したら世の中に虚脱感や敗北感が蔓延するのではないか、みたいなことを言って、この状況をあなたはどうお考えになりますかって、眉間に縦線三本ぐらい入れて、聞いたわけです。そうしたら高橋先生が、何かちょっとへらってされていて。まずブッとか笑って、「そんな顔をしていると、不幸の神様が寄ってきますよ」とか言ったんです。それで、僕はこれからだと思う、みたいな話を、何かちょっと力をくれるような言葉でいろいろ話をしてくれた。安倍政権は許せないとか、安倍政権反対っていうだけじゃなくて、何かそのオルタナティブみたいなものを自分たちで作っていくやり方もありますよ、みたいな話をしたのが、すごく印象に残りました。

そうして、先生は、僕は今日からそれをやっていくって話をその時にしたんですね。そうしたら、どういうふうにやっていくのかなって気になって、じゃあ先生、授業に伺っていいですか、なんて言って、翌年の春から来させてもらうようになったんです。

最初は私もまだ紋切り。今でも紋切りですけど、もっと紋切りの人だったから、ゼミで何かその特定秘密保護法とかの話もしますよと言っていたから、その単語が出てくるのを何となく待っていた。ところが、いつまでたっても言葉の話とかで、ちょっと違うな、どうしよう、と。例えば一週間で特集番組を作れみたいになっても、これではできないなと思いながらズルズルしていたら、いつの間にか普通に授業に通う人になっていました。先生も、何かいつまでも全然テレビ出ないなとか、テレビの取材で来ていたはずなのにおかしいなと思っていたと思うんですけど。

男性 最初のころはテレビ局の人たちもたくさん来てましたよね。

女性 来ましたよ。ちょこちょこは番組にも出したんですよ、短くですが。でも、先生の言葉がちょっとだけの放送だと、え、この人が言いたいことは何なの？ みたいな感じで、上司とかも、パッと分かってくれないんですよ。で、私も何か先生の言葉を一言で言えないっていうか、今も言えないですけど、言えなくて、うーん、みたいな感じになっちゃった。じゃあちょっと引き続き様子を見ながら取材は続けますという感じで、ごまかしごまかし来ているうちに普通のゼミ生になっちゃった。いつ、先生に、あんた、ちょっといい加減にしてくださいって言われるんじゃないかとおびえながら授業に来ていたんです。

だから、さっきOT＊＊さんが、見え方を変えるためにとか、広げるためにとか、それが学ぶことだとかおっしゃったことに、私はすごく同感するんです。「授業、面白かったです、今日」、とかって言うと、先生がよく、脳みその使っていないところを使った感じとか、いつも使っていない筋肉を使った感じじゃないですか、みたいなことをおっしゃっていたけど、いや本当にその通りだと思います。今、デトックスさせてもらっているっていうか、紋切りで塗り込められた自分の言葉もそうだし、考え方とか感じ方を広げるために、先生とか、先生だけじゃなくて、実は生徒の皆さんの言葉からも私はすごく学ばせていただいています。もちろん、非正規というか、潜りの皆さんからも学ばせていただいているんですけど。ちょっと一回デトックスして、何かしたいなって考えています。それが人生を学ぶことでもないけれど、これこそ私が学校と思うところで、まあ大学ももちろん行ってはいたけど、今初めて学ぼうと思って学んでいるなって感じています。

＊

男性　では正規のメンバーからも。

男性　元正規です(笑)。僕は途中で学科を変えたんですね。心理学科に行って、今三年生で、三年生のゼミに出させてもらっています。僕、いつも思うんですが、三年生のゼミを受けている時に、みんな結構突拍子もないことを言うんですよ。本の内容とずれたことを話しちゃったりしていたり。僕は結構型にはめたい人間なので、その本の内容をやるっていうなら、もっと深めたくなっちゃうんですけど、結局そこから派生して盛り上がっている話の方が、深みがあるっていうか、何かすごく意味があったりする。でもそれは、他人の感覚なので、それを自分の中で消化させようとすると、それこそ中で化学反応がバーッと起こるような感覚がしてくる。

結局違うことを話しているんだけど、それが僕の中ではすごく刺激的だったりするんです。今外部、というか非正規になって、少し参加させてもらっているけど、心理学科ってすごい固いんで、こんな和気藹々とやる授業なんて全然ないんです。

女性　やっぱりおかしいじゃないですか。外部の人がこんなにいっぱいいるって(笑)。

男性　年齢的にもね。すいません。

男性　それがやっぱり何だろう、何か自分の中では落ち着いちゃうというか。逆に、あ、授業ってこんなのでもいいんだみたいな。型破りではあるけど、僕はOT＊＊君が言った学びとかも、すごくできているとも思うし。勉強ってやっぱり、教科書を読んで覚えるだけとか、先生が言っていることを暗記するだけっていうのは、ほんとにつまらない。だから、他の授業がつまらなく感じちゃうんですね。

男性　暗記は家でもできるものね。

男性　この本を読んでおいてって言っちゃえばいいじゃん、みたいな授業が多いから、僕は高橋ゼミが好きなんですね。

女性　高橋先生って話がそれた時に止めないよね。それ違うよねとかって言わないしね、絶対に。それは私もすごく好きです。で、笑うんだよね、先生、プッとか。突拍子のないことが出ても。

男性　自分からまたそれについて掘っていきますよね。

女性　そうなの。それがいいですよね。

男性　今のＴＤ＊＊君の話を聞いていて、思い出したことがあります。

小説家の村上春樹が本で書いていたことなんだけれども、思考するっていうのはイメージの連鎖をつなげていくことみたいなことを書いているんです。何かあることを考えた時、何となくパッと思い付いたりすることがある。脈絡は別にないんだけれど、そのことについて浮かんだ別のイメージについて話をしていたら、また別のことを思い付くっていうことがある。小説家はそれをやっていて、実はそのことが本当は考えるということなんだよ、みたいなことを書いていたんですね。それって一般的な考えるっていうこととちょっとイメージが違うと思うんです。

一方で、保坂和志さんが言っていたことですが、すごく論理的に突き詰めて考えていって、こうだからこう、こうだからこう、こうだからこうみたいな考え方というのは、実は頭を使っているようで一番使っていないんだということを言っているんです。例によって分かるようで分からない感じなんですけど。でも、それで高橋先生の授業を受けていて思うのが、まさしくイメージの連鎖みたいな授業で、何と言うか、高橋先生のカラーからするとちょっと違うような難しい本を授業で扱ってみたり、と思ったらまた別の本が出てきたり。岩波新書プロジェクトでも、こうするのかなと思ったら別の方向に行ったり。結構方針が変わったりするけれども、それは例えば会社とかだったら絶対にやらない形だと思うんですね。初めに目標を決めて、その目標に行くために積み上げていく。だけど、そうじゃなくて、もうその場の瞬発力というか……。

男性　いつもそうですよね。

男性　村上春樹の話とか保坂和志さんの話を聞いて、ああ、小説家の知性の働かせ方っていうのはこういうもので、それを授業で実践しているのかな、と思ったんです。もちろん先生はそんなにやろうと思ってやっていなくて、自然とそうなるのだと思うんだけど。僕も個人で塾をやっているからそういうことをやりたいと思うんだけど、なかなか難しい部分があって。それを素でやっちゃうのがすごいなって思うんです。

男性　その話につながるか分からないんですけど、この『一億三千万人のための小説教室』で、一二七ページから始まるレッスン6の「付録」の「小説家になるためのブックガイド」ってあるじゃないですか。最初は太宰治の文体をまねてみるっていう話から始まって、夏目漱石で小説に来るのかなと思ったら、「ケーベル先生」って、あまり聞いたことがない作品を紹介している。つづいて、石川啄木が来たり、芥川龍之介だったり、葛西善蔵、武者小路実篤って来て、小林秀雄。批評も小説になるのではないかってことですね。次いで金子光晴の散文と詩の関係性。彼は散文詩の頂上を極めたと言って、散文詩もだから小説になると言う。坂口安吾もとり上げているのはエッセイですね。しかも高橋先生は詩をかなり読んでいる方なので、現代詩も入ってる。一番後ろの方に出てくる片岡義男は英語の人ですよね。

男性　翻訳のような文章を書く人ですね。

男性　そうです。吉田健一もそう。どちらも、英語に発する独特の思考のリズムを持った文章を編み出した人ですね。彼らが書いたのは、ふつう僕らが考えている小説とは異なったものですよね。日本人は日本語のリズムで考えていると思っているけど、実は英語のリズムで考えている作家もいる。あるいは、詩のリズムとか、エッセイのリズムとか、ふつうの小説にとっての異物を例として入れることだとか、小説を固定した形式じゃなく、一つの入れ物として考えてるからなんじゃないか。引用の仕方が自由でしょ、すごく。

だから、先生は、僕、ＤＪなんじゃないかとずっと思っているんです。

女性　確かに。

男性　でも、ＤＪにもいろいろあると思うんです。僕は全然詳しくないので、そういうイメージだなということで話をしているんですけど。何を引用しているかはちゃんと言えるんですけど、その引用の先に何があるのかは分からなくないですか？　どんどん遠いところまで行ってしまう感じがするでしょう。引用をして何かを作り上げるというよりは、引用に引用を重ねていたら今ここことは違う場所にたどり着いていた、っていうか。先生は、小説を書くということは要するに「その先」へ行くことだとか、壁の向こうへ超えるとか、そういうことを書いていて、それに近いなって感じがします。この本は小説ではなくて、小説に関する新書という形にはなっているかもしれないけれども、いろいろな引用をして異物を取り入れていく点では、小説に近い、いや、小説そのものじゃないかって感じがします。それから、ちょっと話が変わるんですが、歌謡曲の詞も言葉じゃないですか、実は。だから、その言葉にももしかしたら、まあこれは歌ですけど、小説に近いものがあるのかもしれない。僕、詳しいわけじゃないですけど、音楽もすごく文学的だなと思うことがいっぱいあるんです。何かそういう小説以外のところから言葉を捉まえてくる。常に言葉と出会うっていうことが面白いと思うんです。

高橋先生が言っていることって、平易な言い方だから簡単なように聞こえるけれども、聞いている僕たちにはちょっと新しいことのように聞こえるじゃないですか。平易な言葉なんだけれど、その言葉を聞くことによって常に違った世界と出会っていく、みたいな。そうなってくると、そのどんどん異なっているものに出会っていって、何か見え方が変わってくる。そういうことを通して、みんな学んだなとか、今日勉強したなとか、脳の違うところを使ったなって話にもなるのかなと、今聞いていて思いました。

女性　先生、途中までは言うけれど、最後までは言わないじゃないですか。インタビューもそうなんですね。だから結局そこから先は自分で、こう、何か考えなきゃいけない。だから脳みそがこんなにクルクル、いつも動かないところが動くのかなって。

男性　結論を言わないよね。

女性　そう。最後の決めの部分は、ね。先生の中ではきっと何かあると思うんだけど。

男性　その結論に至るまでのプロセスだったりとか、考えたことを途中まで示すと、それを聞いている人も自分なりのプロセスがあると気付くというふうに、何か誘導させる話し方をいつもしているなと思うんです。例えば、何だろうな、大学の話で、欠席率が高いって話になった時、例えば普通の先生だったら、欠席率が高いのは、就活だからしょうがないとか、まあいろいろ結論があるじゃないですか。でも高橋先生は、急に自分の大学時代の話を始めて、僕は大学時代、学校の近所に住んでたけれど、始業の鐘が鳴っていても全然行かないで、別のことをしていたよって自分の話をする。その話自体が魅力的だと、自分もその魅力的なものの中に自分の大切なものであったり、学校に行かない理由を置き換えて聞くから、結局自分の答えを出すようになる。こういうふうに誘導させる話し方を、いつもいつもしているなって思いながら聞いています。それが小説っぽいんですよね、何か。高橋先生の個人的な話を結論の方に向かって投げかけてゆくと、聞いているうちに自分の話に置き換わってゆくんですね。

そのやり方、エッセイとかでもよく使っていますよね。だから、心掛けているんだと思います。

女性　でも、わざとモヤモヤさせないですか？　私はいつもモヤモヤと、すぐに言葉にならないんだけど、何か異様に心の中には残って、その後ずっとそのことを考えていたみたいなことが先生の授業ではよくあるな。

＊

男性　でもいいですよね。ずっと前に卒業した学年の人が戻ってきているのを僕も見たことがあって、僕より全然上の代の人とかがいるんですよ。どこかの高校で職員をしていたけど、それを辞めちゃって、今、友達の女の子と一緒におじいちゃんが元住んでいた家で仙人の修行をしている(笑)女の子とか。聞いていて意味が分からないじゃないですか(笑)。何？ 仙人の修行って？ って。そういう人がいるっていいですよね。高橋ゼミって、僕が知らないような上の学年が一〇年分以上いるわけですよね。そういう人たちが来たりして面白いですよね。

＊

女性 私の場合、きっかけはC＊＊さんと一緒に授業にお邪魔したことで、その後、高橋さんがどうぞどうぞって言ってくださるのをいいことに来るようになってしまいました。それで、皆さん、何かいてもいい雰囲気っていうか、何でもありな感じな雰囲気っていうか、生徒さんたちも含めて、そういう居心地の良さがあって、やっぱりいてもいいよ、みたいな寛容な感じっていうか、そういう空気も感じたし。あとは高橋さんが何とおっしゃるのかなっていうのは常に興味もある。それに加えて生徒さんたちの考え方ものすごく新鮮だったし、刺激にもなる。ああ、面白いっていうのが一番。私の場合は聞いているばかりで、TA＊＊さんとかH＊＊さんみたいに何か投げるみたいなことがあまりできていないのがちょっとと思っていますけど。

男性 さっき授業の話がありましたけど。普通に考えたらまずいじゃないですか。授業料を一〇〇万ぐらい払わなきゃいけないのに、でも一円も払っていなくて、完全にまずいなと思っていて。だから、何かせめて他の学生たちのために教育的なことができればいいなとは思うのですが。で、自分たちがどうやっているのが学生たちの教育効果になるのかって考えた時、多分何かこんな人もいるというか、こんなあり方もありなんだっていうのが見せられたらいいなと思うんです。それ以外のことって結局できない感じがして。多分、僕とかH＊＊さんとかみたいな、あとはI＊＊君も今はそうだけど、二〇代半ばから後半ぐらいの男子が、平日の真っ昼間から仕事もしないでだべっているような姿を見せたりすること自体に何かある意味では価値があるのではないかと。めちゃくちゃですけどね、言っていることが(笑)。

男性　こういうのもありだよって(笑)。

男性　こういうのもありだよっていうモデルを提示するような意味はあるのではないかと思って来ているのですが。あとは何ができるのかな、どうなんでしょうね。

＊

男性　中学校三年生の時の話なんですけど、学校で組体操があったんですよ。で、人間ピラミッドを作った。練習の時にはめっちゃサボっていたんですけど、本番の時だけちゃんとやったんですよ。ちゃんとやって完成したらめっちゃ気持ち良かったんです。その時に体験した一体感っていうか、みんなでピラミッドが完成した時の恍惚感をすごく覚えているんです。でもその絆みたいなものがすごく嫌いで、それからずっと絆がトラウマなんですね、団体でみんなでやるものが。それと同じような一体感とか、みんなで頑張ろうっていうのを震災後に感じたんです。自分は一貫してそれは苦手だったんですけど、高橋先生はそれからすごい遠いところにいるっていうのが一つありましたね。

ただ、それを当時自覚して、よし、じゃあ高橋先生のことを見習おうとか思っていたわけじゃない。今もこうやって来ていますけど、自分の考え方はかなり保守的というか、オーソドックスな考え方をしているんです。例えば、三年生の前期の時に、教育について半年間議論が交わされていたんですけど、その中でOK＊＊君が発表していた時、「きのくに子どもの村」の紹介があった。高橋先生の子どもが通っているちょっと変わった小学校で、例えば家を作ろうとか、劇を作ろうとかそういう目標を示されて、そのために必要な知識をみんなで調べて、自分たちでプロジェクトを達成するような小学校生活をしている。それで結果的に知識を実践で使いながら、子どもが成長するっていうコンセプトの学校なんです。

で、今ある普通の学校とそういう変わった学校と、どっちの方がいいのかなっていう話になってゼミでアンケートをとった。その時に自分ともう一人ぐらいだけが、今までの学校の方がいいなって感じて、他の人はみんな「きのくに」の方が楽しそうだってなった。その時のアンケートの分かれ方がかなり印象に残っています。自分の場合、高校には全然いい思い出はなかったけど好きだったので、そう感じたんですけれども。

高橋先生の考え方って独立しているというか、先生はすごく難易度の高いことをいろいろなところで言っていますよね。高橋先生自身はそれを自分でやって、作家として三〇年以上、活動をし続けている人で、他の人にはできないすごいことをやっていて、それはすごいなと思うんですけど。そうできる人はかなり少ないと思っていて、でもそうしたいなっていう思いがあるんです。

自分がゼミに来るのは、一種の心のリフレッシュみたいな感じです。僕はすごくオーソドックスな考え方をしているけど、ここに週一回来て、高橋ゼミの雰囲気に触れると、あ、こういう考え方もあるんだって空気が入れ替わるような感じがする。ただ、夏休みとかに三か月ぐらい高橋ゼミに来ないと、また少しずつ元の考え方に戻っていく。その自分の価値観の移り変わりはすごく面白いなと思っています。なので、まあ自由な考え方ができるなら、その方がいいと思うけれども。絆とか正しさとか、そういうものとは遠いところにあると思う歳になってきたのかな。

＊

男性　昔は本当に読みたい本がいくらでもあって、片っ端から買って積んでいって、読まないと時間がない、時間がないって言って、一日三時間も四時間も読んでいたと思うんですよ、学生時代とか。でも、今そういうのは全然なくて。本を読んだり文章書くために時間は作っているんですけど、何時間あっても全然やらない自分がいて、欲望が消えてしまったんですよね。

女性　欲望がなくなったのは、先生の授業に来てからなんですよね、何となく。その因果関係は自分でうまく整理ができていないんですけど、何となく。

男性　そうなんですよね。出会ってから読めなくなった感じはすごくある。ちょうど二年半ぐらいになるので。

男性　その話、面白い。

男性　いつ頃ですか。

男性　まだゼミに参加していない時です、二年生の時。

＊

男性　原因は高橋先生にあるんじゃないですか。有名な話ですけど、あの人、失語症になって、二〇代のうちはほとんど本を読んでいなかったらしいですね。本が分からなかったって。大江健三郎を読んでも、読めるけれども分からないって書いていたと思います。だから何も感じなくなっちゃったっていう話なんですね。もともとあの人は、僕は詩を書きたかった人なんじゃないかなと思っていて、で、年譜を見ると、二〇代のあるところから小説という形式に対して興味を持ち始めるんですね。だから詩人から小説家になったということがあるかもしれない。あれだけ詩が好きだったのに読めなくなったということかもしれないし。だから、何か一つの転換なのかもしれないですね。僕は読めなくなった経験はほとんどないので分からないんですけど、読めなくなったということは、小説家じゃないところに行くのかもしれない。あるいは、小説を書かない小説家になるのかもしれない。分からないんですが、もしかしたらそこには大きい変化のきっかけがあるのかもしれないですね。

＊

男性　そうなんですよね。長谷部さんの新書とかも、ノートを作って頑張って読んだんだけれども怖くて読めないんです。怖いっていうか抵抗がすごくあって。

女性　関わることが怖いから、読むのが怖くなるのかな。

＊

男性　今OT＊＊君が話してくれて思い出したのが、去年だったか一昨年だったか忘れちゃいましたけど、夜中の三時ぐらいに散歩していて、本が読めないので、落ち込んでいたんですね。全然読めなくて。小説家になりたいのに。当初、このゼミに来た時に、始めて三年が勝負だみたいな話を高橋先生が言っていたんですね。自分に言っているとは限らなくて、みんなに言っているんだと思うんだけど、やっぱり自分のものとして受け止めていた。で、三年で書けなかったら書けないっていう話があった。その時点で一年経過していて、何も書いていないし。「言語表現法」の授業で書いているだけで、駄目なのかなと思って。で、夜中ずっと歩いている時に、何か突然、小説家になれなくてもいいやって思ったんです。突然パッとそう思った瞬間、すごく楽になった。別に悲しくはなかったんですけど。そういうことがあっても読めるようにはならなかったですけどね。

＊

男性　今の話を聞いていて気づいたんですけど、小説家になりたいっていう願望が自分の中にずっとあって、それが自然なものだと思っていました。でも、自分にとってその、小説家にならなきゃいけないっていう強迫観念がほんとうにずっと自然なもので、それで多分一四歳ぐらいから二四～二五歳ぐらいまでそのことに人生を奪われていたと思ったんだろうなって今思いました。ならなきゃいけないって。

＊

男性　僕、「言語表現法」で自分の書いたものをずっと取り上げてもらってないんですよ。
男性　そういえばそうですね。
男性　先生、俺のやつだけ取り上げてくれない。
女性　H＊＊さんの？
男性　そういえば聞いたことないです。
男性　一年目だけですね。

女性　OM＊＊さんは結構取り上げられていましたね。
男性　OM＊＊君は卒業して大阪に行っちゃいました。
女性　今、何をやっているんですか。
男性　重度の心身障害者の介護施設で働いてますよ。
女性　元気なんですか？
男性　連絡取らなきゃと思ってるんですけど……。じゃあこの辺で。

おまけのあとがき

最後まで読んでいただいてありがとうございました。「おまけ」は、残念ながら掲載することができなかったものの中から、少しだけ、選んだものです。

プロジェクトが始まって二年、ようやく、『読んじゃいなよ!』が形になりました。鷲田清一さん、長谷部恭男さん、伊藤比呂美さん、最高の授業をしてくださって感激です。あんな授業ばかりの大学があったら、もう一度入学し直したいです。そして、このプロジェクトに参加してくれたすべてのゼミ生諸君、ご苦労さまでした。今回は、結局、君たちの書いたものをほとんど載せることができませんでした。もし機会があるなら、この次は、書いたものばかりを載せる本を作りたいです。そのタイトルは、『書いちゃいなよ!』になるかもしれませんね。ああ、それから、くれぐれもぼくへのお世辞だけは書かないようにって言ったのに……。でも、なんだか嬉しかったです。

それから、みんなの似顔絵をたくさん描いてくれたeoちゃん、ありがとう。最後に、この無鉄砲な企画を支えてくださった皆さん、とりわけ、岩波書店の上田麻里さんと大矢一哉さんに、心からの感謝の気持ちを捧げます。

©しりあがり寿
ゲンイチロウ

[おまけのおまけ]
高橋源一郎ゼミ　岩波新書で遊ぶ

はじめに

僕たち高橋ゼミはこの本を出版するにあたり一生懸命に本を読んできた。特別講師を招き、授業を行ってもらう「特別教室」。それに備えての授業、1日10時間を超える勉強会を強いられたゼミ合宿。もちろん、日々の飲み会も欠かさない。この1年間ゼミ生は、これまでにないくらい本と向き合ってきたと思うし、僕はそうである。正直に言おう、「もう本を読むのは疲れた、見たくもない(◯´Д`)＝з」。高橋ゼミの学生が全員、文学少年・少女であるのか。そんなことはないと断言したい。

そうしたゼミ生の精鋭たちの思いつきの企画が「岩波新書で遊ぶ」である。これは本を読まずしてどれだけ本を楽しめるのかを、ひたすらに追求する企画である。言い換えれば、本のポテンシャルの限界を探るということだ。決して、話は盛っていない。

これは本を読めない、読みたくない、字も見たくない学生たちが考えた、しょうもない企画である。しかし、逆説的に、僕ら本を読めないろくでもない奴ほど、本に向いているのではないか、ということを確かめる試みでもある。

本を読まない、読めない同志たちへ、さぁ本を読むな。遊んじゃいなよ。読んじゃいなよ。

岩波新書タイトルアワード

・エモい[注1]岩波新書

『よみがえれ、中学』
『ダルマの民俗学』
『スパイの世界』
『“劇的”とは』
『白球礼讃　ベースボールよ永遠に』
『プロ野球審判の眼』
『鈴木さんにも分かるネットの未来』

・映画のタイトルっぽい岩波新書
『暗い夜の記録』
『死の商人』
『映画で世界を愛せるか』
『シベリアに憑かれた人々』
『平等に憑かれた人々』
『死の灰と闘う科学者』
『デスマスク』
『1960年5月19日』
『マルコムX――人権への闘い』

・児童文学っぽい岩波新書
『マンボウ雑学記』
『活字のサーカス』
『自分たちで生命を守った村』
『本の森の狩人』
『アホウドリを追った日本人』
『悪役レスラーは笑う』
『ピープス氏の秘められた日記――17世紀イギリス紳士の生活』

・哲学的な岩波新書
『小鳥はなぜ歌うのか』

・SFっぽい岩波新書
『プルトニウムの未来――2041年からのメッセージ』
『プルトニウムの恐怖』

・友達の部屋にあったらビビる岩波新書
『法華経入門』
『心病める人たち』

・壮大な岩波新書
『ゴマの来た道』
『活字たんけん隊――めざせ、面白本の大海』
『細胞から生命が見える』
『ジャガイモのきた道』
『ああダンプ街道』

・エロい岩波新書
『学校で教えてくれない音楽』
『看護　ベッドサイドの光景』
『ヌード写真』
『接着とはどういうことか』
『母乳』
『中学教師』
『女性労働と企業社会』
『私は女性にしか期待しない』

・溜池ゴロー[注2]っぽいタイトルの岩波新書
『広島の村に働く女たち』
（サブタイトルです。メインタイトルは『民話を生む人々』）

・サバイバルに使えそうな岩波新書

『川釣り』
『沙漠と闘う人々』
『クマに会ったらどうするか』
『ルポルタージュ　台風13号始末記』
『台風の話』
『声の狩人』
『天気情報の見方』
『火』

・ゼミ長が好きそうな岩波新書

『筋肉のなぞ』
『性教育は、いま』
『タンパク質の一生——生命活動の舞台裏』

・役に立たなさそうな岩波新書

『心にとどく英語』
『希望のつくり方』

・マニア向けの岩波新書

『宝塚というユートピア』
『キノコの教え』
『アユの話』
『私は赤ちゃん』

・百聞は一見に如かずな岩波新書

『ディズニーランドという聖地』
『胃は悩んでいる』
『水族館のはなし』

・謎の岩波新書

『これが象だ！』……「それが象だ！」「これぞ、お前たちの知らない象だ！」と盛り上がりました。

『卵はどのようにして親になるか』

・金スマ[注3]っぽい岩波新書

『あたりまえの女たち——世界の母親の記録』

・まるちゃん[注4]っぽい岩波新書

『私は二歳』……「君も二歳」「俺たちは二歳」と盛り上がりました。
『中学生』

・ポエミーな岩波新書

『鼠はまだ生きている』
『海』
『日本刀』
『死よ　驕るなかれ』
『海の見える村の一年』

・米米CLUB[注5]みたいな岩波新書

『北極飛行』

・気になる岩波新書

『常識の科学性――寄生虫の実際問題』

『Windows入門――新しい知的ツール』

『妻は囚われているか』

『キリスト教と笑い』

『スローライフ――緩急自在のすすめ』

『頭痛』

『四コマ漫画――北斎から「萌え」まで』

『先生！』

・ラップっぽい岩波新書

『森の力――育む、癒す、地域をつくる』

・面白くなさそうな岩波新書

『面白い本』

『もっと面白い本』

・頭の中がタンパク質だけになりそうな岩波新書

『食生活はどうなるか』

『脳を守ろう』

・岩波新書で遊んだ結果わかったこと

岩波新書は宇宙が好き

岩波新書は日本が好き

あとがき

実際に岩波新書で遊んでみて、本は殴るものではなかったということはわかった(新書は小さいので殴ってもダメージは少ない)。本はやっぱり読むものだった、というわけでは、しかし、ないんだと思った。今回の本との関わりは、以下のようなものだった。

タイトルだけを見て、勝手に想像して、話して、考えて、笑って、ふざけて、でも知りたくなって、それで実際読んでみて、でも、そんな真剣に読むでもなく、どこかふざけていて、でも知りたいことを知って、新しいことを知って、本当かな、とか疑いながら、自分ならこう書くとか、こういうタイトルにしようとか、勝手に本で遊ぶ。そこには、一人きりで、読まなければいけない本を、最初の１行から最後の１行まできっちり真面目に懇切丁寧

に読む、みたいな読み方はなく、ただ、あれ？ こんなんでいいんだっけ？ まぁいいかぁなんて言いながら、まぁいつかちゃんと読むか、みたいな気持ちになりました。

＊ふだん岩波新書を愛読している人たちにとって珍しい言葉かもしれないので、おせっかいだけれど、つけてみた注。
注１「エモい」 英語の「emotion」から「emo」だけを残して、形容詞化する接尾辞「い」をつけた。感情的な、感情を揺さぶられる、といった意味があるが、どうももうちょっとアバウトに使われているようである。

注２「溜池ゴロー」 日本のAV（アダルトヴィデオ）監督。「熟女物」で有名。夫人は元AV女優の川奈まり子。

注３「金スマ」 正確には「中居正弘の金曜日のスマたちへ」（現在は「スマイルたちへ」と改題）。毎週金曜日TBS系列で放映されているバラエティ番組。女性の様々な問題をテーマとする。

注４「まるちゃん」 ゼミの「〇山くん」のこと。

注５「米米CLUB」 バンド名。米とは関係ない。

高橋源一郎

1951年広島県生まれ
横浜国立大学経済学部除籍
現在一作家．元明治学院大学国際学部教授
著書一『さようなら、ギャングたち』(群像新人長篇小説賞優秀作)，『優雅で感傷的な日本野球』(三島由紀夫賞)，『日本文学盛衰史』(伊藤整文学賞)，『さよならクリストファー・ロビン』(谷崎潤一郎賞)．ほかの新書に『一億三千万人のための小説教室』『ぼくらの民主主義なんだぜ』『丘の上のバカ　ぼくらの民主主義なんだぜ2』『ぼくたちはこの国をこんなふうに愛することに決めた』『たのしい知識』『一億三千万人のための『論語』教室』『お釈迦さま以外はみんなバカ』『「ことば」に殺される前に』『ぼくらの戦争なんだぜ』など多数

読んじゃいなよ！
——明治学院大学国際学部
高橋源一郎ゼミで岩波新書をよむ　　岩波新書(新赤版)1627

2016年11月29日　第1刷発行
2023年4月5日　第4刷発行

編　者　高橋源一郎《たかはしげんいちろう》

発行者　坂本政謙

発行所　株式会社　岩波書店
〒101-8002 東京都千代田区一ツ橋2-5-5
案内 03-5210-4000　営業部 03-5210-4111
https://www.iwanami.co.jp/

新書編集部 03-5210-4054
https://www.iwanami.co.jp/sin/

印刷・理想社　カバー・半七印刷　製本・中永製本

ISBN 978-4-00-431627-5　　Printed in Japan
JASRAC 出　1613141-304

岩波新書新赤版一〇〇〇点に際して

ひとつの時代が終わったと言われて久しい。だが、その先にいかなる時代を展望するのか、私たちはその輪郭すら描きえていない。二〇世紀から持ち越した課題の多くは、未だ解決の緒を見つけることのできないままであり、二一世紀が新たに招きよせた問題も少なくない。グローバル資本主義の浸透、憎悪の連鎖、暴力の応酬――世界は混沌として深い不安の只中にある。

現代社会においては変化が常態となり、速さと新しさに絶対的な価値が与えられた。消費社会の深化と情報技術の革命は、種々の境界を無くし、人々の生活やコミュニケーションの様式を根底から変容させてきた。ライフスタイルは多様化し、一面では個人の生き方をそれぞれが選びとる時代が始まっている。同時に、新たな格差が生まれ、様々な次元での亀裂や分断が深まっている。社会や歴史に対する意識が揺らぎ、普遍的な理念に対する根本的な懐疑や、現実を変えることへの無力感がひそかに根を張りつつある。そして生きることに誰もが困難を覚える時代が到来している。

しかし、日常生活のそれぞれの場で、自由と民主主義を獲得し実践することを通じて、私たち自身がそうした閉塞を乗り超え、希望の時代の幕開けを告げてゆくことは不可能ではあるまい。そのために、いま求められていること――それは、個と個の間で開かれた対話を積み重ねながら、人間らしく生きることの条件について一人ひとりが粘り強く思考することではないか。その営みの糧となるものが、教養に外ならないと私たちは考える。歴史とは何か、よく生きるとはいかなることか、世界そして人間はどこへ向かうべきなのか――こうした根源的な問いとの格闘が、文化と知の厚みを作り出し、個人と社会を支える基盤としての教養となった。まさにそのような教養への道案内こそ、岩波新書が創刊以来、追求してきたことである。

岩波新書は、日中戦争下の一九三八年一一月に赤版として創刊された。創刊の辞は、道義の精神に則らない日本の行動を憂慮し、批判的精神と良心的行動の欠如を戒めつつ、現代人の現代的教養を刊行の目的とする、と謳っている。以後、青版、黄版、新赤版と装いを改めながら、合計二五〇〇点余りを世に問うてきた。そして、いままた新赤版が一〇〇〇点を迎えたのを機に、人間の理性と良心への信頼を再確認し、それに裏打ちされた文化を培っていく決意を込めて、新しい装丁のもとに再出発したいと思う。一冊一冊から吹き出す新風が一人でも多くの読者の許に届くこと、そして希望ある時代への想像力を豊かにかき立てることを切に願う。

（二〇〇六年四月）

社会

- ジョブ型雇用社会とは何か　濱口桂一郎
- 法医学者の使命 「人の死を生かす」ために　吉田謙一
- 異文化コミュニケーション学　鳥飼玖美子
- モダン語の世界へ　山室信一
- 時代を撃つノンフィクション100　佐高信
- 労働組合とは何か　木下武男
- プライバシーという権利　宮下紘
- 地域衰退　宮﨑雅人
- 江戸問答　田中優子・松岡正剛
- 広島平和記念資料館は問いかける　志賀賢治
- コロナ後の世界を生きる　村上陽一郎編
- リスクの正体　神里達博
- 紫外線の社会史　金凡性
- 「勤労青年」の教養文化史　福間良明

- 5G 次世代移動通信規格の可能性　森川博之
- 客室乗務員の誕生　山口誠
- 「孤独な育児」のない社会へ　榊原智子
- 放送の自由　川端和治
- 社会保障再考 〈地域〉で支える　菊池馨実
- 生きのびるマンション　山岡淳一郎
- 虐待死 なぜ起きるのか、どう防ぐか　川崎二三彦
- 平成時代　吉見俊哉
- バブル経済事件の深層　奥山俊宏・村山治
- 日本をどのような国にするか　丹羽宇一郎
- なぜ働き続けられない？ 社会と自分の力学　鹿嶋敬
- 物流危機は終わらない　首藤若菜
- 認知症フレンドリー社会　徳田雄人
- アナキズム 一丸となってバラバラに生きろ　栗原康
- まちづくり都市 金沢　山出保
- 総介護社会　小竹雅子
- 賢い患者　山口育子

- 住まいで「老活」　安楽玲子
- 現代社会はどこに向かうか　見田宗介
- EVと自動運転 クルマをどう変えるか　鶴原吉郎
- ルポ 保育格差　小林美希
- 棋士とAI　王銘琬
- 科学者と軍事研究　池内了
- 原子力規制委員会　新藤宗幸
- 東電原発裁判　添田孝史
- 日本問答　田中優子・松岡正剛
- 日本の無戸籍者　井戸まさえ
- 〈ひとり死〉時代のお葬式とお墓　小谷みどり
- 町を住みこなす　大月敏雄
- 歩く、見る、聞く 人びとの自然再生　宮内泰介
- 対話する社会へ　暉峻淑子
- 悩みいろいろ　金子勝
- 魚と日本人 食と職の経済学　濱田武士
- ルポ 貧困女子　飯島裕子

岩波新書より

岩波新書より

東京国税局査察部　立石勝規
バリアフリーをつくる　光野有次
ドキュメント 屠場　鎌田慧
能力主義と企業社会　熊沢誠
現代社会の理論　見田宗介
原発事故を問う　七沢潔
災害救援　野田正彰
スパイの世界　中薗英助
都市開発を考える　大野輝之・レイコ・ハベ・エバンス
ディズニーランドという聖地　能登路雅子
原発はなぜ危険か　田中三彦
豊かさとは何か　暉峻淑子
農の情景　杉浦明平
異邦人は君ヶ代丸に乗って　金賛汀
読書と社会科学　内田義彦
科学文明に未来はあるか　野坂昭如編著
文化人類学への招待◆　山口昌男
ビルマ敗戦行記　荒木進
プルトニウムの恐怖　高木仁三郎

日本の私鉄　和久田康雄
社会科学における人間　大塚久雄
沖縄ノート　大江健三郎
音から隔てられて　入谷仙介・林瓢介編
民話　関敬吾
唯物史観と現代〔第二版〕　梅本克己
民話を生む人々　山代巴
死の灰と闘う科学者　三宅泰雄
米軍と農民　阿波根昌鴻
沖縄からの報告　瀬長亀次郎
結婚退職後の私たち　塩沢美代子
暗い谷間の労働運動　大河内一男
ユダヤ人　J-P・サルトル　安堂信也訳
社会認識の歩み　内田義彦
社会科学の方法　大塚久雄
自動車の社会的費用◆　宇沢弘文
上海　殿木圭一
現代支那論　尾崎秀実

岩波新書より

現代世界

ネルソン・マンデラ　堀内隆行
日韓関係史　木宮正史
文在寅時代の韓国　文京洙
アメリカ大統領選　久保文明・金成隆一
イスラームからヨーロッパをみる　内藤正典
アメリカの制裁外交　杉田弘毅
ルポ トランプ王国2　金成隆一
2100年の世界地図 アフラシアの時代　峯陽一
フォト・ドキュメンタリー 朝鮮に渡った「日本人妻」　林典子
サイバーセキュリティ　谷脇康彦
トランプのアメリカに住む　吉見俊哉
ライシテから読む現代フランス　伊達聖伸
ベルルスコーニの時代　村上信一郎
イスラーム主義　末近浩太
ルポ 不法移民 アメリカ国境を越えた男たち　田中研之輔

習近平の中国 百年の夢と現実　林望
日中漂流　毛里和子
中国のフロンティア　川島真
シリア情勢　青山弘之
ルポ トランプ王国　金成隆一
ルポ 難民追跡 バルカンルートを行く　坂口裕彦
アメリカ政治の壁　渡辺将人
プーチンとG8の終焉　佐藤親賢
香港 中国と向き合う自由都市　倉田徹・張彧暋
〈文化〉を捉え直す　渡辺靖
イスラーム圏で働く　桜井啓子編
中南海 知られざる中国の中枢　稲垣清
フォト・ドキュメンタリー 人間の尊厳　林典子
㈱貧困大国アメリカ　堤未果
女たちの韓流　山下英愛
新・現代アフリカ入門　勝俣誠
中国の市民社会　李妍焱
勝てないアメリカ　大治朋子

ブラジル 跳躍の軌跡　堀坂浩太郎
非アメリカを生きる　室謙二
ネット大国中国　遠藤誉
ジプシーを訪ねて　関口義人
中国エネルギー事情　郭四志
アメリカン・デモクラシーの逆説　渡辺靖
ユーラシア胎動　堀江則雄
オバマ演説集　三浦俊章編訳
ルポ 貧困大国アメリカII　堤未果
オバマは何を変えるか　砂田一郎
平和構築　東大作
ネイティブ・アメリカン　鎌田遵
アフリカ・レポート　松本仁一
ヴェトナム新時代　坪井善明
イラクは食べる　酒井啓子
ルポ 貧困大国アメリカ　堤未果
エビと日本人II　村井吉敬
北朝鮮は、いま　北朝鮮研究学会編・石坂浩一監訳

岩波新書より

欧州連合 統治の論理とゆくえ	庄司克宏
バチカン	郷富佐子
アメリカよ、美しく年をとれ	猿谷要
いま平和とは	最上敏樹
「民族浄化」を裁く	多谷千香子
サウジアラビア	保坂修司
中国激流 13億のゆくえ	興梠一郎
多民族国家 中国	王柯
国連とアメリカ	最上敏樹
東アジア共同体	谷口誠
ヨーロッパとイスラーム	内藤正典
現代の戦争被害	小池政行
帝国を壊すために	アルンダティ・ロイ 本橋哲也訳
多文化世界	青木保
デモクラシーの帝国	藤原帰一
パレスチナ〔新版〕	広河隆一
人道的介入	最上敏樹
異文化理解	青木保
ロシア市民	中村逸郎
ロシア経済事情	小川和男
南アフリカ「虹の国」への歩み	峯陽一
ユーゴスラヴィア現代史	柴宜弘
ビルマ「発展」のなかの人びと	田辺寿夫
東南アジアを知る	鶴見良行
獄中19年	徐勝
モンゴルに暮らす	一ノ瀬恵
チェルノブイリ報告	広河隆一
イスラームの日常世界	片倉もとこ
サッチャー時代のイギリス	森嶋通夫
エビと日本人	村井吉敬
バナナと日本人	鶴見良行
アフリカの神話的世界	山口昌男
韓国からの通信	T・K生 「世界」編集部編
この世界の片隅で	山代巴編

岩波新書より

福祉・医療

新型コロナと向き合う　横倉義武
〈弱さ〉を〈強み〉に　天畠大輔
がんと外科医　阪本良弘
医の希望　齋藤英彦編
〈いのち〉とがん 患者となって考えたこと　坂井律子
ルポ 看護の質　小林美希
健康長寿のための医学　井村裕夫
和漢診療学 あたらしい漢方　寺澤捷年
在宅介護　結城康博
医と人間　井村裕夫編
医療の選択　桐野高明
納得の老後 日欧在宅ケア探訪　村上紀美子
移植医療　橳島次郎・出河雅彦
医学的根拠とは何か　津田敏秀
転倒予防　武藤芳照
看護の力　川嶋みどり

心の病 回復への道　野中猛
重い障害を生きるということ　高谷清
肝臓病　渡辺純夫
感染症と文明　山本太郎
ルポ 認知症ケア最前線　佐藤幹夫
医の未来　矢﨑義雄編
パンデミックとたたかう◆　押谷仁・瀬名秀明
介護 現場からの検証　結城康博
腎臓病の話　椎貝達夫
がん緩和ケア最前線　坂井かをり
新型インフルエンザ 世界がふるえる日◆　山本太郎
児童虐待　川﨑二三彦
生老病死を支える　方波見康雄
医療の値段　結城康博
ぼけの予防◆　須貝佑一
認知症とは何か　小澤勲
障害者とスポーツ　高橋明
放射線と健康　舘野之男

定常型社会 新しい「豊かさ」の構想　広井良典
健康ブームを問う　飯島裕一編著
血管の病気　田辺達三
医の現在　高久史麿編
日本の社会保障　広井良典
高齢者医療と福祉　岡本祐三
看護 ベッドサイドの光景　増田れい子
医療の倫理　星野一正
腸は考える　藤田恒夫
光に向って咲け　粟津キヨ
リハビリテーション　砂原茂一
指と耳で読む　本間一夫
文明と病気 上・下　H・E・シゲリスト　松藤元訳
自分たちで生命を守った村　菊地武雄

環境・地球

グリーン・ニューディール　明日香壽川
水の未来　沖　大幹
異常気象と地球温暖化　鬼頭昭雄
エネルギーを選びなおす　小澤祥司
欧州のエネルギーシフト　脇阪紀行
グリーン経済最前線　井田徹治／末吉竹二郎
低炭素社会のデザイン　西岡秀三
環境アセスメントとは何か　原科幸彦
生物多様性とは何か　井田徹治
キリマンジャロの雪が消えていく　石　弘之
イワシと気候変動　川崎　健
森林と人間　石城謙吉
世界森林報告　山田　勇
地球の水が危ない　高橋　裕
地球環境報告Ⅱ　石　弘之
地球温暖化を防ぐ　佐和隆光
地球環境問題とは何か　米本昌平
地球環境報告　石　弘之
ゴリラとピグミーの森　伊谷純一郎
国土の変貌と水害　高橋　裕
水俣病　原田正純

情報・メディア

実践 自分で調べる技術　宮内泰介
生きるための図書館　竹内さとる
流言のメディア史　佐藤卓己
メディア不信 何が問われているのか　林　香里
グローバル・ジャーナリズム　澤　康臣
キャスターという仕事　国谷裕子
読んじゃいなよ！　高橋源一郎編
読書と日本人　津野海太郎
スポーツアナウンサー 実況の真髄　山本　浩
戦争と検閲 石川達三を読み直す　河原理子
NHK〔新版〕　松田　浩
震災と情報　徳田雄洋
メディアと日本人　橋元良明
デジタル社会はなぜ生きにくいか　徳田雄洋
ジャーナリズムの可能性　原　寿雄
ITリスクの考え方　佐々木良一
ウェブ社会をどう生きるか　西垣　通
報道被害　梓澤和幸
メディア社会　佐藤卓己
現代の戦争報道　門奈直樹
未来をつくる図書館　菅谷明子
新聞は生き残れるか　◆中馬清福
インターネット術語集Ⅱ　矢野直明
メディア・リテラシー　菅谷明子
職業としての編集者　吉野源三郎
岩波新書解説総目録 1938-2019　岩波新書編集部編

岩波新書より

教育

大学は何処へ 未来への設計　吉見俊哉
教育は何を評価してきたのか　本田由紀
小学校英語のジレンマ　寺沢拓敬
アクティブ・ラーニングとは何か　渡部　淳
保育の自由　近藤幹生
異才、発見！　伊藤史織
パブリック・スクール　新井潤美
新しい学力　齋藤　孝
学びとは何か　今井むつみ
考え方の教室　齋藤　孝
学校の戦後史　木村　元
保育とは何か　近藤幹生
中学受験　横田増生
いじめ問題をどう克服するか　尾木直樹
教育委員会　新藤宗幸

先生！　池上　彰編
教師が育つ条件　今津孝次郎
大学とは何か　吉見俊哉
赤ちゃんの不思議　開　一夫
日本の教育格差　橘木俊詔
社会力を育てる　門脇厚司
子どもが育つ条件　柏木惠子
障害児教育を考える　茂木俊彦
誰のための「教育再生」か　藤田英典編
教育力　齋藤　孝
思春期の危機をどう見るか　尾木直樹
幼児期　岡本夏木
教科書が危ない　入江曜子
「わかる」とは何か　長尾　真
学力があぶない　大野　晋 上野健爾
ワークショップ　中野民夫
子どもの危機をどう見るか　尾木直樹

子どもの社会力　門脇厚司
教育改革　藤田英典
子どもとあそび　仙田　満
子どもと学校　河合隼雄
教育とは何か　大田　堯
からだ・演劇・教育　竹内敏晴
教育入門　堀尾輝久
子どもの宇宙　河合隼雄
子どもとことば　岡本夏木
自由と規律　池田　潔
私は二歳　松田道雄
私は赤ちゃん　松田道雄
ある小学校長の回想　金沢嘉市

(2021. 10)　◆は品切，電子書籍版あり．(M)

宗教

最澄と徳一 仏教史上最大の対決　師茂樹
ブッダが説いた幸せな生き方　今枝由郎
ヒンドゥー教10講　赤松明彦
東アジア仏教史　石井公成
ユダヤ人とユダヤ教　市川裕
初期仏教 ブッダの思想をたどる　馬場紀寿
内村鑑三 悲しみの使徒　若松英輔
トマス・アクィナス 理性と神秘　山本芳久
アウグスティヌス 「心」の哲学者　出村和彦
パウロ 十字架の使徒　青野太潮
弘法大師空海と出会う　川﨑一洋
高野山　松長有慶
マルティン・ルター　徳善義和
教科書の中の宗教　藤原聖子
『教行信証』を読む 親鸞の世界へ　山折哲雄
国家神道と日本人　島薗進
聖書の読み方　大貫隆
親鸞をよむ◆　山折哲雄
日本宗教史　末木文美士
法華経入門　菅野博史
中世神話　山本ひろ子
イスラム教入門　中村廣治郎
ジャンヌ・ダルクと蓮如　大谷暢順
蓮如　五木寛之
キリスト教と笑い　宮田光雄
密教　松長有慶
仏教入門　三枝充悳
モーセ　浅野順一
日本の新興宗教　高木宏夫
イスラーム(回教)　蒲生礼一
背教者の系譜　武田清子
聖書入門　小塩力
イエスとその時代　荒井献
慰霊と招魂　村上重良
国家神道　村上重良
お経の話　渡辺照宏
死後の世界　渡辺照宏
日本の仏教　渡辺照宏
仏教〔第二版〕　渡辺照宏
禅と日本文化　鈴木大拙／北川桃雄 訳

岩波新書より

随筆

知的文章術入門	黒木登志夫
人生の1冊の絵本	柳田邦男
レバノンから来た能楽師の妻	梅若マドレーヌ／竹内要江 訳
二度読んだ本を三度読む	柳広司
原民喜 死と愛と孤独の肖像	梯久美子
声優 声の職人	森川智之
生と死のことば 中国の名言を読む	川合康三
正岡子規 人生のことば	復本一郎
作家的覚書	髙村薫
落語と歩く	田中敦
文庫解説ワンダーランド	斎藤美奈子
俳句世がたり	小沢信男
日本の一文 30選	中村明
ナグネ 中国朝鮮族の友と日本	最相葉月
子どもと本	松岡享子
医学探偵の歴史事件簿 ファイル2	小長谷正明
里の時間	芥川仁／阿部直美
閉じる幸せ	残間里江子
女の一生	伊藤比呂美
仕事道楽 新版 スタジオジブリの現場	鈴木敏夫
医学探偵の歴史事件簿	小長谷正明
もっと面白い本	成毛眞
99歳一日一言	むのたけじ
土と生きる 循環農場から	小泉英政
なつかしい時間	長田弘
ラジオのこちら側で◆	ピーター・バラカン
面白い本	成毛眞
百年の手紙	梯久美子
本へのとびら	宮崎駿
ぼんやりの時間◆	辰濃和男
思い出袋	鶴見俊輔
活字たんけん隊	椎名誠
道楽三昧	小沢昭一／神崎宣武 聞き手
文章のみがき方	辰濃和男
悪あがきのすすめ	辛淑玉
水の道具誌	山口昌伴
スローライフ	筑紫哲也
森の紳士録◆	池内紀
沖縄生活誌◆	高良勉
シナリオ人生◆	新藤兼人
怒りの方法	辛淑玉
伝言	永六輔
活字の海に寝ころんで	椎名誠
四国遍路	辰濃和男
嫁と姑	永六輔
老人読書日記	新藤兼人
親と子	永六輔
夫と妻	永六輔
活字博物誌	椎名誠
商(あきんど)人	永六輔
芸人	永六輔
現代人の作法	中野孝次
職人	永六輔

岩波新書より

哲学・思想

死者と霊性	末木文美士編
道教思想10講	神塚淑子
マックス・ヴェーバー	今野元
新実存主義	マルクス・ガブリエル 廣瀬覚訳
日本思想史	末木文美士
ミシェル・フーコー	慎改康之
ヴァルター・ベンヤミン	柿木伸之
モンテーニュ 人生を旅するための7章	宮下志朗
マキァヴェッリ	鹿子生浩輝
世界史の実験	柄谷行人
ルイ・アルチュセール	市田良彦
異端の時代	森本あんり
ジョン・ロック	加藤節
インド哲学10講	赤松明彦
マルクス 資本論の哲学	熊野純彦
日本文化をよむ 5つのキーワード	藤田正勝
中国近代の思想文化史	坂元ひろ子
憲法の無意識	柄谷行人
ホッブズ リヴァイアサンの哲学者	田中浩
プラトンとの哲学 対話篇をよむ	納富信留
〈運ぶヒト〉の人類学	川田順造
哲学の使い方	鷲田清一
ヘーゲルとその時代	権左武志
人類哲学序説	梅原猛
加藤周一	海老坂武
哲学のヒント	藤田正勝
空海と日本思想◆	篠原資明
論語入門	井波律子
トクヴィル 現代へのまなざし	富永茂樹
和辻哲郎	熊野純彦
現代思想の断層	徳永恂
宮本武蔵	魚住孝至
西田幾多郎	藤田正勝
丸山眞男	苅部直
西洋哲学史 近代から現代へ	熊野純彦
西洋哲学史 古代から中世へ	熊野純彦
世界共和国へ	柄谷行人
悪について	中島義道
神、この人間的なもの◆	なだいなだ
偶然性と運命	木田元
近代の労働観	今村仁司
プラトンの哲学	藤沢令夫
術語集Ⅱ	中村雄二郎
マックス・ヴェーバー入門	山之内靖
ハイデガーの思想	木田元
臨床の知とは何か	中村雄二郎
新哲学入門	廣松渉
「文明論之概略」を読む 上・中・下	丸山真男
術語集	中村雄二郎
死の思索	松浪信三郎
戦後思想を考える◆	日高六郎
イスラーム哲学の原像	井筒俊彦

(2021.10)　◆は品切，電子書籍版あり．(J1)

岩波新書/最新刊から

1961 ウクライナ戦争をどう終わらせるか
―「和平調停」の限界と可能性―
東　大作　著
ウクライナ侵攻開始から一年。非道で残酷な戦争を終結させる方法はあるのか。国際社会、日本が果たすべき役割を検討する。

1962 「音楽の都」ウィーンの誕生
ジェラルド・グローマー　著
宮廷や教会による支援、劇場の発展、音楽教育の普及など、十八世紀後半のウィーンに音楽文化が豊かに形成されていく様相を描く。

1963 西洋書物史への扉
髙宮利行　著
扉を開けば、グーテンベルクやモリスなど、本の歴史を作った人々が待っています。ようこそ書物と人が織りなすめくるめく世界へ。

1964 占領期カラー写真を読む
―オキュパイド・ジャパンの色―
佐藤洋一
衣川太一　著
日本の黒い霧を晴らし、認識の空白を埋める、あざやかな色。占領者が撮影した写真を読み解き、歴史認識を塗り替える待望の一冊。

1965 サピエンス減少
―縮減する未来の課題を探る―
原　俊彦　著
人類はいま、人口増を前提にした社会システムの再構築を迫られている。課題先進国・日本からサピエンスの未来を考える。

1966 アリストテレスの哲学
中畑正志　著
彼が創出した〈知の方法〉を示し、議論全体の核心を明らかにする。「いまを生きる哲学者」としての姿を描き出す現代的入門書。

1967 軍と兵士のローマ帝国
井上文則　著
繁栄を極めたローマは、常に戦闘姿勢をとる国家でもあった。軍隊と社会との関わり、兵士の視点から浮かびあがる新たな歴史像。

1968 川端康成
孤独を駆ける
十重田裕一　著
孤独の精神を源泉にして、他者とのつながりをもたらすメディアへの関心を終生持ち続けた作家の軌跡を、時代のなかに描きだす。

(2023. 4)